이아무개의
장자
산책

이아무개의
장자
산책

2004년 10월 11일 개정 초판 1쇄 발행
2020년 8월 20일 개정 초판 6쇄 발행

펴낸곳 (주)도서출판 삼인

지은이 이아무개
펴낸이 신길순

등록 1996.9.16. 제 25100-2012-000046호
주소 03716 서울시 서대문구 성산로 312 북산빌딩 1층
전화 (02) 322-1845
팩스 (02) 322-1846
전자우편 saminbooks@naver.com

표지 디자인 (주)끄레어소시에이츠
표지 글씨·그림 이철수
제판 문형사
인쇄 수이북스
제본 은정제책

© 이아무개, 2004
ISBN 89-91097-11-1 03150

값 18,000원

이아무개의 장자 산책

莊子 散策

삼인

차례

머리말 9

제1장 소요유(逍遙遊)
    1. 붕(鵬)이 남(南)으로 날아감 13
    2. 요(堯)가 천하를 넘겨주고자 함 32
    3. 혜자(惠子)와 장자(莊子)의 대화 42

제2장 제물론(齊物論)
    1. 하늘 소리 이야기 55
    2. 몇 가지 문답 이야기 104
    3. 나비 꿈 122

제3장 양생주(養生主)
    1. 중정(中正)을 따름 127
    2. 포정(庖丁)의 소 잡기 132
    3. 공문헌(公文軒)과 우사(右師)의 문답 137
    4. 노담(老聃)의 죽음에 문상함 142

제4장 인간세(人間世)

    1. 안회(顏回)와 중니(仲尼)의 문답 149

    2. 섭공(葉公)과 중니(仲尼)의 문답 169

    3. 안합(顏闔)과 거백옥(蘧伯玉)의 문답 179

    4. 장석(匠石)과 역사(櫟社)의 문답 185

    5. 남백자기(南伯子綦)와 큰 나무 191

    6. 꼽추 지리소(支離疏) 196

    7. 접여(接輿)의 노래 200

제5장 덕충부(德充符)

    1. 상계(常季)와 중니(仲尼)의 문답 207

    2. 신도가(申徒嘉)와 자산(子産)의 대화 218

    3. 중니(仲尼)와 숙산무지(叔山無趾)의 대화 226

    4. 애공(哀公)과 중니(仲尼)의 문답 230

    5. 사람한테 본디 정이 없는가? 243

제6장 대종사(大宗師)

1. 진인론(眞人論) 255
2. 남백자규(南伯子葵)와 여우(女偊)의 문답 284
3. 자사(子祀)와 그의 벗들 296
4. 틀 밖에서 노니는 사람들 307
5. 맹손재(孟孫才)가 초상을 치름 318
6. 의이자(意而子)와 허유(許由)의 문답 322
7. 좌망(坐忘)에 들다 328
8. 자상(子桑)의 명(命) 334

제7장 응제왕(應帝王)

1. 설결(齧缺)과 포의자(蒲衣子)의 문답 외(外) 341
2. 열자(列子)와 호자(壺子)의 문답 353
3. 마음 쓰기를 거울같이 363
4. 혼돈의 죽음 369

일러두기

1. 이 책은 1996년에 초판을 찍은 『이현주의 장자산책』(다산글방)을 수정, 보완한 것입니다.
2. 본문은 건업(建業), 왕원정(王元貞)이 교열하고 북해(北海) 초횡(焦竑)이 편정(編訂)한 『장자익』(莊子翼)(일본, 富山房)을 대본으로 삼았습니다.
3. 번역문은 국내에 나와 있는 여러 번역서들을 두루 참고하여 이아무개가 만든 것으로, 오역에 대한 책임은 저자에게 있습니다.
4. 본디 『장자』는 내편(內篇), 외편(外篇), 잡편(雜篇)으로 구성되어 있는데 이 책은 장자 사상의 진수로 인정받는 '내편'만 다루었습니다.

머리말

십 년 전에 써서 책으로 낸 『장자 산책』을 이번에 다시 손보면서 많이 부끄러웠다. 이렇게 건방지고 경망스러운 말투를 내가 썼더란 말인가? 내용이 아무리 깨끗해도 그것을 담아 전하는 그릇이 더러우면 함께 더러워질 수밖에 없는 노릇이다.

그동안 『장자 산책』을 읽어준 독자들께 죄송할 따름이다. 건방지고 경망스러운 표현과 설교 투 문장과 괜히 아는 척한 대목을 이번에 모두 지운다고 지웠지만 그래도 한 십 년쯤 뒤에 읽어보면 여전히 부끄럽고 죄송한 마음만 들는지 모르겠다. 그러나 그건 지금 나로서 어쩔 수 없는 일이다.

지구 전체를 동시에 읽는 컴퓨터 문명 속에 살면서, 새삼스레 기원전 4세기 중국의 한 철학자를 읽는 까닭이 무엇인가? 현란한 21세기 최첨단에서 '공자왈 맹자왈'이 우리에게 도대체 무슨 도움을 준단 말인가? 노자, 장자가 살았던 시대와 우리가 살고 있는 시대는 생판 다른데, 그들의 낡은 생각이 오늘 우리에게 무슨 가르침을 줄 수 있단 말인가?

이런 질문에 나는 대답한다. 연이 바람 타고 하늘 높이 오르는 것은 그 줄이 땅에 묶여 있기 때문이라고. 줄이 풀어지거나 끊어지면 연은 곧장 땅에 떨어질 것이라고. 장자의 생각이 수천 년 세월에도 사라지지 않은 까닭은 그 뿌리가 대지에 든든히 박혀 있기 때문이요, 근본을 붙잡은 그의 생각을 우리가 잃는다면 21세기 눈부신 컴퓨터 문명도 순식간에 곤두박질치고 말 것이라고.

시절이 급박하고 어지러울수록 더욱 근본으로 돌아갈 필요가 있다. 천박한 지식과 모자라는 생각을 스스로 부끄러워하면서도 다시 책을 세상에 내놓는 이유가 다른 데 있지 않다.
쓴 사람의 실력 부족으로 글이 가볍지는 않지만, 읽는 분들이 가볍게 읽어주시기를 염치없이 바란다.

제1장
소요유(逍遙遊)

1. 붕(鵬)이 남(南)으로 날아감

▲▲▲

북녘 아득한 바다에 물고기가 있으니 이름을 곤(鯤)이라고 한다. 곤의 크기는 몇 천 리나 되는지 알 수가 없다. 바뀌어 새로 되면 이름을 붕(鵬)이라고 하거니와 붕의 등은 몇 천 리나 되는지 알 수가 없다. 힘차게 날면 그 날개가 마치 하늘에 드리운 구름과 같다. 이 새가 바다 기운이 움직이면 남녘 아득한 바다로 날아가고자 하는데 남녘 아득한 바다는 하늘못이다.

제해(齊諧)는 이상한 일들을 적어놓은 책이다. 이 책이 말하기를, 붕이 남녘 바다로 날아가고자 함에, 물을 쳐서 3천 리에 결을 일으키고 회오리바람에 날개를 실어 위로 9만 리를 치솟아 여섯 달 바람을 타고 날아간다고 했다.

北冥에 有魚하니 其名爲鯤이라. 鯤之大는 不知其幾千里也라. 化而爲鳥면 其名爲鵬이어니와 鵬之背는 不知其幾千里也요 怒而飛하면 其翼若垂天之雲이라. 是鳥也, 海運則將徙於南冥하니 南冥者는 天池也라. 齊諧者는 志怪者也라. 諧之言曰, 鵬之徙於南冥也에 水擊三千里하고 搏扶搖而上者九萬里하여 去以六月息者也니라.

북녘 바다〔北冥〕는 그윽하고 아득한 곳〔玄冥處〕이다. 명(冥·溟)은 '암흑색 큰 물'을 뜻한다. 창세기 1장 2절의 '어둠이 덮여 있는 깊은 물'을 연상케 한다. 거기 사는 물고기가 하도 커서(하도 작아서) 몇 천 리나 되는지 모르는데, 새로 몸을 바꾸어 하늘에 드리운 구름처럼 큰 날개를 펼치고 남녘 바다〔南冥〕로 날아간다.

북명(北冥)은 떠나온 근원이요 남명(南冥)은 바라고 나아가는 근원이다. 북녘 바다와 남녘 바다는 하나〔一〕인 바다의 다른 이름이요 물고기와 새는 한 존재의 다른 모양이다. 그러나 북명은 북명이요 남명은 남명이며 물고기는 물고기요 새는 새다. 서로 다르면서 둘이 아니요〔異而不二〕 둘이 아니면서 하나도 아니다〔不二非一〕.

물고기는 무엇이고 새는 무엇인가? 만물이 한 송이 꽃이다. 존재하는 것은 ○○를 드러내는 것.(To be implies to stand for, 아브라함 J. 헤셸) ○○를 이름하여 하느님이라 해도 좋고 도(道)라 해도 좋고 자연(自然)이라 해도 좋다. 사람의 말로써 담을 수 없는 그 무엇이면 된다. 그것이 물고기와 새의 정체다. 그것은 인간의 육안에 보이면서(새) 보이지 않는(물고기)다. 색(色)이면서 공(空)이다. 사람은 하느님을 보지 못한다고 해도 안 되고 본다고 해도 안 된다. 보면서 보지 못하는 것, 들으면서 듣지 못하는 것, 잡으면서 잡지 못하는 것, 그것이 장자(莊子)의 물고기요 새다.

"도(道)는 보고 듣고 깨닫고 아는 것에 속하지 아니하나 보고 듣고 깨닫고 아는 것에서 떠나지도 않는다."〔道不屬見聞覺知, 亦不離見聞覺知: 함허당(涵虛堂)〕

"부처는 색(色)과 성(聲)에 있지 않고 색과 성을 떠나 있지도 않나니 색과 성으로써 부처를 구하여도 볼 수 없으며 색과 성을 떠나서 부처를 구하여도 또한 볼 수 없다."〔佛不在色聲, 無不離色聲, 即色聲求佛, 亦不得見, 離色聲求佛, 亦不得見: 함허당〕

"그렇다고 해서 아버지를 본 사람이 있다는 것이 아니다. 하느님께로부터 온 이밖에는 아버지를 본 사람이 없다.…… 필립보야, 들어라. 내가 이토록 오랫동안 너희와 같이 지냈는데도 너는 나를 모른다는 말이냐? 나를 보았으면 곧 아버지를 본 것이다."(요한복음 6 : 46, 14 : 9)

모든 것이 실체는 그대로 있다. 다만 겉모습이, 이름이 바뀔 뿐이다. 숨어 있는 실체로는 만물(萬物)이 일물(一物)이요 드러난 모습으로는 일물이 만물이다.

너·나·그가 한 몸임을 보는 눈에는 장자의 곤과 붕이 보일 것이다. 그는 물고기로 되어 물고기를 보고 새로 되어 새를 본다. 너의 얼굴에서 나의 정체를 본다. 나뭇잎에서 구름을 보고 피 묻은 칼에서 연꽃을 본다.

북명과 남명이 같은 바다인데 어째서 물고기가 같은 바다를 옮겨가지 못하고 몸을 바꾸어 새가 되어 하늘을 날아야 하는가? 모든 존재가 화(化)요 역(易)이다. 다른 모습으로 바뀌지 않는 실체란 존재하지 않는다. 하느님은 한결같은 분이면서 한결같은 바뀜〔易〕이시다. 고정된 신(神)은 우상이다.

하늘은 어디에 있는가? 북녘 바다와 남녘 바다를 잇는 고리가 하늘이다. 바다와 하늘은 동떨어진 별개인가? 아니다. 우주에는 단절이 없다. 머리카락만큼도 틈이 없다. 바다는 하늘의 다른 모습이요 하늘은 바다의 다른 이름이다.

물고기가 새로 화(化)하여 날 수 있게 되었으나 제 맘대로 날지를 못하니, 바다 기운이 움직여 바람이 일어야 한다.

새로 하여금 날게 하는 것은 날개인가? 바람인가? 그것을 말하는 장주(莊周)인가? 펄럭이는 것은 깃발인가? 바람인가? 그것을 바라보는 마음인가? 모든 것이 함께 움직이고 있다. 나뭇잎 하나가 흔들릴 때 우주가 함께 흔들리고 있는 것이다. 새는 결코 저 혼자서 날 수 없다. '혼자'란 인간의 관념이지 실체가 아닌 때문이다.

남명은 천지(天池)다. 사람이 만든 게 아니다. 본디부터 거기 그렇게 있는 것이다. 그래서 하늘못이다. 사람이 하늘못의 한 부분이지 하늘못을 사람이 만든 것은 아니다. 그러나 거기로 날아가는 새가 없다면, 새로 몸을 바꾼 물고기가 없다면, 남명도 북명도 없는 것이다. 천둥이 울려도 그것을 듣는 귀가 없다면 천둥소리는 없는 것이다.

예수님 말씀을 말씀으로 살아 있게 하는 것은 '들을 귀 있는 자'다. 순천자(順天者)는 저만 사는 게 아니라 하늘도 살린다. 역천자(逆天者)는 저만 죽는 게 아니라 하늘도 죽인다. 예수의 십자가는 아버지(의 뜻)를 살리는 유일한 길이었다. 아버지가 아들로 말미암아 살았다. 그래서 아들도 살았다. 모두 살았다.

제해(齊諧)를 책으로 보는 이도 있고 사람으로 읽는 이도 있는데 아무래도 좋다. 다만 갑자기 '제해'를 인용하는 주(周)의 익살이 기분 좋다. 자네들, 내 말이 믿어지지 않지? 자네들, "아무개가 말하기를……" 하고 각주 달아 인용하면 고개를 끄덕이는 버릇이 있지? 그래서 하는 말인데, '제해'라는 책이 있다네. 거기에 보니까 이런 말이 있더군. "붕이 남녘 바다로 날아가려고 함에……."

3천 리 파도, 9만 리 창공, 여섯 달 바람 따위를 머리로 헤아리려고 하지 말 것!

남녘 바다로 날아가는 붕에 관한 우언(寓言)의 결구인 무기(無己), 무공(無功), 무명(無名)으로써 이 문장을 살필진대, 결국은 '나'(己)라고 하는 물건 하나 없애버리면 너 있는 자리가 곧 새 하늘 새 땅이요 네가 곧 곤이요 붕이요 남명이요 북명이요 9만 리 창공이요 회오리바람이라는 얘기다.

▲▲

아지랑이와 티끌은 생물이 숨을 쉬며 서로 내뿜는 것이다. 하늘의 저 짙푸름은 본디 제 색깔일까? 끝에 닿을 수 없도록 멀어서 그런 것일까? 거기서 아래를 내려다보면 또한 마찬가지로 보일 것이다. 무릇, 물이 깊지 않으면 큰 배를 띄울 힘이 없다. 뜰의 움푹 팬 곳에 물을 한 잔 부으면 검불은 떠서 배가 되지만, 거기에 잔을 놓으면 바닥에 닿고 만다. 물은 얕고 배는 크기 때문이다. 바람이 두텁게 쌓여 있지 않으면 큰 날개를 실어 띄울 힘이 없다. 그러므로 9만 리를 날아올라야 날개를 띄울 바람이 아래에 쌓이게 된다. 그런 다음 바람을 안고 푸른 하늘을 등에 지는데 누구도 그 앞을 막지 못한다. 그런 다음에야 비로소 남쪽으로 날게 되는 것이다. 쓰르라미와 작은 비둘기가 저를 비웃으며 말한다. "우리는 힘껏 날아 올라봤자 느릅나무와 박달나무에 이르는 것이 고작이다. 그나

마 어떨 때는 위에 오르지 못하고 땅에 곤두박질치고 만다. 어떻게 9만 리를 날아 남으로 간다는 말인가?" 가까운 들판에 나가는 자는 세 끼니만 먹고 돌아와도 오히려 배가 부르지만 백 리 길을 가는 자는 전날 밤에 양식을 장만해야 하고 천릿길을 가는 자는 석 달 동안 양식을 모아두어야 한다. 두 마리 벌레가 또한 어찌 알겠는가? 작은 머리는 큰 머리에 미치지 못하고 짧은 수명은 긴 수명에 미치지 못한다. 무엇으로써 그러함을 아는가? 아침에 났다가 저녁에 죽는 벌레는 밤과 새벽을 모르고 매미는 봄 가을을 모르니 이는 그 수명이 짧은 탓이다.

초(楚)나라 남쪽에 명령(冥靈)이라는 나무가 있는데 5백 년을 봄으로 삼고 5백 년을 가을로 삼는다. 더 옛날에 대춘(大椿)이라는 나무가 있었는데 8천 년을 봄으로 삼고 8천 년을 가을로 삼았다. 그런데 팽조(彭祖)가 오래 산 사람으로 널리 알려져 있어 뭇 사람이 저를 짝하려고 하니, 이 어찌 슬픈 일이 아니겠는가?

野馬也, 塵埃也는 生物之以息相吹也라. 天之蒼蒼은 其正色邪인가? 其遠而無所至極邪인가? 其視下也엔 亦若是則已矣니라.
且夫水之積也不厚하면 則負大舟也無力이라. 覆杯水於坳堂之上하면 則芥爲之舟려니와 置杯焉則膠하니 水淺而舟大也니라. 風之積也不厚하면 則其負大翼也無力이라. 故로 九萬里에 則風斯在下矣니라. 而後乃今에 培風하여 背負靑天하니 而莫之夭閼者요 而後乃今에 將圖南이니라. 蜩與鷽鳩笑之曰, 我決起而飛에 搶楡枋이려니와 時則不至而控於地而已矣라. 奚以之九萬里而南爲인가? 適莽蒼者는 三湌而反에 腹猶果然이나 適百里者는 宿舂糧이요 適千里者는 三月聚糧이

라. 之二蟲又何知인가? 小知는 不及大知요 小年은 不及大年이라. 奚以知其然也인가? 朝菌은 不知晦朔하고 蟪蛄는 不知春秋하니 此小年也라.

楚之南에 有冥靈者하니 以五百歲로 爲春하고 五百歲로 爲秋하며 上古에 有大椿者하니 以八千歲로 爲春하고 八千歲로 爲秋하느니라. 而彭祖乃今에 以久特聞하여 衆人匹之하니 不亦悲乎인가?

헤아려 재어보는 일[思量]에 빠지는 것을 경계함이 지극하다. 사람이 무엇을 '안다'는 것이 과연 무엇일까?

사람 몸에는 여섯 문[六門]이 있어서 그것들을 통해 이른바 바깥 세상과 만난다. 눈·코·귀·혀·살갗과 생각[識]이 그것이다. 줄이면, 느껴서 아는 것[感覺]과 생각해서 아는 것[知覺]인데 이 두 가지가 막히면 사람으로 사람답게 살아갈 수가 없지만, 이것들만 의지했다가는 또한 사람으로 사람답게 살아살 수가 없다. 그래서 알기는 알되 그 아는 것에 얽매여서는 안 된다고 말하는 것이다. 보면서 그 보이는 것에 얽매이지 않고 알면서 그 아는 바에 갇히지 않아야 한다. 그것이 참된 '앎'이다. 참된 앎은 이미 그 앎 속에 들어가 있기에 새삼 "내가 그것을 안다"고 말할 거리가 없다. 그런 경지에 들지 못한 자가 소지(小知)로 대지(大知)를 헤아리려 하는데, 바로 여기에서 모든 인생고(人生苦)가 비롯되는 것이다.

욥의 진짜 고통은 친구들이 와서 논쟁을 벌이면서 비롯되었다. 그들의 변론은 욥의 아픔을 없애주기는커녕 더 크게 했다. 무슨 논리와 해명으로 인생고를 없앨 수 있으랴? 석가제존의 탁월한 사성체(四聖諦) 팔

정도(八正道) 이론도 이론 그 자체로써 고해(苦海)를 건너게 해주지는 않는다. 오히려 지견(知見)은 해탈을 가로막는 가장 큰 장애물 중 하나다. 지견을 여읠 때 비로소 불이문(不二門)은 활짝 열린다. 그런데 지견을 여의는 것과 불이문에 들어가는 일 또한 불이(不二)다.

욥에게 나타나신 하느님은 "네가 과연 무엇을 아느냐?"고 따져 묻는다. 욥은 아무 대꾸도 할 수 없는 자기를 본다. 아무 것도 알지 못하는 자기를 깨달은 것이다. 이때 자기 발견은 곧 하느님 발견이 된다. 욥은 문득 눈을 떠서 하느님을 뵙게 되고 그 결과는 '굳게 다물어진 입'이다.

"부질없는 말로 당신의 뜻을 가리운 자, 그것은 바로 저였습니다. 이 머리로는 헤아릴 수 없는 신비한 일들을 영문도 모르면서 지껄였습니다.…… 당신께서 어떤 분이시라는 것을 소문으로 겨우 들었는데 이제 저는 이 눈으로 당신을 뵈었습니다. 그리하여 제 말이 잘못되었음을 깨닫고 티끌과 잿더미에 앉아 뉘우칩니다."

하느님을 뵙는 순간 이제까지 그를 괴롭히던 모든 고통이 사라져버린다. 고통받을 '나'가 없는데 어떻게 '고통'이 있겠는가?

육조(六祖) 혜능(惠能)이 방아를 찧는데 몸이 가벼워서 허리에 돌을 달았더니 그 바람에 허리와 다리가 상했다. 오조(五祖) 홍인(弘忍)이 방앗간에 이르러 물었다.

"그대가 공양을 하느라 허리와 다리를 다치게 하는구나. 아픈 곳은 없는가?"

"몸이 있다고 생각하지 않는데, 누가 이것을 아프다고 하겠습니까?"

내가 무엇을 헤아린다는 것은 헤아리는 나[主]와 헤아려지는 것[客] 사이에 거리가 있음을 전제(암시)한다. 이 거리를 극복하지 못하는 한 지견(知見)의 해로움은 사라지지 않을 것이다. 내가 너를 참으로 알려면 '너'가 되어 네 속에서 너를 보아야 한다.

　우주를 헤아리려 하지 말아라! 눈을 뜨고 몸을 열어 우주와 하나로 되라.

> 내 어려서부터 학문을 쌓아서
> 일찍이 주석 책과 경론(經論)깨나 살폈노라.
> 이름과 모양 가려내기를 쉬지 않았으나
> 바다에 들어가 모래를 헤아리듯 스스로 고단하기만 하였더라.
> 문득 여래의 호된 꾸지람을 들으매
> 남의 보물 헤아려서 무슨 유익이 있을꼬?
> 이제껏 비칠거리며 헛일 했음을 깨닫고 보니
> 여러 해를 그릇되이 쏘다니기만 하였구나.
> 〔吾早年來積學問, 亦曾討疏尋經論. 分別名相不知休, 入海算沙徒自困. 却被如來苦呵責, 數他珍寶有何益. 從來蹭蹬覺虛行, 多年枉作風塵客.〕

　이른바 현실주의자들(매미·비둘기)은 붕새의 비상(飛翔)을 비웃는다. 그들은 패트리어트 미사일이 평화를 지켜준다고 떠들어댄다. 핵무기가 나라의 안녕을 보장한다고 주장한다. 경쟁력을 높여 무한 경쟁 시대에 살아남을 수 있다고 한다. 그들의 눈에, 아이가 독사굴에서 뒹굴고 사자가 풀을 뜯는 이사야의 꿈은 헛된 망상일 뿐이다. 그러나 과연 누가 진정한 현실주의자요 누가 몽상가인가?

　두어라, 비웃는 자로 하여금 비웃게 하라. 꿈에서 깨어난 자만이 자기가 꿈을 꾸고 있었다는 사실을 깨닫게 마련이다. 붕(鵬)은 매미의 비웃음

제1장 소요유(逍遙遊) | 21

에 아무 대꾸도 하지 않는다. 말을 한들 알아들을 것인가? "진리가 무엇이냐"는 빌라도의 질문에 예수는 묵묵부답이었다. 도(道)를 헤아리려고 하는 자는 영원히 도를 알 수 없을 것이다. 도는 사량분별(思量分別)의 대상이 아니라 거기에 우리 몸을 던져넣을 바다, 곧 믿음의 대상이다.

"세상이 자기 지혜로는 하느님을 알 수 없습니다. 이것이 하느님의 지혜로운 경륜입니다. 그래서 하느님께서는 우리가 전하는 소위 어리석다는 복음을 통해서 믿는 사람들을 구원하시기로 작정하셨습니다."
(고린도전서 1:21)

"부질없는 말로 나의 뜻을 가리는 자가 누구냐? 대장부답게 허리를 묶고 나서라. 나 이제 물을 터이니 알거든 대답해보아라. 내가 땅의 기초를 놓을 때 너는 어디에 있었느냐? 그렇게 세상 물정을 잘 알거든 말해보아라. 누가 이 땅을 설계했느냐? 그 누가 줄을 치고 금을 그었느냐?"(욥 38:2~5)

장자가 이 대목에서 말하는 것은 양(量)이 아니라 질(質)이다. 매미와 붕의 차이를 그 몸뚱이 크기에서 찾으려 한다면 잘못 읽은 것이다. 소지(小知)와 대지(大知)의 차이 또한 양이 아니라 질에 있다. 인간의 감각과 지각이 가서 닿을 수 없는 영역, 그러나 육문(六門)을 지닌 인간 존재와 별개의 존재가 아닌 영역에 대하여, 보기는 보되 보이지 않고, 듣기는 듣되 들리지 않는 그 무엇에 대하여, 우언(寓言)으로 말하고 있는 것이다. 그 영역은 사량분별을 버리고 뛰어들 때 문득 자기가 그 속에 있음을 깨닫게 되는 자리다.

홍인화상(弘忍和尙)이 혜능(惠能)에게 물었다.

"너는 어디 사람인데 이 산에 와서 나를 예배하는가? 너는 지금 내 주변에서 다시 무엇을 구하려는가?"

"저는 바로 영남 사람으로 신주(新州) 백성입니다. 이제 멀리 와서 스님을 예배하는 것은 다른 것을 구함이 아니라, 오직 부처가 되는 법을 구하려고 할 뿐입니다."

대사가 드디어 혜능을 질책하며 말한다.

"너는 영남 사람이고 또한 오랑캐다. 어찌 부처가 될 수 있겠는가?"

"사람에게는 남과 북이 있어도 불성(佛性)에는 남과 북이 없습니다. 오랑캐의 몸은 스님과 같지 않다 하더라도 불성에 어찌 차별이 있겠습니까?"

혜능이 홍인에게 법(法)을 얻고자 먼 길을 찾아왔을 때 첫 대면에서 나누었다는 유명한 불성문답(佛性問答)이다. 혜능이 아직 "나는 영남 사람이다"라는 헤아림에 머물러 있을 때 스승은 그를 질책한다. 네가 그런 헤아림에서 헤어나지 못했거든 어찌 부처 될 마음을 먹느냐? 영민한 제자가 한마디에 깨닫고는 곧장 '사람'을 버리고 '불성'에 뛰어든다. 불성은 인간의 모든 사량분별을 뛰어넘은 영역이다. 거기서는 개미와 인간이 하나요 똥 막대기와 똥이 하나이다. 줄래야 줄 것도 없는 스승을 얻을래야 얻을 것도 없는 제자가 찾아가 만난 것이다. "지극한 도(道)는 어렵지 않으니 다만 가리고 헤아리는 것을 꺼릴지라."〔至道無難, 唯嫌揀擇〕

▲▲▲

탕(湯)임금이 극(棘)과 나눈 이야기도 이와 같다. 풀도 나지 않는 땅 북녘에 어두운 바다가 있으니 곧 하늘못이다. 거기에 물고기가 있는데 너비가 몇 천 리나 되고 길이는 얼마나 되는지 아는 사람이 없거니와 그 이름을 곤(鯤)이라고 한다. 거기에 새가 있어 이름을 붕(鵬)이라고 하는데 등은 마치 태산과 같고 날개는 하늘에 드리운 구름과 같다. 회오리바람을 안고 위로 9만 리를 빙글빙글 날아 올라 구름을 뚫고 푸른 하늘을 등에 진 다음 남쪽에 뜻을 두어 마침내 남녘 바다로 간다. 뱁새가 저를 비웃으면서 말하기를, 저 친구 대체 어딜 가려는 건가? 우리는 힘껏 날아 올라봤자 몇 길 올랐다가 내려와서 쑥덤불 사이로 날아다니는 것이 고작인데, 저 친구는 대체 어딜 가려는 건가? 이것이 바로 큼과 작음의 다른 점이다.

湯之問棘也是已니라. 窮髮之北에 有冥海者하니 天池也라. 有魚焉에 其廣數千里요 未有知其修者하거니와 其名爲鯤이니라. 有鳥焉에 其名爲鵬이요 背若泰山하니 翼若垂天之雲이라. 搏扶搖羊角而上者九萬里하고 絶雲氣하고 負靑天하고 然後에 圖南하여 且適南冥也니라. 斥鴳笑之曰하되 彼且奚適也인가? 我騰躍而上에 不過數仞하고 而下翶翔蓬蒿之間하거니와 此亦飛之至也라. 而彼且奚適也인가? 此小大之辨也니라.

코끝에 기러기 털을 놓아도 움직이지 않을 만큼 고요히 숨을 들이쉬고 내쉬며 정적(靜寂)에 들어 있는 사람을 보고 우리는 미동도 없이 앉아 있다고 한다. 그는 정말로 움직이지 않는 것일까? 그렇지 않다.

그가 앉아 있는 자리 자체(지구)가 엄청난 속도로 우주 공간에서 자전과 공전을 하고 있기 때문에 그는 시방 무서운 빠르기로 움직이고 있는 것이다. 다만 그것을 느끼지 못하고 있을 뿐이다. 이만큼 우리의 감각과 지각은 한계가 있다. 그것을 믿다가는(그것에 우리 자신을 맡겼다가는) 붕새를 비웃는 뱁새 꼴이 될 따름이다.

여기서 장자는 되풀이한다. 인간의 느낌과 생각을 믿지 말라고. 그 안에 사로잡히지 말라고. 눈으로 보되 그 보이는 바에 얽매이지 말고 귀로 듣되 그 들리는 바에 갇히지 말라고.

『금강경오가해』(金剛經五家解)에 수록돼 있는 야보(冶父)의 시(詩).

> 여래한테는 눈이 다섯 있고
> 우리한테는 눈이 하나뿐이지만
> 똑같이 검은 것 흰 것 나누고
> 틀림없이 푸른 것 누런 것 가려낸다.
> 그 사이에 약간 서로 다른 점이 있다면
> 유월 땡볕에 눈서리가 내림이렷다.
> 〔如來有五眼, 張三只一雙, 一般分黑白, 的的別靑黃. 其間些子爻訛處, 六月炎天下雪霜.〕

부처 눈과 우리 눈이 흑백 청황을 분별하는 데야 무슨 차이가 있겠느냐만 부처 눈이 우리 눈과 조금 다른 점이 있다면 오뉴월에 내리는 눈처럼 흔적을 남기지 않는 점이라는 얘기다. 보되 보는 행위가 없는 것이다. 이걸 굳이 사람의 말로 표현하자니, 하지 않으면서 한다〔爲無爲〕고 할 수밖에.

"이러므로 성인(聖人)은 모든 일을 무위로써 하고 말없이 가르치며 만물을 이루되 물리치지 아니하고 낳되 가지지 아니하며 하되 뽐내지 아니하고 공(功)을 이루되 그 자리에 머물지 아니한다."〔是以聖人, 處無爲之事, 行不言之敎, 萬物作焉而不辭, 生而不有, 爲而不恃, 功成而不居: 『노자』〕

장자가 말하는 큼과 작음의 차이는 마침내 질(質)의 차이로 되어버린 양(量)의 차이다. 시간과 공간이 별개가 아니듯, 양과 질 또한 별개가 아닌 까닭이다.

"내 왕국은 이 세상 것이 아니다.(not of this world) 만일 내 왕국이 이 세상 것이라면 내 부하들이 싸워서 나를 유다인들의 손에 넘어가지 않게 했을 것이다. 내 왕국은 결코 이 세상에서 오는 것이 아니다."(not from here)

이렇게 말한 예수는 같은 입으로 또 이렇게 말한다.

"하느님 나라가 오는 것을 눈으로 볼 수는 없다. 또 '보아라, 여기 있다' 혹은 '저기 있다'고 말할 수도 없다. 하느님 나라는 바로 너희 가운데(in the midst of you) 있다."

이 세상 나라로 하느님 나라를 '볼' 수 있는 것이 아니지만 그 둘이 서로 별개의 것도 아니다. 뱁새의 눈으로 붕새의 비상을 볼 수는 없지만 둘 다 같은 하늘 아래 살고 있는 새다.

▲▲▲

그러므로 지식이 한 관직을 맡아서 해낼 만하고 행실이 한 고을을 다스릴 만하고 덕(德)이 임금의 마음에 들어 한 나라에 두루 미칠 만한 자가 스스로 저를 보는 것이 이와 같다. 그런데 송영자(宋榮

子)는 저들을 은근히 비웃으며 세상 사람들 모두가 추켜세운다고 해서 더욱 힘을 쏟거나 세상 사람들 모두가 헐뜯는다고 해서 풀이 죽거나 하지 않는다. 안과 밖의 구분을 바르게 짓고 영예와 치욕의 경계를 분명히 할 따름이다. 세상에 살면서 허둥지둥하지는 않지만 그러나 아직 홀로 우뚝 서지 못했다.

열자(列子)는 바람을 타고 다니는데 기분 좋게 떠다니는 모습이 그럴 듯하다. 보름이 지나면 돌아온다. 저가 사람에게 복을 베푸는 일에 허둥지둥하지 않거니와 비록 발로 걷는 것은 면했다 하나 아직 기대는 바가 있다. 만약 하늘땅의 정기(正氣)를 타고 여섯 기운의 변화를 부려 끝없는 세계를 노닌다면 저가 또한 무엇을 새삼 기대겠는가? 그러므로 이르기를, 지인(至人)은 '나'가 없고 신인(神人)은 '이루어 낸 것'이 없으며 성인(聖人)은 '이름'이 없다고 하였다.

故로 大知效 官하고 行比一鄉하고 德合一君而徵一國者, 其自視也는 亦若此矣니라. 而宋榮子는 猶然笑之하고 且擧世而譽之에 而不加勸하고 擧世而非之에 而不加沮하나니 定乎內外之分하고 辨乎榮辱之竟斯已矣니라. 彼其於世에 未數數然也나 雖然이나 猶有未樹也니라.
夫列子御風而行하니 冷然이 善也라. 旬有五日而後에 反하느니라. 彼於致福者, 未數數然也니 此雖免乎行이나 猶有所待者也니라. 若夫乘天地之正하고 而御六氣之辨하여 以遊無窮者하면 彼且惡乎待哉리오? 故로 曰, 至人은 無己하고 神人은 無功하고 聖人은 無名이라 하니라.

이른바 지·행·덕(知行德)의 영향이 한 나라에 두루 미칠 만한 사람이라면 나름대로 출세한 사람이다. 그런데 오히려 그를 비웃는 자가 있다는 얘기다. 송영자(宋榮子)다. 맹자보다 약간 선배로서 무욕(無慾)과 무저항을 주장한 평화주의자인데, 세상 사람 모두가 추켜세운다 해서 더욱 힘을 쓰는 일이 없고 세상 사람 모두가 헐뜯는다 해서 풀이 죽는 일도 없었다는 인물이다. 그런 그도 아직은 홀로 우뚝 서지 못했다. 어째서일까? 안과 밖을 바르게 구분짓고〔定乎內外之分〕영예와 치욕의 경계를 분명히 하는 것〔辯乎榮辱之竟〕에서 마쳤기〔斯已矣〕때문이다. 안과 밖의 구분을 바르게 짓는다는 말은 아직 분별지(分別智)를 여의지 못한 상태에 있다는 말이다. 하느님 품 안에서 어디가 밖이며 어디가 안인가? 마음이 경계에 이르러 지견(知見)이 생기거니와 마음과 경계는 과연 분리되는 것인가? 부대사(傅大士)의 시 한 구절.

마음 없는 경계 없고
경계 없는 마음 일찍이 없으니
경계가 무너지면 마음도 사라지고
마음이 없으면 경계가 틈내어 들어오지 못한다.
〔未有心無境, 曾無無境心. 境亡心自滅, 心滅境無侵.〕

장자의 의도가 안팎의 구분을 바르게 짓는 일 자체를 부정하자는 건 아니다. 오히려 그것은 세상의 비난과 칭찬에 울고 웃는 매미와 뱁새 따위의 수준을 훌쩍 뛰어넘는 드높은 경지다. 그러나 거기에 그친 것이, 송영자의 한계라는 얘기다.

안과 밖을 구분하되 아울러 모든 경계가 무너진 자리에 서야 하는 것이다. 구분짓되 구분에 초연하라는 얘기다. 세속에 몸을 담아 뒹굴되 그 자리를 떠나 있으라는 얘기다. 초연히 참여하라! 원주악장(圓珠握掌)에 단청별(丹靑別)이라, 모든 것을 포용한 구슬을 손에 잡았으나 붉고 푸른 것을 구별한다. 세상에 대하여 초연일방(超然一方)으로는 아직 '섰다'고 할 수 없다. 세상에 살면서 허둥지둥하지 않는 것만으로는 아직 모자란다. 때로는 폭풍처럼 휘몰아치며 세속의 티끌 속에 달리되 거기에 물들지 않는 사람, 마음을 거울처럼 쓰는[用心若鏡] 사람, 그 사람을 가리켜 홀로 우뚝 선 지인(至人)이요 신인(神人)이요 성인(聖人)이라 한다.

송영자와 함께 한 사람을 더 예로 든다면 열자(列子)다. 여기 나오는 열자는 춘추 말기에 실존했던 사상가를 가리킨다기보다, 본디 농업에 영험(靈驗)을 지닌 여산(厲山, 列山이라고도 함)의 산신(山神)이 신화(神話)를 통해 실제 인물로 화한 그 사람을 말한다고 보는 게 좋겠다. 열자는 발로 걷지 않고 바람을 타고 다닌다. 보름마다 돌아오는데 바람을 타고 다니는 모습[冷然]이 씩 괜찮다. '보름'은 한 절기(節期)를 말한다. 농사짓는 데 없어서는 안 되는 '철'이다. 그래서 사람들에게 복을 베풀어주는데, 열자는 그 일에도 허둥지둥하지 않는다. 송영자는 바깥 형편에 따라 허둥대지 않고 열자는 제 일로(안 형편) 허둥대지 않았다. 선한 일에 서두르지 않고 그 결과에 얽매이지 않는다는 게 결코 쉬운 일이 아니다. 그러나 그것만으로는 아직 모자란다. 천상천하유아독존(天上天下唯我獨尊)으로 우뚝 섰다고 할 수가 없다. 자기 발로 걷지 않는 경지에는 이르렀으나 그래도 아직 무엇인가에 기대야 하기 때문이다. 능동(能動)을 배타하는 수동(受動)만으로는 안 된다는 얘기다. 초연히 세속에 참여하는 사람은 능동과 수동을 아울러 실현한다. 그의 행위는 천명(天

命)에 순종하는 것이면서 스스로 하는 것이다.

"아버지께서는 내가 목숨을 바치기 때문에 나를 사랑하신다…… 누가 나에게서 목숨을 빼앗아가는 것이 아니라 내가 스스로 바치는 것이다…… 이것이 바로 내 아버지에게서 내가 받은 명령이다."(요한복음 10:17, 18)

공자(孔子)가 인생 칠십에 마침내 도달했다는 경지, 자기 마음대로 하는데 그 행위가 법도를 어긋남이 없는〔從心所欲不踰矩〕경지를 장자는 시방 여기서 말하고 있는 것이다.

만약에 누군가 하늘땅의 한결같은 본(本)을 타고(남김 없는 수동) 변화무쌍한 기(氣)를 부리며(막힘 없는 능동) 끝이 없는(따라서 시작도 없는) 세계를 노닌다면, 그 사람이야말로 지인(至人)이요 신인(神人)이요 성인(聖人)이다. 무엇에 새삼 기댈 것인가? 무엇이 그를 제한할 것인가?

지인(至人)·신인(神人)·성인(聖人)은 그 이름을 달리 할 뿐 같은 사람을 일컫는다고 봐야 할 것이다. 다만 지인은 그 사람의 덕(德)이 지극함을 강조하고 신인은 능력이 막힘 없이 작용함을 강조하고 성인은 스스로 모든 것에 통달함을 강조한다. 무기(無己)·무공(無功)·무명(無名) 또한 동일한 몸의 다른 얼굴이다. 무기는 무슨 일을 하는 주체가 없다기보다 그 주체의 '나'가 없음이요, 무공은 공(功)이 없다기보다 공의 '임자'로 나서지 않음이요, 무명은 이름이 없다기보다 스스로 제 이름을 내지 않음이다.

선행(善行)은 무철적(無轍迹)이라, 무슨 일이든 제대로 하면 그 자취가 남지 않는다. 해가 서쪽에서 뜬다면 혹시 예수가 자신의 비석을 깎아 세울 수 있을까?

보잘 것 없는 공(功) 다툼으로 날이 새고 저무는 여름 매미들이 어찌 붕(鵬)의 도남(圖南)을 알겠는가? 하물며 자신이 남(南)으로 날아가는 붕(鵬)의 깃털에 박혀 있는 작은 무늬일 수도 있다는 비밀을 짐작이나 마 할 수 있으랴?

2. 요(堯)가 천하를 넘겨주고자 함

▲▲▲

요(堯)임금이 천하를 허유(許由)에게 넘겨주고자 하여 말하기를, 해와 달이 돋았는데 관솔불을 계속 피우니 그 빛이라는 게 무엇이 겠습니까? 때 맞추어 비가 내리는데 물을 대고 있으니 그 땅을 적신다는 게 헛수고 아니겠습니까? 선생께서 임금 자리에 앉으시면 천하가 저절로 다스려질 터인데 제가 오히려 임금 노릇을 하고 있습니다. 스스로 돌이켜보매 모자란지라, 바라건대 천하를 맡아주십시오. 허유가 대답하기를, 그대가 천하를 맡아 이미 잘 다스려지고 있는데 내가 그대를 대신한다면 나더러 장차 이름(名)이 되란 말이오? 이름이란 것이 알속의 나그네인데 나더러 장차 나그네가 되란 말이오? 뱁새가 깊은 숲에 둥지를 틀지만 나뭇가지 하나를 차지할 뿐이요 두더지가 강물을 마신다 해도 제 배 하나 채우면 그만이오. 그대는 돌아가서 쉬시오. 나한테는 천하를 다스린다는 게 쓸모없는 일이외다. 요리사가 요리를 잘 못한다 해서 시동(尸童)이나 제주(祭主)가 제사상을 넘어가서 대신할 수는 없지요.

堯讓天下於許由曰, 日月이 出矣에 而爛火不息하니 其於光也, 不亦

難乎니까? 時雨降矣에 而猶浸灌하니 其於澤也, 不亦勞乎니까? 夫子立而天下治거늘 而我猶尸之라 吾自視하니 缺然이라. 請致天下로소이다. 許由 曰, 子治天下에 天下旣已治也로다. 而我猶代子하면 吾將爲名乎니까? 名者는 實之賓也거늘 吾將爲賓乎니까? 鷦鷯巢於深林이나 不過一枝하고 偃鼠飮河로되 不過滿腹하니 歸休乎君이어다. 予無所用天下爲로다. 庖人이 雖不治庖라도 尸祝이 不越樽俎而代之矣니라.

요(堯)는 한마디로 대단한 사람이다. 중국인들의 영원한 유토피아 '요순시절'(堯舜時節)을 창시한 성군(聖君)이다. 그가 나라를 다스릴 때 백성은 격양가를 부르며 배를 두드렸고 임금이 누구인 줄 몰랐다. 다스리지 않는 것이 잘 다스리는 것이라는 노자(老子)의 말을 적용해 마땅한 그런 사람이었다.

그런데 그가 시방 당대의 은자(隱者) 허유(許由)를 만나 바야흐로 왕위를 물려주려고 한다. 왕위를 빼앗기 위해 아버지를 죽이고 조카를 도륙하는 훗날의(장자 당대의) 왕들에 견주면 이건 숫제 말이 가서 닿을 수 없는 경지에 이른 사람이다. 허유는 요의 피붙이도 아니다. 다만 그의 명성을 듣고, 스스로 생각건대 자신은 허유에 견주어 해와 달 앞의 관솔불이요 때맞춰 내리는 비 앞의 바가지 물이라. 애를 쓰되 이룬 공은 적다는 사실을 알고 왕위를 물려주려는 것이다. 물려준다기보다 들어 바치는 것이다.

이에 허유는 어떻게 반응하는가? 한마디로 거절한다. 나라를 다스린 공(功)은 그대에게 있는데 이제 나보고 그에 따른 명(名)을 차지하란 말인가? 이름이란 알속[實]이라는 주인의 나그네[賓]에 지나지 않는 것이거늘, 나로 그대의 나그네 노릇을 하라는 말인가? 나는 이미 스스로 만족하고 있으니 뱁새가 나뭇가지 하나로 넉넉하고 두더지가 제 배 하나 채우는 것으로 넉넉함과 같다. 그대는 돌아가서 쉬도록 하는 게 좋겠다. 천하를 다스린다는 게 도무지 나에게는 쓸모가 없는 일이다. 요리사가 요리를 잘 못한다 해서 제주가 나설 수는 없는 일 아닌가?

오만불손한 말이다. 요임금을 물리친 뒤에 더러운 말을 들었다 하여 귀를 씻었다는 이야기가 내려오고 있거니와 과연 그랬겠다.

그런데, 이 이야기를 하는 장주(莊周)의 속뜻은 무엇인가? 도대체 무엇을 이야기하려고 이 이야기를 하는 것인가? 요도 허유도 세속의 기준으로 보면 참 대단한 존재들이지만 무기(無己), 무공(無功), 무명(無名)인 지인(至人), 신인(神人), 성인(聖人)에 견주어보면 아직 모자란다는 얘기다. 이 다음에 나오는 막고야산(藐姑射山)의 신인 이야기에서 장자는 요와 허유에게 모자라는 점이 무엇이었는지를 암시하고 있다. 감산 덕청(憨山德淸)은 이를 간단하게 요약한다. "요는 천하를 넘겨주고자 하여 시러곰 공(功)을 버렸으나, 왕위를 넘겨주려고 한 임금이라는 이름[名]까지 버리지는 못했다. 허유는 천하를 넘겨받지 않음으로써 이름은 버렸으나 스스로 만족하는 자기는 버리지 못했다." 요는 망공(忘功)은 했으나 망명(忘名)을 못했고 허유는 망명(忘名)은 했으나 망기(忘己)를 못했다는 얘기다. 셋 가운데 어느 하나를 못했다 함은 결국 셋 다 제대로 하지 못했다는 말이다. 무기(無己)이므로 무공(無功)이요 무공(無功)이므로 무명(無名)이요 무명(無名)이므로 무기(無己)인 까닭이다.

따라서 요와 허유 둘 다 아직 미완의 상태에 있다는, 과연 장자다운 '큰 소리' 다.

견오(肩吾)가 연숙(連叔)에게 말하기를, 접여(接輿)한테서 이야기를 들었는데 터무니없이 큰데다가 앞으로 나가기만 하고 돌아올 줄은 모르는지라 나는 그 말에 겁이 날 지경이었지. 은하수에 끝이 없는 것처럼 엄청난 차이가 있어서 보통 상식으로는 가까이할 수가 없었다네. 연숙이 말하기를, 그 이야기라는 게 어떤 이야기인가? 대답하되, 막고야(藐姑射)라는 산에 신인(神人)이 있는데 살갗은 얼음이나 눈과 같고 나긋나긋하기는 처녀와 같으며 낟알을 먹지 않고 바람과 이슬을 마시며 구름을 타고 용을 부려 네 바다 밖에서 노닌다고 하거니와 정기(精氣)를 한데 모아 만물을 병들지 않게 하며 곡식을 익힌다고 하니, 하도 허황된 이야기라서 도무지 믿어지지가 않더군.

肩吾問於連叔曰, 吾聞言於接輿한대 大而無當하고 往而不返이라. 吾驚怖其言하니 猶河漢而無極也하고 大有逕庭하여 不近人情焉이라. 連叔曰, 其言이 謂何哉인가? 曰, 藐姑射之山에 有神人居焉이니 肌膚若氷雪하고 淖約若處子하고 不食五穀하고 吸風飲露하고 乘雲氣하고 御飛龍하여 而遊乎四海之外하거니와 其神凝하여 使物不疵癘하고 而年穀熟이라 하니 吾以是狂而不信也니라.

견오(肩吾), 연숙(連叔)은 실존 인물이 아니라 가상 인물이다. 장자는 여기서 공자시대의 유명한 광인(狂人) 접여(接輿)의 입을 빌려 막고야(藐姑射)라는 산에 살고 있다는 한 신인(神人) 이야기를 들려주고자 하는 것

제1장 소요유(逍遙遊) | 35

이다.(접여를 견오, 연숙과 함께 산신(山神)으로 보는 설도 있지만 중요한 문제는 아니다.) 이름을 알 수 없는 그 신인은 살갗이 눈처럼 희고(깨끗하고) 나긋나긋하기는 시집 갈 처녀와 같고 오곡(五穀)을 먹지 않고 바람과 이슬을 마시며 구름을 타고 용을 부려 천지 밖에서 노니는데 신(神)을 (정기를) 한데 모아 만물을 병들지 않게 하며 곡식을 익게 한다. 그런데 접여한테서 이 말을 듣고 견오(肩吾)는, 붕(鵬)을 이해 못하던 매미처럼 도무지 무슨 말인지 알아들을 수 없어서 마침내 겁이 났다는 것이다.

막고야 신인은 어떤 존재인가? 천지 밖에서 자유자재로 노니는데 열자(列子)처럼 보름 만에 돌아와야 하는 처지가 아니다. 구름을 타되 구름에 의존하는 것이 아니라 구름(용)을 자기 뜻대로 부린다. 눈처럼 흰 살갗은 맑고 깨끗한 존재를 말해준다. 변화산 꼭대기의 예수는 얼굴이 해와 같았고 옷은 빛과 같아 투명했다. 수정처럼 투명해, 거칠 것이 없는 허공과도 같은 존재. 지구가 만일 수정처럼 투명하다면 우리에게 어두운 '밤'이 없을 것이다. 그렇다. 그는 있으면서 없고 없으면서 있는 [唯恍唯忽: 『노자』] 그런 존재다. 따로 '나'라고 내세울 만한 것이 없다.

천지 밖에서[四海之外] 노닐지만 그러나 천지 안의 세계[四海之內]와 떨어져 있는 별개의 존재가 아니다. 초연히 세속에 참여하고 있는 것이다. 그는 인위(人爲)로써 길러진 곡식을 먹지 않고 바람과 이슬로 양식을 삼는다. 그러면서 정기를 한데 모아 온갖 사물을 병들지 않게 하고 사람과 짐승의 양식인 곡식을 익게 한다. 그의 공(功)으로 곡식이 익는 것이다. 그러나 사람들은 공을 세운 그를 볼 수가 없다. 천지 밖에서 노닐고 있기 때문이다.

그에게 따로 이름이 없음은 당연한 일이다. 천하의 장자도 그의 이름을 부를 수 없다. 없는 이름을 어떻게 부른단 말인가?

연숙(連叔)이 말하기를, 그렇겠군. 맹인에게는 무늬가 보이지 않고 귀머거리에게는 종소리 북소리가 들리지 않거니와 어찌 몸에만 맹인 귀머거리가 있겠는가? 앎에도 그런 것들이 있으니 지금까지 이야기한 것이 바로 자네를 두고 한 말일세. 그 사람의 덕(德)은 바야흐로 만물을 섞어서 하나로 만들려는 것이라, 세상이 그에게 다스림 받기를 바라지만 어찌 애를 써서 천하 다스림을 일로 삼겠는가? 그 사람은 사물이 상처 주지 못하고 큰물이 나서 하늘에 닿아도 거기 빠지지 않으며 큰 가뭄으로 쇠붙이와 돌이 녹아 흐르고 흙과 산이 달구어져도 뜨거운 줄을 모른다네. 저가 티끌과 때와 쭉정이와 겨로 오히려 요(堯)와 순(舜)을 빚어 만들 수 있거늘 무엇 때문에 세상 다스림을 일로 삼겠는가?

連叔曰, 然이라. 瞽者는 無以與乎文章之觀이요 聾者는 無以與乎鐘鼓之聲이거니와 豈唯形骸有聾盲哉리오? 夫知亦有之하니 是其言也, 猶時女也니라. 之人也, 之德也는 將旁礡萬物하여 以爲一이라. 世蘄乎亂이나 孰弊弊焉以天下爲事리오? 之人也는 物莫之傷하고 大浸稽天而不溺하고 大旱에 金石流하고 土山焦하나 而不熱이니라. 是其塵垢粃糠으로 將猶陶鑄堯舜者也하니 孰肯以物爲事리오?

장자는 다시 연숙의 입을 빌려, 상식 수준의 논리와 추리로 신인(神人)의 경지를 이해하려는 시도가 무모하다는 것을 이야기한다. 신인의 일은, 아무 것도 하지 않음으로써 모든 것이 저절로 이루어지게 하는〔無

爲而化: 『노자』) 것이다.

방박만물(旁礴萬物)은 만물을 섞어서 하나로 만든다는 말이다. 하나에서 나온 만물을 다시 하나로 돌아가게 하는 것이다. 너와 나의 간격을 없애는 일, 인간과 풀의 차별을 없애는 일, 천지가 나와 더불어 한 몸[天地與我一體]이요 만물이 나와 더불어 한 뿌리[萬物與我同根]임을 인식이 아니라 체현하는 일, 그레고리 베이트슨(Gregory Bateson)의 삼단논법 ("모든 인간은 죽는다. 모든 풀은 죽는다. 그러므로 인간은 풀이다")을 현실화하는 일…… 이것이 신인의 일이라는 얘기다.

그는 모든 사물을 '하나'로 만드는 일을 할 뿐만 아니라 이미 그 자신 모든 사물과 하나이다. 그러므로 사물이 그에게 상처를 입힐 수가 없다. 칼이 칼을 찌르지는 못하는 법.

그에게는 '상대'(相對)라는 말로 부를 존재가 따로 없다. 그가 모든 것이요 모든 것이 그다.

> 하나가 모두요 모두가 하나다.
> 이와 같을 수만 있다면
> 무엇을 이루지 못할까 염려하리오?
> 〔一卽一切, 一切卽一, 但能如是, 何慮不畢: 『신심명』〕

그는 먼지나 때를 가지고도 요순(堯舜)을 만들 수 있다. 요순이 대단한 임금이지만 역시 인간이다. 티끌로 이루어진 인간일 뿐이다.

"요순(堯舜)의 도(道)는 뭇 사람의 아비가 될 수 있지만 뭇 사람의 아비의 아비는 될 수 없다"[堯舜之道, 可以爲衆父, 不可以爲衆父父]고 서산(西山)대사는 말한다.(『도가귀감』〔道家龜鑑〕)

또 그는 이렇게 말한다. "성인(聖人)은 이름이 없고 신인(神人)은 공이 없고 지인(至人)은 '나'가 없다. 도덕의 진실을 안고 마음을 비우고 나를 없애고 언제나 물(物)이 없는 곳에서 노닌다. 인의(仁義)로써 천하 국가를 다스린다는 것이 그에게는 덧없는 꽃과 같다."〔聖人無名, 神人無功, 至人無己, 抱道德之眞實, 盡心無我, 常遊於無物之域, 以仁義天下國家爲浮華〕

'물(物)이 없는 곳'〔無物之域〕이란 말은 '너'라는 상대가 따로 없는 곳이란 뜻이다. 그런 곳에서 노니는 자가 세상을 다스린다는 것은 덧없는 꽃을 피우는 것과 같다는 말이다.

브라만 셀라가 석가(釋迦)족의 아들인 고다마에게 말한다. "당신은 전륜성왕(轉輪聖王)이 되어야 합니다. 대군을 호령하고 천하를 정복하여 전 세계의 지배자가 되어야 합니다. 왕이나 대신들은 당신에게 충성을 바칠 것입니다. 고다마여, 왕 중의 왕이 되소서. 전 세계의 황제가 되어 군림하소서."

이에 스승(고다마)이 대답한다. "셀라여, 나는 분명히 황제다. 그러나 진리의 황제라는 것을 명심하기 바란다. 나는 오직 진리로써 천하를 다스릴 것이다. 그 누구도 반격할 수 없는 무적의 무기로……."

요한은 기록했다.

"예수께서 베푸신 기적을 보고 사람들은 '이분이야말로 세상에 오시기로 된 예언자이시다' 하고 저마다 말하였다. 예수께서는 그들이 달려들어 억지로라도 왕으로 모시려는 낌새를 알아채시고 혼자서 다시 산으로 피해가셨다."(요한복음 6:14, 15)

하느님이 돌을 가지고도 아브라함을 만들 수 있다고 하신 예수는 왜 사람들의 왕 되기를 거절하셨던가? 먼지와 때로 요순을 만들 수 있는 막고야산의 신인은 왜 천하 다스리는 일을 마다했는가?

격이 다른 것이다. 세상을 보는 눈이 다른 것이다. 요는 자기와 격이 같은 허유를 찾았을 때, '다른 세상을 보는 눈'이 떠지지 않았다. 스승을 만나지 못한 것이다. 이제 그는 막고야 신인을 찾아간다. 가서 그를 만난 다음, 바야흐로 눈을 뜬다.

▲▲▲

송(宋)나라 사람이 장보(章甫)라는 관(冠)을 팔러 월(越)나라로 갔는데 월나라 사람들이 머리를 깎고 몸에 무늬를 새겨 쓸모가 없게 되었다. 요(堯)임금이 천하 백성을 다스려 나라 안 정치를 고르게 한 다음 막고야 산에 가서 네 사람을 보았는데 도읍지에 돌아오자 멍하니 앉아 천하를 잊어버리고 말았다.

宋人이 資章甫하여 而適諸越에 越人이 斷髮文身하여 無所用之라. 堯治天下之民하여 平海內之政하고 往見四子藐姑射之山하더니 汾水之陽에 窅然喪其天下焉이니라.

'송인'(宋人)은 흔히 중국 문학에서 바보로 등장한다. 그가 은(殷)나라 관(冠)을 가지고 월(越)나라에 팔러갔는데 아뿔사, 그곳 사람들이 머리를 깎아버려 그만 소용이 없게 되었구나. 격이 다른 사람들 앞에서 속수무책이 되고 만 것이다.

톨스토이의 바보 이반이 세운 왕국에서는 장군도 재벌도 도무지 무력하다. 악마가 엄청난 금화를 만들어 사람들을 다투게 하려고 했지만,

금화 두 세 개로 목걸이를 만들어가지고 노는 것에 만족해버리는 바보들 앞에서는 아무 효과가 없다. 격이 다른 사람들, 그러니까 '다른 세상'에 사는 사람들한테는 세상 없는 악마도 손을 들 수밖에 없는 것이다.

요임금은 막고야산의 신인을 만나고 온 다음, 멍하니 앉아 있다. 이제 세상 다스리는 일은 염두에서 사라졌다. 바야흐로 좌망(坐忘)에 든 것이다.

3. 혜자(惠子)와 장자(莊子)의 대화

▲▲▲

혜자(惠子)가 장자(莊子)에게 이르기를, 위왕(魏王)이 나에게 큰 박씨를 주기에 내가 그것을 심었더니 박이 열렸는데 닷 석들이는 될 만하였소. 물을 담으면 무거워서 들 수가 없고 쪼개서 바가지를 만들면 평평하고 얕아서 도무지 담을 것이 없는지라, 크기는 매우 컸지만 쓸모가 없어서 깨뜨려버렸소. 장자가 대답하기를, 그대는 참으로 크게 쓰는 일에 서투르구려. 송나라 사람으로 손 트지 않는 약을 잘 만드는 자가 있었는데, 집안 대대로 솜 빼는 일을 가업으로 삼았지요. 하루는 나그네가 소문을 듣고 와서 약 만드는 방법을 백금(百金)에 사겠다고 하자 가족을 모아놓고 은근히 이르되, 우리는 대대로 솜을 빨아왔으나 몇 푼 벌지 못했는데 오늘 하루아침에 약 만드는 기술을 백금에 팔 수 있게 되었다. 넘기기로 하자. 나그네가 비방을 얻어 오왕(吳王)에게 가서 설득하는데 마침 월(越)나라하고 전쟁이 터진지라, 오왕이 나그네를 장수로 써서 겨울에 월나라 사람들과 물에서 싸워 저들을 크게 무찔렀소. 그런 다음 땅을 나눠주고 영주로 삼았지요. 손 트지 않게 하는 것은 마찬가진데 누구는 영주가 되고 누구는 솜 빼는 일에서 헤어나지 못했으니 이는 그 쓰는 방법이 달랐기 때문이오. 오늘 그대는 닷 석들이 박을 가지고 있으면서도 어째서 그것으로 큰 술통을 만들어 강물에 띄워놓고 즐기려 하지 않고 오히려 너무 커서 쓸모가 없다고 걱정하는 거요? 그대는 아직 쑥고갱이 마음이구려.

惠子謂莊子曰, 魏王이 貽我大瓠之種에 我樹之하니 成而實五石이라. 以盛水漿하면 其堅이 不能自擧也요 剖之하여 以爲瓢하면 則瓠落하여 無所容이라. 非不呺然大也나 吾爲其無用而掊之니라. 莊子曰, 夫子는 固拙於用大矣라. 宋人에 有善爲不龜手之藥者하여 世世에 以洴澼絖으로 爲事더니 客이 聞之하고 請買其方百金인지라. 聚族而謀曰, 我世世에 爲洴澼絖으로 不過數金이더니 今一朝에 而鬻技百金이라 請與之로다. 客이 得之하여 以說吳王하니 越有難이라. 吳王이 使之將하여 冬에 與越人으로 水戰터니 大敗越人하고 裂地而封之니라. 能不龜手는 一也나 或以封하고 或不免於洴澼絖이니 則所用之異也니라. 今에 子有五石之瓠로 何不慮以爲大樽하여 而浮乎江湖하고 而憂其瓠落無所容하나이까? 則夫子, 猶有蓬之心也夫로다.

이른바 크다 작다를 분별하는 마음으로 읽으면 째째한 혜자(惠子)에 호탕한 장자(莊子)가 돋보이기는 할는지 모르나, 우언(寓言)의 본뜻을 읽은 것은 못 되리라. 이미 무기(無己)의 차원에 선 자에게는 큼과 작음이 따로 없고 쓸모의 있음과 없음 또한 따로 없다. 이 비밀을 읽어야 한다.

장자가 짐짓 제 이름을 등장인물로 삼는 바람에 이 글을 혜자의 현실주의에 대해 장자의 초현실주의를 옹호한 것으로 읽을 수 있겠으나 여

제1장 소요유(逍遙遊) | 43

기서 대비되고 있는 것은 혜자의 '자기 중심 판단'과 장자의 '사물 중심 판단'이다.

혜자는 변설에 능하여 논쟁으로 굴복시키지 못한 상대가 없다는, 이른바 명가(名家)의 유명한 논객이다. 장자는 그를 데려다가 무기(無己)의 경지에 선 자(여기서는 장자 자신) 앞에 세우고 자네는 아직 쑥고갱이 마음에서 벗어나지 못했다고 말한다. 명쾌한 분석, 빈틈없는 논리 그 자체에 가볍게 웃어버리는 것이다.

자기 중심으로 사물을 판단하는 것이 혜자의 방법이다. 그는 커다란 박 앞에서 자신의 용도를 미리 정하고 거기에 맞추어 박을 본다(판단한다). 그러니 박이 너무 커서 쓸모가 없는 것이다. 물론 혜자의 이 말 속에는 대붕(大鵬)이 남으로 날아간다는 장자의 말이 현실 생활에 얽매인 인간의 자리에서 볼 때 너무 크고 황당해 아무 소용이 없다는 비판이 들어 있다. 그리고 이 이야기는 혜자의 비판에 대한 장자의 응답이기도 하다.

그러나 이 대목에서 우리가 정말로 찾아내야 할 것은 사물을 보는 두 사람의 눈이 어떻게 다른가, 바로 그 점이다. 여기서도 예외 없이 '나'라는 관념에 예속된 사람과 그것에서 벗어난 사람의 모습이 부각되고 있다.

혜자가 자신의 용도라는 견지(見地)에서 박을 보는 데 비해 장자는 박 자체를 있는 그대로 본다. 그리고 거기서 용도를 찾아낸다. 물을 담아서 손으로 들 수 없을 만큼 크다면 큰 술통으로 만들어 강물에 띄워놓고 물놀이를 하면서 즐기는 데 쓰면 될 것 아닌가? 쓸모로 사물을 판단하는 것이 아니라, 사물에서 쓸모를 찾아내는 것이다. 이것이 '나' 없는 '나'가 사물을 보는 방법이다.

집 짓는 자들이 버린 돌이

모퉁이의 머릿돌이 되었나니
우리 눈에는 놀라운 일
야훼께서 하신 일이다.(시편 118:22, 23)

바로 이것이다! 야훼께서 보시기에는 아무리 큰 것도 아무리 작은 것도(물론 이 말은 우리네 인간이 하는 말이다), 세상에 쓸모없는 것은 없다. 시인의 '놀라움'은 인간이 버린 것을 주워다가 긴요하게 쓰시는 하느님의 알뜰살뜰한 솜씨를 보았기 때문이 아니다. 그는 도대체 쓸모없는 물건이라고는 없으신 하느님에 대하여 시방 두 눈을 크게 떠 놀라고 있는 것이다.

"이러므로 성인은 언제나 잘 사람을 구하여 그런 까닭에 사람을 버리는 일이 없고 언제나 잘 물건을 구하여 그런 까닭에 물건을 버리는 일이 없다."〔是以聖人常善救人, 故無棄人, 常善救物, 故無棄物:『노자』〕

예수는 물고기 두 마리 보리떡 다섯 개로 수천 명을 배불리 먹이신 다음, 제자들에게 "조금도 버리지 말고 남은 조각을 모아들여라" 하고 명령했다. 아까워서 버리지 말라는 것이었을까? 아니다. 세상에 인간이 버릴 수 있는, 그럴 권한이 있는 물건은 아무 것도 없다는 사실을 가르치고 싶었던 것이다. 수전노가 아까워서 물건을 모아두는 것과 성인이 물건을 버리지 않는 것은 격이 다르다.

성인은 확연무성(廓然無聖)이라, 그에게는 성스럽지 않은 것이 없으므로 그래서 세상에 따로 이것이 성스런 물건이라고 구별할 대상이 없다. 나무가 성스러우면 잎새도 성스럽다. 하느님이 성스럽기 때문에 그가 만드신 세상에는 성스럽지 않은 물건이 없다. 모두가 부처다. "이 사실을 깨닫지 못해서 부처 곧 중생이요 한 생각에 깨달으면 중생 곧 부처

다."〔不悟卽佛是衆生, 一念若悟卽衆生是佛: 육조단경(『六祖壇經』)〕

'봉지심'(蓬之心)이란 제 속에서 헤어나지 못한 마음이다. 쑥고갱이는 제 속에 파묻혀 있어서 위로 훌쩍 솟아오르지 못한다. '나' 또는 '내 것'이라는 관념의 환(幻)에서 벗어나지 못한 마음을 쑥고갱이 마음〔蓬心〕이라 한다. 혜자는 박식(博識)을 자랑했지만 봉심(蓬心)을 벗어나지 못한 까닭에 사물을 자기의 '쓸모'로만 보려고 한다. 따라서 그에게는 쓸모 있는 것과 없는 것이 나뉘고 버릴 것과 버릴 수 없는 것이 구별된다. 무기(無己)의 경지에 서 있는 장자에게는 사물의 크고 작음에 아무런 차이가 없다. 크면 큰 대로 작으면 작은 대로 존재 자체에 이미 '쓸모'가 들어 있으므로 존재와 함께 그것의 쓸모를 본다. 따라서 그에게는 '쓸모없는' 것이 없다.

그는 박으로 큰 술통을 만들어 그것과 함께 더불어 강물 위에서 노닌다. 출렁이는 물결을 타고 박과 함께 춤을 추는 것이다.

같은 주제로, 혜자와 장자의 대화가 계속된다.

▲▲▲

혜자(惠子)가 장자(莊子)에게 이르기를, 나에게 큰 나무가 있는데 사람들이 일컬어 가죽나무라 하지요. 줄기에 옹이가 많아서 먹줄을 칠 수가 없고 작은 가지는 뒤틀리고 굽어서 그림쇠로 잴 수가 없는지라 길가에 서 있건만 목수들이 거들떠보지도 않는다오. 이제 그대의 말은 크기만 하고 쓸모가 없으니 사람들이 모두 등을 돌리는구려. 장자가 대답하되, 그대 또한 너구리와 살쾡이를 보았을 것이오. 몸을 낮추어 엎드려 있다가, 나와서 돌아다니는 작은 짐승을 노려 이리 뛰고 저리 뛰고 높고 낮은 데를 가리지 않지요. 그러다가 그만 올가미에 걸리거나 그물에 걸려 죽소. 그런데 저 검은 소는 크기가 하늘에 드리운 구름 같아서 크기는 과연 크나 쥐를 잡지는 못하오. 지금 그대는 큰 나무가 있는데 쓸모가 없어서 탈이라고 하니, 어째서 그 나무를 아무 것도 없는 시골의 드넓은 들판에 심고 그 곁에서 하는 일 없이 거닐며 노닐다가 그 그늘에 누워 잠들지 않는 거요? 도끼에 찍히지도 않을 것이며 와서 해칠 물건도 없으니, 쓰일 데가 없다 하여 어찌 괴로워할 바 있겠소?

惠子謂莊子曰, 吾有大樹에 人謂之樗라. 其大本이 擁腫하여 而不中繩墨하고 其小枝는 卷曲하여 而不中規矩니 立之塗하나 匠者不顧하니라. 今에 子之言은 大而無用하니 衆所同去也니라. 莊子曰, 子獨不見狸狌乎인가? 卑身而伏하고 以候敖者하여 東西跳梁하고 不避高下하다가 中於機辟하여 死於網罟니라. 今夫斄牛는 其大若垂天之雲이라 此能爲大矣나 而不能執鼠하니라. 今에 子有大樹하고 患其無用하니 何不樹之於無何有之鄕廣莫之野하고 彷徨乎無爲其側하여 逍遙乎寢臥其下인가? 不夭斤斧하고 物無害者하니 無所可用이 安所困苦哉리오?

같은 물건이라도 누가 보느냐에 따라 다르게 보이는 법이다. 목수가 나무를 볼 때는 먼저 재목감으로 보게 마련이다. 아무리 커도 자르고 켜서 재목으로 쓸 수가 없다면 거들떠볼 필요가 없다. 혜자는 여기서도 다시 '인간의 쓸모'라는 잣대로 장자의 말을 헤아린다. 그의 안목에는 장자의 황당한 언설이 도무지 인간 세상살이에 쓸모가 없어서 모두들 등지고 떠나는, 그런 것이다. 이와 같은 비판에 장자는 너구리와 살쾡이를 예로 들어, 눈앞의 이익만을 노리다가 결국 더 큰 이익을 노리는 자들한테 잡혀서 죽고 마는 부질없는 삶의 모습을 그려 보인다. 그리고 그런 자들 눈에는 너무 커서 보이지도 않을 검은 소를 등장시킨다. 검은 소는 쥐를 잡지 못한다. 알타이 산맥과 히말라야 산맥 중간 지대에 산다는 태우(犛牛)는 노자가 말하는 현빈(玄牝)을 연상케 한다. "골짜기의 신령함은 죽지 않으니 이를 일컬어 검은 소라고 한다."〔谷神不死, 是謂玄牝〕 여기 '검은 소'〔玄牝〕는 만물의 어미를 뜻한다.(감산덕청〔憨山德淸〕) 만물의 어미가 쥐를 잡겠는가? 잡을 수 있겠는가?

장자의 눈에 자연은 인간의 쓸모 때문에 존재하는 것이 아니다. 이 점에서 혜자와 다르다. 그에게 자연은 함께 노닐 대상이자 보살펴야 할 이웃이며 받들어 모실 어미인 것이다.

자연을 '이용가치'로 보려면 먼저 그것을 자기와 별개인 존재로 객체화시켜야 한다. 제 몸을 이용가치로 보는 관점은 없기 때문이다. 만물이 제 몸과 하나임을 보는 '깨달은 자'의 눈에는 온 세상이 다만 대자대비(大慈大悲)의 대상일 뿐이다. 왜냐하면 모든 중생이 고해(苦海)에 빠져 허덕이고 있기 때문이다.

예수의 '강도 만난 자 이야기'에 등장하는 인물들은 사마리아 사람 하나만 제외하고 사실은 모두가 강도를 만난 자들이다. 겉 모습이 다를 뿐, 제사장도 레위인도 그리고 강도 자신까지도 "강도를 만나 거의 죽게 된" 상태에 있는 것이다. 그들 모두의 공통점은 '나'의 관점에서 '그'를 본다는 것이다. 그들에게는 '강도 만난 자'가 '나'와 별개인 '그'였다. '그'가 어떻게 되든 그것이 '나'와는 상관없는 일이었다. 그래서 그를 덮쳐 물건을 빼앗고 죽을 지경으로 상처를 입힐 수 있었다. 그리고 죽어 가는 그를 보고도 못 본 척 감히 스쳐 지나갈 수 있었다. '그'의 관점에서 '그'를 보고 '나'를 본 사마리아 사람만이 강도를 만나지 않은 사람이고, 그는 바로 예수 자신의 자화상이다.

"누가 '나'의 이웃이냐?"고 묻는 율법사들에게 예수는 "누가 '그'의 이웃이냐?"는 반문으로 대답한다. 혜자는 '나'의 눈으로 사물을 보았고 장자는 '사물'의 눈으로 사물을 보았다. 박으로 되어서 박을 보았다는 얘기다.

'네 이웃을 네 몸처럼 사랑하라'고 하신 예수는 그 '이웃'을 인간으로만 한정시킨 적이 없다. 이제 우리는 '이웃'이라는 개념 속에 인간뿐만 아니라 자연까지 넣어서 생각해야 할 시점에 와 있다. 자연을 보는 눈을 교정할 때가 되었다.

"자연에는 인간의 눈길을 끄는 세 가지 얼굴이 있다. 힘과 아름다움과 장엄함이 그것이다. 인산은 자연의 힘을 개발하고 아름다움을 즐기며 장엄함 앞에서는 다만 외경할 따름이다. 우리는 인간이 자연의 아름다움을 감상하는 것을 마땅한 일로 생각한다. 만일 어떤 사람이 하늘과 땅을 보면서 감탄하지도 않고 자연의 장엄한 모습과 그 웅대함을 알아보지 못한다면 그런 사람은 사람이 아니라고 생각한다.

그러나 어째서? 그런 것이 우리에게 무슨 작용을 한다는 말인가? 장엄함을 알아본다고 해서 그것이 우리 사회의, 또는 생물학상의 어떤 목적에 무슨 보탬이 되는 건 아니다. 인간은 자기가 장엄함을 보고 느낀 바를 이웃에게 제대로 전달하지도 못하며 그것으로 과학 지식을 더 쌓지도 못한다. 또한 장엄함을 인식하여 우리의 감각이 즐거워지는 것도 아니며 허전함이 채워지는 것도 아니다. 그런데 어째서 우리는 무엇을 알고자 하는 마음을 오히려 얕보며 우리에게 두려움, 우울함 또는 체념을 안겨주거나 하는 대자연의 도발 앞에 자꾸만 알몸으로 서는 것인가? 여전히 우리는 인간이 장엄함을 외면하는 것은 인간다운 짓이 못 된다고 생각한다.

우리가 대우주를 인식한다는 사실보다 더 중요한 사실이 있으니, 우리가 '그래야만 한다'고 생각하고 있다는 사실이다. 우리 손으로 잡을 수 없는 것에 대하여 주의를 모으라는 어떤 '명령'이 떨어졌거나 하듯이."(아브라함 J. 헤셸,『인간은 혼자가 아니다』〔*Man is not Alone*〕)

그동안 세계는 자연에서 '힘'을 본 과학자들과 기술자들이 주도해왔다. '자본'(돈)이 세계 운영의 주도권을 쥐게 된 것과 맞물려 이른바 '호시절'을 구가해온 셈이다. 그 결과가 시방 우리 눈앞에 펼쳐진 놀라운 기술 문명, 테크노피아다. 과연 지구가 수억만 년 오랜 세월을 거쳐 비장해두었던 화석 연료의 '힘'이 아니었다면 오늘의 테크노피아는 있을 수 없었을 것이다.

그러나 자연을 '힘'으로만 보는 인간의 시각은 바야흐로 자연 그 자체의 생존을 위협하기에 이르렀다. 헤아릴 수 없이 많은 생물의 종(種)이 인간 때문에 멸종되었으며 되고 있는 중이다. 한번 사라진 종은 결코 다시 나타나지 않는다. 하느님의 성스런 창조 작업을 인간이 정면으로 훼방, 거역하고 있는 것이다. 멸종이란 전 세계를 하나로 만드는 먹이사슬의 고리가 끊어지는 것을 뜻한다. 먹이사슬의 고리가 끊어짐은 전체 생물권이 위태롭게 됨을 의미한다. 이 모든 일이 자연을 '힘'으로만 본 '만물의 영장'들로 말미암은 결과다.

사람이 바뀌지 않는 한 파멸을 향한 지구의 운명은 바뀌지 않을 것이다. 자연에서 '힘'만을 볼 게 아니라 그 아름다움과 장엄함을 보아야 한다. 예술과 종교가 새로이 제자리를 찾아야 한다. 나무 한 그루를, 자르고 켜서 침대로 만들 재목으로만 볼 게 아니라 더불어 노닐며 생사를 함께 할 '이웃'으로, '어미'로 보아야 한다.

'쓸모'라는 말을 굳이 하고 싶다면 우리 이웃으로, 어미로 쓸모가 있는 것이다. 그것이야말로 무용지용(無用之用)이요 대용(大用)이다!

수천 년 세월을 건너와서 장자는 오늘의 영민한 혜자들에게, 만물을 이용가치라는 잣대로만 보려는 똑똑한 현대인에게 말하는구나. 나무가 커서 쓸모가 없어 걱정이라니? 그건 자네의 이용가치라는 자본주의적, 인간 중심적 안목에서 보니까 그런 거지, 다른 안목에서 보게나. 그러면 걱정할 필요가 없을 걸세.

끝으로, '무하유지향(無何有之鄕)'이라는 말을 눈여겨볼 필요가 있다. '아무 것도 없는 시골'이라는 뜻으로 읽는데 장자가 그린 이상향(理想鄕)이다. 향(鄕)은 시골이다. 도시가 있기 전부터 있던 곳이다. 도시가 인위(人爲)로써 건설되었다면 시골은 자연(自然)으로 이루어졌다. 시골은 도시에 의해 끊임없이 짓밟히면서도 마침내 도시를 구원할 거룩한 어머님[聖母]이다. 성경에서 도시는 자주 불에 타고(소돔) 무너지며(바벨로니아) 도망쳐나와야 할(예루살렘) 곳으로 묘사되고 있으며 그에 대한 대안으로 제시되는 곳은 언제나 다른 도시가 아니라 빈들이요 산이요 골짜기다. 오늘 우리의 성모님, 우리의 무하유지향(無何有之鄕)은 어디에서 죽어가는 당신 아들이 돌아오기를 기다리고 있는 것일까?

제2장
제물론(齊物論)

1. 하늘 소리 이야기

▲▲▲

남곽자기(南郭子綦)가 책상에 기대앉아 하늘을 우러러 길게 숨을 내쉬니 그 멍한 모습이 마치 짝을 잃은 것과 같았다. 안성자유(顔成子游)가 앞에 모시고 서 있다가 말하기를, 어찌 되신 겁니까? 몸이 참으로 마른나무 같고 마음이 참으로 식은 재처럼 될 수 있는 걸까요? 지금 책상에 기대신 분은 앞서 책상에 기대셨던 분이 아닙니다. 자기(子綦)가 이르기를, 언(偃)아, 훌륭하구나. 그런 질문을 하다니! 방금 내가 나를 여의었는데 네가 알겠느냐? 너는 사람 소리를 들었지만 땅 소리는 아직 못 들었을 것이다. 땅 소리는 듣는다 해도 하늘 소리는 듣지 못할 것이다. 자유(子游)가 말하기를, 삼가 그 이치를 묻습니다. 자기 대답하되, 큰 덩어리가 하품을 하면 그것을 일컬어 바람이라고 한다. 스스로 일어남이 없지만, 일었다 하면 온갖 구멍이 성내어 울부짖는데 자네 홀로 그 윙윙거리는 소리를 못 들었을 리 없다. 산과 숲의 높은 봉우리와 백 아름 되는 큰 나무 구멍들이 콧구멍 같고 입구멍 같고 귓구멍 같고 가름보 같고 술잔 같고 절구 같고 깊은 웅덩이 같고 얕은 웅덩이 같은지라. 물이 돌에 부딪치는 듯, 화살이 날아가는 듯, 나무라는 듯, 들여마시는 듯, 부르짖는 듯, 큰 소리로 우는 듯, 큰 구멍에서 궁글려나오는 듯, 지저귀는 듯한 소리를 내는데 앞에 소리가 우하고 부르면 뒤에 소리가 위하고 대답하고 산들바람이 불면 가볍게 화답하고 거센 바람이 불면 거칠게 대답하다가 사나운 바람이 그치면 온갖 구멍이 고요해진다. 자네 홀로 바람이 자고 나뭇가지들이 흔들흔들 한들한들 하는 것을 못 보았을 리 없네. 자유가 말하기를, 땅 소리는 온갖 구멍에서 나는 것이요 사람 소리는 피리에서 나는 것이려니와 삼가 하늘 소리가 무엇인지를 묻습니다. 자기가 대답하되, 무릇 소리를 내는 것은 만 가지가 서로 다르니 모두 저로 말미암아 나는 것이다. 모든 것이 스스로 소리를 낸다고 하지만 소리를 나게 하는 것은 누구겠느냐?

南郭子綦, 隱几而坐하여 仰天而噓하니 嗒焉이 似喪其耦라. 顔成子游, 立侍乎前하여 曰, 何居乎니까? 形固可使如槁木이요 而心固可使如死灰乎니까? 今之隱几者는 非昔之隱几者也니다. 子綦曰, 偃아, 不亦善乎인가, 而問之也로다. 今者에 吾喪我하니 汝知之乎인가? 汝聞人籟나 而未聞地籟요 汝聞地籟나 而未聞天籟夫로다. 子游曰, 敢問其方이로소이다. 子綦曰, 夫大塊噫氣를 其名爲風이라. 是唯無作이나 作則萬竅怒呺하니 而獨不聞之翏翏乎인가? 山林之畏佳와 大木百圍之竅穴이 似鼻하고 似口하고 似耳하고 似枅하고 似圈하고 似臼하고 似洼者요 似汚者라. 激者, 謞者, 叱者, 吸者, 叫者, 譹者, 宎者, 咬者니라. 前者唱于에 而隨者唱喁로다. 冷風則小和하고 飄風則大和하되 厲風濟면 則衆竅爲虛하니 而獨不見之調調之刁刁乎인가? 子游曰, 地籟則衆竅是已요 人籟則比竹是已려니와 敢問天籟로소이다. 子

綦曰, 夫吹萬不同이니 而使其自己也라. 咸其自取라 하거니와 怒者는 其誰邪인가?

　이 대목의 열쇠말은 '상아'(喪我)다. '나'를 여읜 상태에서 멍하니 앉아 있는 것을 '좌망'(坐忘)에 들었다고 한다. 막고야(藐姑射) 신인(神人)을 만나고 돌아온 요(堯)가 그 상태에 들었다고 했다. 좌망에 든 사람만이 하늘 소리〔天籟〕를 듣는다.
　전쟁을 일으키기 위하여 이 나라 저 나라로 유세(遊說)하며 돌아다니는 자, 전쟁을 막기 위하여 다시 이 나라 저 나라로 유세하며 돌아다니는 자, 성선설(性善說)이니 성악설(性惡說)이니 하면서 인간의 성품을 설명코자 복잡한 이론을 펴는 자, 이런 논객들로 말미암아 갈수록 더욱 복잡해지고 시끄러워지는 세상에서 장자는 시방 좌망에 든 남곽자기(南郭子綦)로 하여금, 천하를 다시 고요함으로 돌아가게 할 하늘 소리〔天籟〕를 설명토록 하는 것이다.
　한마디로 하늘 소리는 소리 내는 '나'가 따로 없는 소리다. 그 소리를 듣고 그 소리를 낼 수 있으려면 먼저 '상아'(喪我)의 경지에 들어야 한다. 자신의 정체를 묻는 사람들의 질문에, 나는 예언자도 아니요 그리스도도 아니요 이것도 아니요 저것도 아니라고 부정으로만 답을 하던 요한은 마침내 그럼 네 입으로 자신을 정의하라는 요구에 "나는 광야에서 외치는 이의 소리"라고 대답한다. 철저하게 자기를 부정한 막다른 골목에서 문득 '소리'로 되어 있는 자기를 본 것이다. 그는 하늘 소리를 들었고 하늘 소리가 되었고 하늘 소리를 외쳤다.
　'나'를 잃고 멍하니 앉아 있음은 돌멩이로 되는 것을 뜻하는가? 아니다. 그는 귀를 활짝 열어 모든 소리를 빠짐없이 듣는다. 눈을 활짝 열어 모든 사물을 놓치지 않고 본다. 살갗을 활짝 열어 아주 가느다란 감촉도 빠뜨리지 않는다. 완벽하게 깨어 있는 것이다. 그러나 느낄 뿐 그 느낌에 동요하지 않는다. 들을 뿐 들리는 소리에 휘말려들지 않는다. 볼 뿐 그 보이는 바에 사로잡히지 않는다. 이것이 '좌망'(坐忘)이다.

좌망에 든 사람을 곁에서 보면, 몸은 마른나무 같고 마음은 식은 재 같다. 고목사회(槁木死灰). 도가(道家)에서 정적무심(靜寂無心)한 상태를 가리킬 때 잘 쓰는 말이다. 마른나무에서는 생명 기운을 찾아볼 수 없다. 움직일 낌새조차 없다. 식은 재에서는 불꽃이 일 수 없다. 역시 움직일 낌새가 없다. 이렇게도 저렇게도 하지 않고 이렇게 저렇게 할 마음도 없다. 완벽한 무심의 경지!

그러나 여기서 말하는 무심 또한 돌멩이의 무심은 아니다. '나'를 여읜 상태에서 마음을 쓰는 것을 말한다. 어디에도 묶인 바 없이 마음을 자유자재로 내는 것〔應無所住而生其心:『금강경』(金剛經)〕이다. 모든 일을 하되 아무 일도 하지 않는다. 따로 '하는 바'가 없는 것이다. 바람 소리와 같다. 분명히 소리가 나는데 어디에도 소리의 주인은 없다. 바람이 저 혼자서 낼 수 있는 소리는 없다. 구멍이 저 혼자서 소리를 낼 수도 없다. 바람과 구멍이 있어서 소리가 난다 해도 그것을 듣는 귀가 없다면 소리는 없는 것이다. 누리가 동원되어 소리를 내는데 소리 '임자'는 어디에도 없다.

사람 소리, 땅 소리, 하늘 소리로 구분해 말하지만 소리는 모두 같은 소리다. 뒤에 나오는 '진재'(眞宰)는 하나다. 여기서 장자는, 사람 소리에서 하늘 소리로 옮겨가기를 말하고 있는 것이다.

그것은 사람 소리에 대하여 죽고 하늘 소리에 대하여 살기요, 사도 바울로가 말하는, "그리스도와 함께 죽고 그리스도와 함께 사는" 것이다. 그는 우리 몸을 십자가에 못 박는다고 했다. '자기'를 장사 지내는 것〔喪我〕이다. '나'를 완전히 여읜 상태를, 독일 신비주의 사상가 마이스터 에크하르트(M. Eckhart, 1260~1328)는 '무심'(無心)이란 말로 설명한다. '어디에도 연루되어 있지 않음'(disinterest)을 뜻하는 이 말은 '초탈'(超脫, detachment)의 뜻도 함축한다.

"그 어떤 덧없는 애착이나 슬픔이나 명예나 비방이나 악에도 움직여지지 않는 마음이야말로 진정으로 무심에 이른 것입니다. 이는 미풍에 전혀 흔들리지 않는 장대한 산과도 같습니다. 아무 것에도 영향받지 않는 무심은 인간으로 하여금 하느님을 닮게 합니다."

에크하르트는 이 '무심' 또는 나를 포함한 모든 피조물로부터의 '초탈'이야말로 사랑, 겸손, 자비보다 고귀한 최선, 최상의 덕(德)이라고 한다. 아니, 그것은 차라리 그 모든 덕을 가능케 하는 바탕이다. 그것은 사람이 세상에 대하여 죽을 때, 그 어떤 욕망도 동기도 지니지 않게 될 때에 이를 수 있는 경지다. 세상의 모든 것에서 자유로워진 경지, 그것은 세상에 존재하기 이전의 본래면목(本來面目)이기도 하다.

"만일 내가 세상의 그 어떤 것들에 대해서도 소유권을 지니지 않음으로써 내가 무슨 일을 하든지 또는 무슨 일을 하지 않든지 앞도 뒤도 쳐다보지 않으면서 세상의 것들 가운데 그 어느 것도 붙잡지 않고 하느님 뜻을 이루기 위해 하느님 귀한 뜻을 향하여 오로지 현재 속에만 방해받지 않고 자유로이 서 있다면, 정말이지 이때 나는 세상의 모든 것들에서 벗어난 처녀, 내가 존재하기 전의 상태로 될 것입니다."

인간이 무심의 경지에서 살아갈 때, 쇠로 된 나무에 꽃이 핀다고 차암수정(此菴守靜)은 노래한다.

흐르는 물이 산 아래로 내려감은
무슨 뜻이 있어서가 아니요
한 조각 구름이 마을에 드리움은
본디 무슨 마음이 있어서가 아니어라.
사람 살아가는 일이
구름과 물 같기만 하다면
쇠나무〔鐵樹〕에 꽃이 피어
온누리 가득 봄이리.
〔流水下山非有意, 片雲歸洞本無心. 人生若得如雲水, 鐵樹開花遍界春.〕

이런 상태에 있는 사람을 가리켜 에크하르트는 예수가 말한 '가난한 사람'이라고 부른다.
"아무 것도 원하지 않는 사람, 아무 것도 알지 못하는 사람, 아무 것도 가지지 못하는 사람, 바로 이런 사람이야말로 가난한 사람입니다."
의지의 가난, 지성의 가난, 존재의 가난을 통해서 마침내 사람은 하느님을 모신 존재가 아니라 하느님 그분과 하나가 되는 것이다. 그는 행동하되 이유 없이 행동한다. 왜냐하면 하느님의 행동에는 이유가 없기 때문이다. 하느님은 모든 것에 초탈하여 모든 것을 이루신다. 그래서 마하트마 간디는 말한다. "그분(하느님)을 아는 길은 가부좌 틀고 앉아 있는 것이 아니라 초연한 정신으로 일을 하는 것이다." 삶의 현장에 대하여 눈을 감는 것이 아니라 초연하게 참여하는 것이다.
'가난'에 대한 설교를 에크하르트는 '뚫고 나아감'(breaking-through)이라는 한마디로 결론짓는다. 피조물은 '가난'을 통해 신성(神聖)과 하나가 된다. 가난한 사람은 모든 존재 너머에 있는 신적 존재를 향하여 자신의 피조물성을 뚫고 나아가는 것이다. 이 뚫고 나아감을 통해 피조물은 하느님과 하나가 되며 피조물의 신성화(deification of the creature)는 완성되는 것이다.

장자의 말투를 빌리면, 사람 소리에 대하여 죽고 땅 소리를 뚫고 올라가 마침내 하늘 소리로 거듭나는 것이다. 땅 소리는 사람 소리와 하늘 소리를 이어주는 다리 몫을 한다.

바람이 불면 땅에 있는 온갖 구멍이 소리를 낸다. 땅 소리다. 저마다 다른 소리를 낸다는 점에서는 시비(是非)가 죽 끓듯 하는 사람 소리에 닿아 있고 한 치의 인위적인 조작도 허용하지 않고 순수 자연의 소리를 낸다는 점에서는 하늘 소리에 닿아 있다. 그 모든 소리의 근원이 '하나'라는 점에서는 사람 소리, 땅 소리, 하늘 소리가 일치한다.

인간의 말로 무엇이라 설명할 수 없는 '하늘 소리'를 얘기하기 위하여 자기(子綦)는 땅 소리를 장황하게 묘사한다. 장주(莊周)의 문장력이 돋보이는 대목이다. 땅 소리에 대한 설명이 자세한 데 견주어 사람 소리에 대한 설명은 생략되어 있다. 자유(子游)가, 그것은 피리 소리라고 한 마디로 정의 내리는 것으로 그친다. 더 이상 자세한 설명이 필요 없을 만큼 모든 사람이 잘 알고 있다고 여겼기 때문일까? 피리(比竹)는 사람이 대나무를 잘라서 만든 것이다. 여기서 장자가 말하는 사람 소리(人籟)는 '인위(人爲)로 내는 소리'를 가리킨다. 세상을 시끄럽게 하는 온갖 소리가 바로 이 사람 소리다. 욕심이 앞장을 서고 다툼이 뒤를 따르는 소리들이다. 내가 옳고 네가 그르다는 시비가 그치지 않는다.

이에 견주어 땅 소리는 저마다 크기, 모양, 색깔이 달라 번잡하기는 사람 소리와 마찬가지지만 그러나 거기에 인위가 섞여 있지는 않다. 아름다워지고자 하는 욕심도 없고 남보다 우쭐하려는 마음도 없다. 그냥 있는 대로, 무심코 제 소리를 낼 따름이다. 다만, 그 소리에는 '한결같음'이 없다. 덧없는 소리다. 바람이 불면 소리가 나다가 바람이 멎으면 사라진다. 완전한 피동(被動)을 얻긴 했으나 완전한 능동(能動)에는 이르지 못했다. 바람이 한번 불매 온갖 소리를 내다가 이윽고 바람이 멎으면 모든 구멍이 잔잔해지고 나뭇가지들만이 한들거리다가 그마저 멈추고 만다. 이 과정이 짧은 문장에 생생하게 묘사된다. 그러나 아무리 장황하고 거칠 게 없다 해도 언젠가는 끝나게 마련이다. 바람이 멎으면서 땅 소리에 대한 장자의 입심도 스러지고 만다. 이것이 '땅 소리'의 한계다. 저 스스로 소리를 내지는 못하는 것이다. 에크하르트가 말하는 '피조물성'을 아직 여의지 못한 까닭이다.

자유(子游)가 아는 체하고 말한다.

"땅 소리는 온갖 구멍에서 나는 소리요 사람 소리는 피리에서 나는 것이려니와 삼가 하늘 소리가 무엇인지를 묻습니다."

스승이 대답한다.

"그래? 땅 소리는 모든 구멍에서 나는 소리라고? 사람 소리는 피리에서 난다고? 네 말이 옳다. 모두가 저[己]로 말미암아[自] 소리를 내지. 피리가 없으면 피리 소리가 날 수 없으며 북이 없으면 북 소리가 날 수 없으니까. 그러나 부는 사람이 없는데도 피리가 소리를 내며 두드리는 손이 없는데도 북이 소리를 내더냐? 저로 말미암아 소리를 내긴 내되 저 혼자서 소리를 내지는 못하지. 저마다 제 소리를 낸다고 하는데, 옳은 말이긴 하나 과연 그 소리가 나게끔 하는, 소리의 존재를 가능케 하는, 그것은 무엇이겠느냐?"

이 질문에서 이야기는 잠시 멈추고 장자는 숨을 돌린다. 다음에 이어지는 긴 논설을 위해서다. 이제부터 '하늘 소리'[天籟]를 말해야 한다. 말로써 닿을 수 없는 경지를 이야기해야 한다.

"바리사이파 사람들 가운데 니고데모라는 사람이 있었다. 그는 유다인들의 지도자 중 한 사람이었는데 어느 날 밤에 예수를 찾아와서 '선생님, 우리는 선생님을 하느님께서 보내신 분으로 알고 있습니다. 하느님께서 함께 계시지 않고서야 누가 선생님처럼 그런 기적들을 행할 수 있겠습니까?' 하고 말하였다. 그러자 예수께서는 '정말 잘 들어두어라. 누구든지 새로 나지 아니하면 아무도 하느님의 나라를 볼 수 없다' 하고 말씀하셨다. 니고데모는 '다 자란 사람이 어떻게 다시 태어날 수 있겠습니까?' 하고 물었다. '정말 잘 들어두어라. 물과 성령으로 새로 나지 않으면 아무도 하느님 나라에 들어갈 수 없다. 육(肉)에서 나온 것은 육이며 영(靈)에서 나온 것은 영이다. 새로 나야 된다는 내 말을 이상하게 생각하지 말라. 바람은 제가 불고 싶은 대로 분다. 너는 그 소리를 듣고도 어디서 불어와서 어디로 가는지를 모른다. 성령으로 난 사람은 누구든지 이와 같다.' 예수께서 이렇게 대답하시자……."(요한복음 3:1~8)

불고 싶은 대로 부는 바람, 그러나 그 나온 곳과 돌아가는 곳을 알 수 없는 바람, 성령으로 거듭난 사람은 바로 그 바람과 같다.

소리를 내되 소리를 자기 것으로 소유하지 않는다. 바람 소리는 있으나 바람의 소리는 없다. 큰 구멍을 만나면 큰 구멍 소리를 내고 날카로운 칼을 만나면 날카로운 칼 소리를 낸다. 모든 것을 만나 모든 것이 되지만 그 어느 것에도 붙잡히지 않는다.

성령으로 거듭난 바람 같은 사람은 더 이상 사람 소리에 구애되지 않는다. 사람 소리에 대하여 죽고 하늘 소리로 살아나기 때문이다. 모든 때 모든 곳에 있으나 그 어디에도 있지 않은, 따로 머리 둘 곳 없으면서 온 누리가 자기 안방인 존재로 마침내 거듭난 것이다.

남곽자기(南郭子綦)는 바로 그 경지에 서서 아직 거기에 미치지 못한 제자 안성자유(顔成子游)를 위하여 구차스런 언어를 희롱한다.

▲▲▲

큰 꾀는 넉넉하고 작은 꾀는 촘촘하며 큰 말은 미끈하고 작은 말은 시끄럽다. 잠들면 꿈꾸고 깨어나면 몸이 열려 더불어 얽히고 서로 만나 날마다 마음으로 다투니, 끝없이 늘어지기도 하고 깊숙이 빠져들기도 하고 깐깐하여 들어붙기도 하는데 작은 두려움에는 바들바들 떨고 큰 두려움에는 오히려 덤덤하다. 밖으로 나타남이 시위에 먹인 화살 같다 함은 시비를 따지는 것이 그러하다는 말이요, 속에 간직함이 맹세를 지킴과 같다 함은 한사코 이기려는 것이 그러하다는 말이나, 그 시듦이 가을 겨울 같다 함은 날마다 스러지는 것을 말함이요, 한번 빠져 들어가면 돌이킬 수가 없다. 꽉 막힌 것이 바늘로 꿰맨 것 같다 함은 늙을수록 답답함을 말함이요 죽음에 가까운 마음은 다시 살려낼 수가 없다. 기쁨과 노여움, 슬픔과 즐거움, 염려와 한탄, 변덕과 고집, 아첨과 거드름, 드러냄과 꾸밈, 이 모든 것이 텅빈 구멍에서 음악이 나오고 습기 찬 데서 버섯이 나오듯 밤낮으로 번갈아 눈앞에 나타나거니와 우리는 그것이 어디서 싹트는지를 모른다.

말아라, 말아라. 아침저녁으로 이런 감정이 일어나는 것은 무슨 까닭이 있어서 생기는 것 아니랴? 저것들이 아니면 내가 없고 내가 아니면 저것들이 나타날 데가 없다. 이 또한 그럴 듯한 말이나 무엇이 그렇게 하는지는 알지 못한다. 참주인이 있는 듯한데 그 낌새를 알 수 없고 작용은 뚜렷한데 그 모양을 볼 수 없으니, 감정이 있음은 분명하나 그 꼴을 알 수 없구나. 백 마디 뼈, 아홉 구멍, 여섯 배알이 두루 갖추어져 있으나 내가 누구로 더불어 가까이 할까? 자네는 그것들 모두를 좋아하는가? 사사로움이 있을진대 이는 신첩(臣妾)이 있는 것과 같다. 신첩이 서로 다스리기에는 모자라는 바가 있으니 돌아가면서 서로 임금 신하 노릇을 할까? 이는 참임금이 있음이니 감정을 얻든 얻지 못하든, 참에는 더함도 덜함도 없다.

大知는 閑閑하고 小知는 間間하며 大言은 炎炎하고 小言은 詹詹하니라. 其寐也에 魂交하고 其覺也에 形開하여 與接爲構하고 日以心鬪하니 縵者, 窖者, 密者요, 小恐엔 惴惴하고 大恐엔 縵縵이라. 其發이 若機栝은 其司是非之謂也요 其留이 如詛盟은 其守勝之謂也나 其殺이 如秋冬은 以言其日消也요 其溺之所爲之면 不可使復之也라. 其厭也如緘은 以言其老洫也요 近死之心은 莫使復陽也니라. 喜怒哀樂, 慮嘆變慹, 姚佚啓態가 樂出虛요 蒸成菌으로 日夜相代乎前이나 而莫知其所萌이라.

已乎已乎로다. 旦暮에 得此는 其所由以生乎리오? 非彼면 無我요 非我면 無所取라, 是亦近矣나 而不知其所爲使로다. 若有眞宰나 而特不得其朕이요 可行已信이나 而不見其形하니 有情而無形이라. 百骸九竅六藏이 賅而存焉이나 吾誰與爲親이리오? 汝皆說之乎인가? 其有私焉인댄 如是皆有爲臣妾乎로다. 其臣妾이 不足以相治乎하니 其

遞相爲君臣乎리오? 其有眞君存焉이니 如求得其情與不得에 無益損乎其眞이로다.

여기서 큰 꾀·작은 꾀, 큰 말·작은 말을 별개의 것으로 읽어서는 곤란하다. 크든 작든 관계없이 일단 사람한테서 나오는 것으로서 지니게 되는 어쩔 수 없는 한계를 얘기하려는 것이기 때문이다. 넉넉하고 한가롭든 촘촘하고 답답하든 미끈하고 화려하든 시끄럽고 조잡하든, 사람의 몸과 마음이 바깥 사물과 만나서 이루어내는 것이라는 점에서는 조금도 다를 게 없다. 밤에는 꿈속에서 바쁘고 낮에는 육신의 오관(五官)이 열려 세상과 더불어 만나고 헤어지고 하느라고 또한 바쁜데, 꼭 다툼질을 하는 것 같다. 인간의 마음과 몸이 세상(物)과 더불어 다투는 모양 또한 가지각색이어서 끝없이 늘어지기도 하고 깊숙이 빠져들기도 하고 깐깐하여 들어붙기도 하고 작은 두려움에는 바들바들 떨고 큰 두려움에는 넋이 빠져 오히려 덤덤하다. 남과 더불어 시비를 가릴 때에는 시위에 먹인 화살처럼 말이 튀어나오고 다툼에서 이기려고 할 때에는 하늘에 건 맹세를 지키듯이 요지부동이다. 그러나 아무리 해도 여름 더위가 가을에 접어들어 스러지듯이 때가 되면 시들 수밖에 없고 시들기 시작하면 다시 싱싱하게 만들 수가 없다. 나이를 먹을수록 옹고집으로 굳어져 한번 그 마음이 죽음 가까이에 이르면 다시 젊게 만들 길이 없다.

사람이 살아 있는 동안에는 몸과 마음이 쉴 새 없이 움직인다. 생존이 곧 운동이다. 감정에 따라 안색이 바뀌고 손발이 움직이는데 그 감정 또한 한결같은 것이 아니다. 기쁨과 노여움, 슬픔과 즐거움, 다가올 일에 대한 염려와 지나간 일에 대한 후회, 변덕과 고집, 비굴한 아첨과 오만한 거드름, 드러냄과 꾸밈…… 이런 것들이 밤낮으로 우리 몸에서 나타나거니와 그것들이 모두 어디에서 생겨나는 것인지, 그것을 알 수 없다.

'하늘 소리'는 들리지 않는 소리요 내는 자가 따로 없는 소리다. 그 무엇에도 거리끼지 않으며 모든 것에 예속된 소리다. 있기는 분명히 있는데 "여기 있다" 또는 "저기 있다"고 말할 수 없는 소리다. 말로 표현을 하면 그 표현으로 말미암아 숨어버리는 '말씀'이요 이름을 지어 부르면 그 이름으로 말미암아 사라져버리는 '이름'이다. 굳이 서툴고 모자라는 언어로 표현하자면 무(無)로서 유(有)하는 소리인 것이다. 그것을 인간의 머리로, 언어로 찾아내어 밝힌다는 것은 처음부터 불가능한 일이다.

따져서 알고자 하지 말아라. 다만 그 어떤 것이 있다는 사실을 알면 그뿐이다. 하느님이라는 이름으로 부를 그 무엇이 있다는 사실, 도(道)라는 이름으로 부를 그 무엇이 있다는 사실, 그것을 아는 것으로 넉넉하다. 땅 소리도 아니요 인간 소리도 아니면서 땅 소리, 인간 소리와 별개의 것도 아닌 그 어떤 소리, '하늘 소리'라는 이름으로 부를 수밖에 없는 그 어떤 소리가 있음을 알면 된다.

그 어떤 것과 나의 관계는 은유컨대 전체와 부분이라고 볼 수 있다. 눈이 있어서 사물을 보지만 그러나 사물을 보는 것은 '눈'이 아니다. 부분이 부분으로 기능하는 것은 전체로 말미암는다. 전체가 전체로 존재함은 부분으로 말미암는다. 내 기쁨과 나는 같은 것도 아니면서 다른 것도 아니다. 이쪽 없이는 저쪽이 없고 저쪽 없이는 이쪽 또한 없다. 그러면서 또한 이쪽은 이쪽이요 저쪽은 저쪽이다.

"나는 포도나무요 너희는 가지다." (요한복음 15:5)

이렇게 말한 예수와 우리는 공생 관계다. 포도나무가 있어서 가지가 있고 가지가 있어서 포도나무가 있다. 어느 한쪽이 부정되면 다른 쪽도 부정된다.

그렇다면, 포도나무와 포도나무 가지를 여기 이렇게 눈에 보이는 모습으로 존재하게 하는 것은 누군가? 또는, 무엇인가? 임자를 알 수 없는 저 '소리'의 참주인(眞宰)은 누군가? 또는 무엇인가? 참주인은 있는가? 있는 것 같다. 약유진재(若有眞宰)라, 참주인은 있는 것 같을 뿐이다. 아직은 "이분이 참주인이다" 하고 말할 수 없기 때문에 "있는 것 같다"는 표현을 쓸 수밖에 없다. 인간은 하느님에 대하여 아직 '완결된 서술문'을 쓸 수 없다.

"우리가 지금은 거울에 비추어보듯이 희미하게 보지만 그때에 가서는 얼굴을 맞대고 볼 것입니다."(고린도전서 13:12)

바울로가 말하는 '그때'란 어느 때일까? 그것이 자신의 생전이 아님을 바울로는 다른 편지에서 고백하고 있다.

"내가 바라는 것은 그리스도를 알고 그리스도의 부활의 능력을 깨닫고 그리스도와 고난을 같이 나누고 그리스도와 같이 죽는 것입니다. 그러다가 마침내 죽은 자들 가운데서 다시 살아나기를 바랍니다."(필립비서 3:10, 11)

요컨대 그리스도와 완벽하게 하나로 되는 것이 그의 소원이라는 얘기다. 이미 그러한 상태(하나인 상태)를 그러하게 하는 것이 그의 소원이었다. 그러나 바울로는 '아직'이라는 말을 앞에 붙이지 않을 수 없다.

"나는 이 희망을 이미 이루었다는 것도 아니고 또 이미 완전한 사람이 되었다는 것도 아닙니다. 다만 나는 그것을 붙들려고 달음질칠 뿐입니다. 그리스도 예수께서 나를 붙드신 목적이 바로 이것입니다."(필립비서 3:12)

그리스도가 나를 붙드신 것은 '이미' 이루어진 현실이지만 그것이 나에게는 아직 완결되지 않은 현실이라는 고백이다. 그는 이미 나인데 나는 아직 그가 아니다.

어째서 '나'는 나를 여기 이렇게 있도록 한 '그'를 볼 수 없는가? 여섯 가지 문(門) 곧, 눈·코·입·귀·살갗·생각으로 알고자 하기 때문이다. '눈'이 있어서 못 본다는 얘기다. 그를 보려면 '눈'이 멀어야 한다. 그래서 예수는 말했지.

"내가 이 세상에 온 것은 보는 사람과 못 보는 사람을 가려, 못 보는 사람은 보게 하고 보는 사람은 눈멀게 하려는 것이다."(요한복음 9:39)

참주인이 있는 듯한데 낌새를 알 수 없고 작용은 뚜렷한데 모양을 볼 수가 없다. 노자가 말하는 '모양 없는 모양〔無狀之狀〕'이다.

"보아도 보지 못하는 것을 이름하여 이(夷)라 한다. 들어도 듣지 못하는 것을 이름하여 희(希)라 한다. 잡아도 잡지 못하는 것을 불러 미(微)라 한다. 이 셋은 어떻게 할 수가 없다. 그러므로 섞이어 하나를 이룬다. 그 위는 밝지 않고 그 아래는 어둡지 않다. 이어지고 이어져서 이름을 지을 수 없다. 다시 아무 것도 없는 무(無)로 돌아가는지라, 모양 없는 모양이요 모습 없는 모습이라 하니 일컬어 어리벙벙함〔惚恍〕이라 한다. 맞이해서 보되 그 머리를 볼 수 없고 따라가며 보되 그 뒤를 볼 수가 없다."(『노자』 14장)

전체인 우리의 몸은 모든 부분(지체)이 하나로 얽혀 있어서 비로소 전체로 존재한다. 그 어느 하나도 분리해서 따로 떼어놓을 수 없다. 본디 사(私)가 있을 수 없다. 있다면 그것은 우리 몸에 신첩(臣妾)이 있는 것과 같다. 신첩들 가운데 누가 우두머리 노릇을 할 수 있으랴? 불가능한 일이다. 그렇다면 우리 몸 자체가 몸의 주인인가? 그것도 아니다. 우리 몸은 세월과 함께 닳아서 사라지는 덧없는 물건이기 때문이다. 그러나 덧없이 사라지는 우리 몸과 우리 감정은, 그것들로 하여금 그렇게 있다가 사라지도록 하는 어떤 무엇이 있음을 암시한다. 몸이 생겼다가 사라져도, 감정이 일었다가 지워져도, 그 움직임에 따라 흔들리지 않으며 보태지는 바도 덜어지는 바도 없는 그 무엇! 그 어떤 것!

▲▲▲

한번 갖추어진 몸을 받았으나 일부러 해치지 않고 스스로 다하기를 기다려도 바깥의 것들로 더불어 서로 깎이고 갈리어 마침내 다하기가 말을 달림과 같아서 능히 멈출 수가 없으니 이 또한 슬픈 일 아닌가? 종신토록 허둥지둥하나 끝내 성공을 보지 못하고 지쳐서 늘어져도 돌아갈 곳을 모르니 어찌 불쌍하다 아니하랴? 사람들이 아직 죽지 않았다고 말하지만 무슨 보탬이 되겠는가? 그 몸이 바뀌고 마음 또한 그러하니 크게 안타까운 일이 아닐 수 없다. 사람의 삶이라는 것이 이처럼 알 수 없는 것일까? 나만 이렇게 아무 것도 모르고 다른 사람들은 뭘 좀 아는 걸까? 갖추어진 마음을 좇아 스승을 삼는다면 누가 스승이 없다고 하겠는가? 어째서 번갈아 일어나는 것을 알아 스스로 마음을 취하는 자만이 스승을 모시고 있다 하랴? 어리석은 사람에게도 마찬가지로 있다. 무릇 그 마음을 갖추지 못하여 시비가 이는 것이니 오늘 월(越)나라로 떠나 어제 이르렀다는 식이다. 이는 없는 것을 있다고 하는 것이니 없는 것을 있다고 한다면 우(禹)임금 같은 뛰어난 사람이 있어도 알지 못할 터인데 내가 어쩌겠느냐?

一受其成形이나 不亡以待盡이어도 與物로 相刃相靡하여 其行盡이 如馳하여 而莫之能止하니 不亦悲乎인가? 終身役役이나 而不見其成功이요 茶然疲役이나 而不知其所歸하니 可不哀邪인가? 人謂之不死나 奚益이리오? 其形이 化하고 其心與之然하니 可不謂大哀乎인가? 人之生也, 固若是로 芒乎인가? 其我獨芒하고 而人亦有不芒者乎인가? 夫隨其成心而師之면 誰獨且無師乎랴? 奚必知代而心自取者, 有之리오? 愚者與有焉이로다. 未成乎心하여 而有是非니 是今日適越에 而昔至也라. 是는 以無有로 爲有니 無有로 爲有면 雖有神禹라도 且不能知려니와 吾獨且奈何哉인가?

 몸의 덧없음을 살펴본다. 아무리 가꾸고 보살펴도 말을 달리듯 빠르게 최후 순간이 다가온다. 숨질 때까지 허덕이며 애를 쓰지만 끝내 남는 것은 허무함뿐이다. 젊은 시절 팬들을 열광케 하던 운동선수의 말년을 보라. 노쇠하여 낙엽처럼 시들고 마는 그 육체의 어디에 젊은 날의 화려한 영광이 남아 있는가? 이 일 저 일에 골몰하여 몸에 좋다는 음식 골라서 먹고 몸에 좋다는 운동 다 찾아서 해도 마지막은 덧없이 시들어 한 줌 흙으로 바뀌어 마침내 돌아가는 곳조차 어디인지 알 수 없으니 이것이 우리의 '몸' 아닌가? 시퍼렇게 살아 있는 몸이라 하나 결국은 시간 문제일 뿐 마찬가지 운명일진대, 아직 죽지 않고 살아 있다는 이 사실에 무슨 유익이 있으랴?
 몸은 쉴 사이 없이 바뀐다. 몸만 그런 게 아니라 마음 또한 그러하다. 몸이 한결같지 않은 것과 마찬가지로 마음도 한결같지 못하다. 여기서 장자는, "마음은 몸의 임금이다. 명령을 하되 명령을 받는 바 없다"(순자(荀子)는 유가(儒家)의 생각을 뛰어넘어 마음도 몸과 마찬가지로 참된 주인은 아니라고 주장한다. 그리고, 우리 몸과 마음의 덧없음(無常)은 참주인을 제대로 모시지 못한 데 그 까닭이 있음을 암시한다. 제 안에 있는 참주인을 제대로 모시지 못한 데서 세상과 저를 괴롭히는 온갖 시비(是非)가 생겨나는 것이다.

무릇 사람이 온전한 마음(成心)을 두루 갖추고 그것을 스승으로 삼아 살아간다면 슬기로운 자와 어리석은 자의 차이가 어찌 있겠는가? 그런데 그 온전한 마음을 제대로 모시지 못하여, 몸이 온갖 노력에도 불구하고 허무하게 스러져가듯이 마음 또한 시시각각으로 변덕을 부리는 것이다. 그 결과가 바로 이런 저런 시비다. 인간의 변덕스런 마음에서 나오는 모든 시비는, 오늘 길을 떠나 어제 도착했다는 궤변처럼, 사실은 없는 것을 있다고 함과 같은 것이다. 그런 시비로 세월을 보내는 자들은 우왕(禹王) 같은 신통한 임금이 나타나도 감당할 수 없을진대 내가 어쩌겠는가?

시비란 무엇인가? 분별이다. 이것이 옳고 저것은 그르다는 분별에서, 이것이 선이요 저것은 악이라는 분별에서 시비와 다툼이 생기는 것이다. 하늘이 준 온전한 마음을 사람이 제대로 모시지 못할 때, 하늘의 명(命)을 거역하고 제 뜻을 앞세울 때, 사람(아담)은 선과 악을 분별하게 되고, 너와 나를 가르게 되고, 거기서 범죄가 싹튼다. 돌이켜 하늘이 내린 온전한 마음을 제대로 모실 때, 제 뜻을 꺾고 하늘의 명을 따를 때, 사람은 세상의 모든 시비를 잠재우는 거대한 긍정(the great YES)에 이른다. 예수의 부활이 그것이다. 그것은 거대한 긍정이면서 동시에 무엇으로도 막을 수 없는 거대한 부정(the great NO)이다. 어째서 그런가? 예수의 삶과 죽음과 부활, 그 모든 것이 땅에 충만한 그리고 사람을 통해 울리는 '하늘 소리'였기 때문이다.

  이야기는 이렇게 차츰차츰, 인간의 언어로 담을 수 없는 '하늘 소리'를 향해 나아간다.

▲▲▲

  사람의 말이란 그냥 불어서 나는 소리가 아니다. 말하는 사람이 말을 하는데 그 말해진 바가 아직 드러나 분명하지 않다면 과연 말을 한 것일까? 아직 말하지 않은 것일까? 그것이 갓 태어난 새의 울음소리하고 다르다고 한다면 과연 분별되는 것일까? 분별되지 않는 것일까? 도(道)가 어디에 가리워져서 진짜와 가짜가 있고 말이 어디에 가리워져서 옳네 그르네가 있는가? 도가 어디로 간들 있지 않으며 말이 어디에 있는들 말 되지 않으랴? 도는 작은 이룸에 가리워져 있고 말은 번드레한 겉치레에 가리워져 있다. 그러므로 해서 유가(儒家)와 묵가(墨家) 사이에 옳네 그르네가 있어, 그르다는 것을 옳다 하고 옳다는 것을 그르다 한다. 그르다는 것을 옳다 하고 옳다는 것을 그르다고 할작시면 밝은 지혜로써 보는 것만 같지 못하다.

  夫言이 非吹也라. 言者有言에 其所言者, 特未定也면 果有言邪인가? 其未嘗有言邪인가? 其以爲異於鷇音이면 亦有辯乎인가? 其無辯乎인가? 道惡乎隱하여 而有眞僞하고 言惡乎隱하여 而有是非인가? 道惡乎往에 而不存하고 言惡乎存에 而不可인가? 道隱於小成이요 言隱於榮華로다. 故로 有儒墨之是非하여 以是其所非하고 而非其所是

하느니라. 欲是其所非하고 而非其所是면 則莫若以明이니라.

사람 소리가 어떻게 땅 소리와 다른지, 바로 그 다른 점이 어떻게 해서 끝없는 시비를 낳는지를 말해주고 있다.

사람 소리 곧 '말'이 땅 소리와 다른 것은 그 속에 '뜻'을 품고 있다는 점이다. 이 '뜻'이 어떤 뜻이냐에 따라서 같은 소리가 '하늘 소리'로 될 수도 있고 끝없는 시비 다툼으로 되어 세상을 어지럽게 할 수도 있다.

사람의 삿된 마음[私心]이 작용할 때 그 소리는 참소리가 아닌 가짜 소리로 된다. 말과 그 말에 담겨진 내용이 서로 다를 때 그것을 거짓말(가짜 말)이라고 한다. 반대로 말의 안팎이 같을 때 그것을 참말(진짜 말)이라고 한다. 거짓말은 빈 말이다. 참말은 찬 말이다.

말은 어디서 나오는가? 입이 말을 하는가? 속에 생각이 없는데도 말이 입에서 나오는가? 생각만으로는 말이 나오지 않는다. 입이 있어야 한다. 입이 없으면 사람은 말을 하지 못한다. 말은 속에 생각이 있고 겉에 입이 있고 그래서 나오는 것이다. 그러나 생각은 어디서 오고 입은 어디서 오는가? 결국 그 뿌리를 거슬러오르면 천지 창조의 순간에까지 닿게 된다.

천지는 어디서 왔나? 이름 없는 것에서 왔다. 이름 없는 것이 아니라 사람이 뭐라고 이름지어 부를 수 없는 그 어떤 분 또는 그 어떤 것에서 왔다.[無名天地之始, 有名萬物之母:『노자』] 그것을 억지로 이름지어 도(道)라고 부르니 결국 '말'은 도에서 나왔다는 결론에 이른다. 도가 곧 말씀이다.

그런데, 어디엘 가도 있지 않는 곳이 없는[無所不在] 그 도(道)가 짐짓 작은 이룸〔小成〕에 가리워졌다. 어디에 있어도 말 되는 말이 번들거리는 겉치레에 가리워졌다. 그 결과로 나타나는 것이 참을 잃은 가짜 소리다. 속에 도를 옹글게 모시는 대신 사(私)가 도사려 있는 반편짜리 말이다. 사(私)란 옹근 실체에서 분리된 상태를 일컫는 말이다. 그러므로 본질상 사(私)는 불완전하고 편중된 것일 수밖에 없다. 나무에서 떨어져나온 가지가 열매를 맺을 수 없듯이, 속에 사(私)를 담은 말은 아무 열매도 맺지 못한다.

사람은 존재 자체가 자연에서 나와 자연으로 돌아가는 자연이다. 사(私)란 사람이 그 자연으로부터 떨어져나온 상태다. 아니, 떨어져나왔다고 착각하는 상태다. 사람은 혼자가 아니다. 그런데도 혼자라고 착각하는 것이 곧 사(私)다. 따라서 그것은 자기 존재에 대한 반역이다.

도(道)와 합일되지 못한 상태, 하늘(하느님)을 등진 상태, 스스로 자기를 거역하는 상태에서 하는 말은 참뜻 대신 사사로운 뜻, 아버지의 뜻이 아니라 아들의 뜻, 뿌리〔本〕의 뜻이 아니라 가지〔末〕의 뜻을 그 속에 지님으로 해서 불완전한 말이 되고, 그런데도 사람이 자신의 불완전한 말을 완전한 말이라고 주장함으로써 시비가 분쟁으로 발전하는 것이다.

작은 성취를 이루는 데 눈이 멀어 '도'(道)가 보이지 않고 번지레한 겉모습에 취하여 '말'이 실종될 때, 네가 옳으냐 내가 옳으냐 끝없는 시비가 생겨난다. 장자는 당시 성행하던 유가와 묵가의 논쟁이, 사람들이 도를 잃고 말을 놓친 결과라고 본다. 그래서 상대가 옳다고 하는 것을 애써 그르다고 반박하고 상대가 그르다는 것을 옳다고 주장한다는 것이다.

그렇게 병신이 된 언어로 다투는 소리보다 차라리 새끼 새소리가 세상에 이롭지는 못할지언정 해를 끼치지 않는 이유는, 적어도 그것이 '자연'을 배반하지는 않기 때문이다. 자연인 사람이 자연을 등질 때, 그

입에서 나오는 소리는 불가피하게 거짓이 되고 결국 부질없는 다툼을 낳을 뿐이다. 그래서 아메리카 인디언의 격언에, 말을 듣지 말고 소리를 들으라는 게 있다. 에사오가 만일 야곱의 '말'을 듣지 않고 '소리'를 들었더라면 속지 않았을 것이다.

옳지 않은 것을 옳다 하고 그르지 않은 것을 그르다고 떠들어대는 것보다는 밝은 지혜〔明〕로써 사물을 살피고 말을 하는 것이 낫다.
어째서 그러한가?

▲▲▲

물건에는 저것 아닌 게 없고 물건에는 이것 아닌 게 없다. 저것에서 보면 보이지 않고 스스로 알면 그것을 안다고 한다. 그러므로 이르기를, 저것은 이것에서 나오고 이것은 저것으로 말미암는다 하니, 저것과 이것이 서로 말미암아 생긴다는 설(說)이다. 그렇기는 하나 삶으로 말미암아 죽고 죽음으로 말미암아 살며 그러한 것으로 말미암아 그러하지 않은 것이 있고 그러하지 않은 것으로 말미암아 그러한 것이 있으며 옳네로 말미암아 그르네가 있고 그르네로 말미암아 옳네가 있는지라, 그러므로 성인(聖人)은 그렇게 보지 않고 하늘의 눈으로 살피니 이렇게 보면, 이것 또한 저것이요 저것 또한 이것이며, 저것 또한 옳네 그르네를 하나로 포용하고 이것 또한 옳네 그르네를 하나로 포용한다. 과연 저것과 이것이 따로 있는 것인가? 과연 저것과 이것이 따로 없는 것인가? 저것과 이것이 서로 동떨어진 짝을 얻지 못함을 일컬어 도(道)의 지도리〔樞〕라 하니, 지도리는 비로소 그 둥근 고리 가운데 자리하여 끝없이 응(應)한다. 옳네 역시 하나의 끝없음이요 그르네 역시 하나의 끝없음이라. 그러므로 이르기를 밝은 지혜로써 보는 것만 같지 못하다고 했다.

物無非彼요 物無非是라. 自彼則不見이요 自知則知之니라. 故로 曰, 彼出於是하고 是亦因彼라 하니 彼是方生之說也니라. 雖然이나 方生方死요 方死方生이며 方可方不可요 方不可方可며 因是因非요 因非因是로다. 是以로 聖人은 不由하여 而照之于天하니 亦因是也며 是亦彼也요 彼亦是也요 彼亦一是非요 此亦一是非矣니라. 果且有彼是乎哉인가? 果且無彼是乎哉인가? 彼是莫得其偶를 謂之道樞라 하니 樞始得其環中하여 以應無窮이니라. 是亦一無窮이요 非亦一無窮也라 故로 曰, 莫若以明이라 하니라.

사물은 '저것' 아닌 게 없고 '이것' 아닌 게 없다. 객체면서 주체다. 그러나 이 둘이 서로 동떨어져 있는 것은 아니다. 나는 '나' 인 나면서 동시에 '너' 인 나다. 너는 '너' 인 너면서 동시에 '나' 인 너다. 이 둘을 떨어뜨려놓고 보면, 객체로 객체를 보면, 관점이 없으므로 아무 것도 보이지 않는다. 이쪽에 '보는 나' 가 없을 때 저쪽에 '보이는 사물' 은 없는 것이다. 그래서 저것은 이것에서 나오고 이것은 저것으로 말미암는다는 이른바 이것과 저것이 서로 말미암아 나온다는 '피시방생지설' (彼是方生之說)이 존재한다. 옳은 말이기는 하나, 이것과 저것을 동떨어진 것으로 보는 잘못을 저지르면 옳네 그르네가 평행선으로 대립된다. 이는

제2장 제물론(齊物論) | 77

사물을 잘못 본 것이다.

그러기에 성인(聖人)은 사물을 그렇게 보지 않고 하늘에서 내려다보듯이 본다. 모든 것을 있게 하는 도(道)의 자리에서 본다는 얘기다. 그렇게 보면 객체와 주체가 동떨어진 존재로 보이지 않는다. 이것이 저것이요 저것이 이것이다. 저것 속에 옳네 그르네가 하나로 포용되어 있고 이것 속에도 옳네 그르네가 하나로 포용되어 있다. 그렇다면 과연 저것과 이것은 있는 것일까? 없는 것일까?

있다고 해도 되고 없다고 해도 된다. 있지 않다고 해도 되고 없지 않다고 해도 된다. 그러나 어느 한쪽만 말해서는 안 된다. 반드시 둘을 함께 말해야 한다. 이것과 저것은 있으면서 없고 없으면서 있기 때문이다. 그래서 유황(惟恍, 없는 듯한 있음)이요 유홀(惟惚, 있는 듯한 없음)이라고 했다.(『노자』) 저것과 이것은 불이(不二)면서 비일(非一)이다. 이 둘을 함께 보아야 한다. 그것이 이른바 도(道)의 관점이요 하늘의 눈으로 살피는[照之于天] 것이다. 도의 관점에서 볼 때에야 비로소 완전한 피동이 완전한 능동이요 완전한 자유가 완전한 예속인 것이다.

저것이 저것과 동떨어진 '이것'을 따로 지니지 않는 것, 이것이 이것과 동떨어진 '저것'을 따로 지니지 않는 것, 저것과 이것이 서로 별개인 상대[偶]를 가지지 않는 것, 이를 일컬어 도의 지도리[樞]라 한다. 문의 열리고 닫힘이 모두 지도리로 말미암는다. 지도리는 움직임의 근원이면서 저 자신은 움직이지 않는다. 그러면서 제 속에 모든 움직임을 담고 있다. 바늘 끝만큼의 움직임도 지도리와 연결되지 않은 것은 없다. 지도리는 중심의 둥근 고리에 자리하여 사방으로 여닫히는 문의 움직임에 끝없이 응한다. 모든 움직임이 고요함에서 나와 다시 고요함으로 돌아간다.

북극점에 서면 온 세상이 남방이다. 여기를 봐도 남쪽이요 저기를 봐도 남쪽이다. 모든 남방의 중심 지점, 거기가 바로 북극점이다. 이렇게 북극점은 남방에 포위되어 있으면서 모든 남방을 제 속에 포용한다.

바로 이 극점을 벗어나서 볼 때, 북은 언제나 한없이 북이요 남 또한 언제나 한없이 남이다. 둘은 결코 만날 수 없다. 끝없는 배반에 배반이 이어질 따름이다. 이런 관점으로만 세상을 볼 때 결과는 오직 투쟁이 있을 뿐이다. 약육강식과 적자생존의 논리가 제 토양을 얻어 끝없는 승리와 패배가 합법적으로 계속된다. 그래서 드디어 생존은 경쟁이라는 거대한 구호 속에 너와 내가 함께 파묻혀 들어가는 것이다. 만인이 만인의 적이 되어, 살기 위해서는 끊임없이 모든 것과 싸워야 한다. 심지어는 자기 자신도 싸움을 계속해야 할 적수가 된다. 그렇다면 사물을 이렇게 볼 수 있는 국면이 없다는 얘긴가? 아니다. 문제는 편향된 옹글지 못한 관점이다. 극점을 떠난 자리에서 사물을 보는 관점에 갇혀 있을 때 모든 것이 그렇게 보일 수밖에 없다.

그렇다면 우리가 서야 할 극점이란 어디를 말하는가? 하느님이 계신 자리, 우주의 배꼽이다. 따라서 이 세상 모든 곳이 우리의 극점이다. 하느님은 아니 계신 곳이 없기 때문이다. 문제는 시공간으로서의 어느 곳, 어느 때가 아니라 그 자리에 우리가 '어떻게' 서느냐에 있다.

서양은 '자기'가 주인이 되어 '북'(北)을 본다. 동양은 '북'에서 '자기'를 본다. 그러기에 해 뜨는 쪽이 서양에서는 오른쪽이고 동양에서는 왼쪽이다. 여기서 사물을 보는 관점의 차이가 나온다. 인간 중심으로 인간과 사물을 보는 관점이 서양식이라면 자연에서 인간과 사물을 보는 것이 동양식 관점이라고 하겠다. 서양에서 관찰자와 관찰 대상 사이의 '거리'가 전제되는 과학이 발달하고 동양에서 관찰자와 관찰 대상 사이의 '합일'이 전제되는 종교가 발달한 데는 그만한 까닭이 있다고 보아야 할 것이다.

그러면 장자의 주장은 모든 것을 극점 곧 도(道)의 자리에서만 보라는 것일까? 아닐 것이다. 절대와 상대의 자리를 아울러 보라는 것이다. 내가 북극성을 보는 관점과 북극성이 나를 보는 관점, 이 두 관점 가운데 어느 하나에만 배타적으로 의존할 때 정사(正邪)가 분별되지 않는 혼돈 사회 아니면 오직 승리와 패배만이 이어지는 투쟁 사회를 만들게 되는 것이다. 장자가 반대한 것은 이른바 동양식 관점과 서양식 관점의 어느 한쪽이 아니라 어느 한쪽에만 서는 배타적 관점이다.

그러므로 이르기를, 밝은 지혜로써 사물을 보고 말을 하느니만 못하다고 했다. 그렇다면 무엇이 밝은 지혜인가?

▲▲▲

손가락을 써서 손가락이 손가락 아니라고 설명하는 것은 손가락 아닌 것을 써서 손가락이 손가락 아니라고 설명하느니만 못하다. 말(馬)을 써서 말이 말 아니라고 설명하는 것은 말 아닌 것을 써서 말이 말 아니라고 설명하느니만 못하다. 천지가 한 개 손가락이요 만물이 한 마리 말이다. 그런 것을 그렇다 하고 그렇지 않은 것을 그렇지 않다고 하니, 길이란 걸어서 생기는 것이요 사물은 그렇다고들 하니까 그런 것이다. 어째서 그러한가? 그러니까 그런 것이다. 어째서 그렇지 아니한가? 그렇지 않으니까 그렇지 않은 것이다.

사물에는 본디 제 모습이 있고 또 그러한 점이 있으니 제 모습을 지니지 않은 사물이 없고 그러하지 않은 사물이 없다. 그러므로 이를 위하여 풀 대궁과 기둥, 문둥이와 서시(西施)를 대조시키면 그 모습이 괴상하고 야릇하게 보이겠지만 도(道)로 꿰뚫으면 하나로 된다. 나뉨이 이룸이요 이룸이 무너짐이다. 모든 사물이 이룸과 무너짐이 따로 없이 마침내는 하나로 되거니와 오직 도(道)에 이른 자만이 그 꿰뚫려 하나로 됨을 알아서, 분별지(分別智)를 쓰지 않고 용(庸)에 맡긴다. 용(庸)은 용(用)이요 용(用)은 통(通)이요 통(通)은 득(得)이다. 득(得)에 이르면 도(道)에 가깝다. 그저 자연에 맡길 뿐, 그러면서 그것의 그러함을 따로 알지 아니하니 이를 일컬어 도(道)라고 한다.

以指로 喩指之非指는 不若以非指로 喩指之非指也니라. 以馬로 喩馬之非馬는 不若以非馬로 喩馬之非馬也니라. 天地는 一指也요 萬物은 一馬也라. 可乎可요 不可乎不可니 道行之而成이요 物謂之而然이니라. 惡乎然인가? 然於然이로다. 惡乎不然인가? 不然於不然이로다. 物固有所然이요 物固有所可하니 無物不然이요 無物不可니라. 故로 爲是擧莛與楹과 厲與西施가 恢恑憰怪나 道通이면 爲一이로다. 其分也成也요 其成也毁也니라.

凡物이 無成與毁로 復通爲一이거니와 唯達者라야 知通爲一하여 爲是不用하고 而寓諸庸하느니라. 庸也者는 用也요 用也者는 通也요 通也者는 得也니 適得이면 而幾矣니라. 因是已已하여 而不知其然을 謂之道라 하니라.

어떤 문제로 시비(是非)가 생겼을 때 같은 차원에 서서 해결하는 것보다 좀 더 본질에 가까운 차원에서 접근하는 것이 낫다는 얘기다. 예컨대 직선제가 옳으냐 간선제가 옳으냐로 시비가 일어났을 경우 어떻게 선거를 할 것이냐보다 선거란 무엇이며 왜 선거를 해야 하느냐를 묻는 것이 시비를 해결하는 더 나은 방법이 될 수 있는 것이다.

참나무와 소나무는 둘만 놓고 볼 때 서로 다르게 보이지만 바위 앞에 놓으면 같은 '나무'로 된다. 종(種)으로 보면 서로 다르고 유(類)로 보면 같다.

길이 본디부터 따로 있는 게 아니라 사람이나 짐승이 걸어서 생기듯이 소나무는 사람이 소나무라고 해서 소나무인 것이다. 얼음은 차다. 왜 찬가? 얼음이기 때문이 아니라 사람들이 차다고 하니까 찬 것이다. 불은 차지 않다. 왜 차지 않은가? 불이기 때문이 아니라 사람들이 차지 않다고 하니까 차지 않은 것이다. 똥은 더럽다. 사실은 똥이 더러운 게 아니라 사람이 더럽다고 하기 때문에 더러운 것이다. 실제로 구더기들한테 똥은 아늑한 보금자리요 낙원이다. 숙녀들은 옥구슬을 어여삐 여겨 좋아하지만 참새들은 옥구슬을 던지면 무서워서 달아난다. 이것은 이렇고 저것은 저렇다는 온갖 판단과 평가가 결국은 인간의 인식 경험이라는 '울타리' 안에서만 유효하다는 얘기다.

문둥이와 서시는 인간의 인식 경험이라는 울타리 안에서 견주어볼 때 비교 자체가 야릇한 충격으로 다가오겠지만 태어난 모든 것은 늙고 병들어 죽는다는 법(다르마) 앞에 세울 때 조금도 다를 바가 없다.

그래서 우리는, 문둥이가 만일 도(道)의 자리에 서서 본다면 서시의 아름다움(아름답다고 해서 아름다울 뿐인)을 부러워하지 않을 것이며 서시가 만일 도의 자리에서 본다면 문둥이의 더러움(더럽다고 하니까 더러울 뿐인)을 역겨워하지 않으리라는 결론을 내리게 되는 것이다. 왜냐하면 도의 자리에서 보면 모든 것이 하나요 시(是)와 비(非)를 아울러 포용하고 있기 때문이다. 바로 이 자리, 도의 자리에 설 때 비로소 사람은 참된 평등함을 깨닫는다.

> 물과 뭍이 같은 덩어리요
> 나는 몸 걷는 몸이 한 몸이로다
> 법 가운데 너와 나 따로 없고
> 이치에 가깝고 먼 것이 따로 없으니
> 나와 남 분별하기를 버리고
> 높은 자리 고집하는 마음 비우면
> 마침내 평등성을 얻어
> 더불어 열반에 들어가도다.
> 〔水陸同眞際, 飛行體一如. 法中無彼此, 理上絶親疏, 自他分別遣, 高下執情除, 了斯平等性, 咸共入無餘.〕

이렇게 깨달아 열반의 경지에서 노니는 자는 얕은 분별지로 시비를 일으키지 아니하고 만사를 용(庸)에 맡긴다. 용은 상(常)이다. 자연 그대로라고 해도 좋다. 자연 그대로는 제 속에 쓰임새〔用〕를 지니고 있다. 그것은 인간이 만들어낸 가치로서의 쓰임새가 아니라 인간이 찾아내든 찾아내지 못하든 관계없이 존재하는 본질로서의 쓰임새다. 그 쓰임새는 사(私)가 아닌 고로 어디에나 무엇에나 두루 통한다. 이렇게 쓰임새가 두루 통함으로써 모든 사물이 제 모습을 갖추고 존재하는 것이다. 사람이 이와 같이 모든 사물(사람을 포함한)의 참모습을 통찰하게 되면 자신의 사견(私見)을 앞세우지 아니하고 모든 것을 자연에 맡겨 드디어 물(物)과 자신을 따로 떼어놓지 않게 된다. 물이 따로 몸 밖에 없거늘 무엇과 새삼 겨루겠는가?

▲▲▲

마음을 수고스럽게 하여 한쪽에 치우치되 그 하나임을 보지 못하니 이를 일컬어 조삼(朝三)이라고 한다. 무엇이 조삼인가? 일찍이 원숭이 기르는 사람이 도토리를 주면서, 아침에 세 알 저녁에 네 알 주겠다고 하니 원숭이들이 모두 화를 내는지라, 다시 이르되 아침에 네 알 저녁에 세 알 주겠다고 하니 원숭이들이 모두 좋아하더란다. 이름도 알맹이도 달라진 바가 없는데 화를 내고 좋아하고 하였으니 이는 제 눈을 의지한 것이다. 그러므로 성인은 옳네 그르네를 조화시켜 하늘 고름〔天鈞〕에 맡기고 쉬니 이를 일컬어 양행(兩行)이라고 한다.

勞神明하여 爲一而不知其同也라, 謂之朝三이라 하니 何謂朝三고? 曰, 狙公이 賦茅曰, 朝三而暮四라 하니 衆狙皆怒하는지라. 曰, 然則朝四而暮三이라 하니 衆狙皆悅하더라. 名實未虧에 而喜怒爲用이니 亦因是也니라. 是以로 聖人은 和之以是非하고 而休乎天鈞하니 是之謂兩行이라 하니라.

도(道)의 자리에서 보지 않는 한, 사람의 눈은 사물의 전체를 한꺼번에 볼 수 없게 되어 있다. 이마와 함께 뒤통수를 볼 수 없다는 말이다. 관념으로는 숲과 나무를 동시에 볼 수 있을지 모르나 육안으로는 그것이 불가능하다. 그런데 관념으로 보는 것은 보는 것이 아니다. 지해(知解)는 깨달음이 아니다. 오히려 참된 깨달음에 이르는 길을 가로막는, 경계해야 할 대상이다.

이렇게, 본디부터 어느 한쪽에 치우칠 수밖에 없는, 어느 한 부분에 제한되지 않을 수 없는 우리의 '지식'을 그것이 곧 전체인 양 생각하고 주장함으로써 끝없는 옳네 그르네가 되풀이되는 것인데, 그 모양이 비유컨대 원숭이의 조삼모사(朝三暮四)와 다를 바 없다. 아침에 세 개 저녁에 네 개를 먹나 아침에 네 개 저녁에 세 개를 먹나 하루에 일곱 개를 먹는 것은 일반인데도 원숭이 눈에는 당장 코앞에 있는 아침에 세 개 또는 네 개만 보이는 것이다. 전체를 보지 못하고 눈앞에 보이는 현실만 가지고 화를 냈다 좋아했다 했으니 이는 결국 제 눈을 의지한 것이다. 참으로 보려는가? 눈을 믿지 말 일이다.

"예수께서 성전을 떠나 나오실 때에 제자 한 사람이 '선생님, 저것 보십시오. 저 돌이며 건물이며 얼마나 웅장하고 볼만합니까?' 하고 말하였다. 예수께서는 '지금은 저 웅장한 건물이 보이겠지만 그러나 저 돌들이 어느 하나도 제 자리에 그대로 얹혀 있지 못하고 다 무너지고 말 것이다' 하고 말씀하셨다." (마가복음 13:1~2)

제자의 눈은 원숭이 눈과 다름이 없다. 그는 성전의 한 '부분'을 보았을 뿐이다. 이마만 보고 뒤통수는 보지 못했다. 세워져 있는 겉모습만 보고, 세워진 모든 것은 무너지고 만다는 보편적 진리를 담고 있는 속 모습은 보지 못했다. 그러나 도(道)의 자리에 서 있는 예수님 눈은 그 속 모습을 꿰뚫어보았다. 그렇다고 해서 그의 눈에 아름답고 웅장한 성전의 겉모습은 안 보였던가? 아니다. 예수는 웅장한 성전과 무너진 성전을 함께 보았다. 부분과 전체, 나무와 숲을 아울러 보았다. 이것이 제자와 스승의 차이였다.

"그러므로 성인은 화지이시비(和之以是非)하고." 시비(是非)를 화(和)한다는 말이다. 단(斷)이나 멸(滅) 대신 화(和)라는 말을 쓴 사실에 주목할 필요가 있다. 시비를 한마디로 잠재워버리거나 잘라버리는 게 아니라 그것들을 서로 조화시켜 스스로 풀어지도록 한다. 날카로움을 무디게 하여 얽힌 것을 풀어지게〔挫其銳 解其紛:『노자』〕하는 것이다. 여기서 날카로움을 무디게 한다는 말은 무슨 단단한 쇳돌로 문질러서 무디게 하는 것이 아니라 물과 같은 유약(柔弱)으로 강강(强剛)을 감싸안음으로써 무디게 한다는 뜻이다. 그것은 결코 외면이나 회피 또는 포기가 아니다. 끝없는 부드러움으로 맞부딪쳐나가는 것이다. 예수는 당신을 향해 칼을 휘두르는 자들에 대하여 칼로 맞서거나 등을 돌려 도망치거나 하지 않고 사랑으로 당당하게 대결했다. 시비를 화하는 자세에 끝까지 머물러 있으면서 남은 것은 하늘에, 하늘 고름〔天鈞〕에 맡겼다. 시와 비를 나누지 않고 모두에게 똑같이 비를 내리시는(마태오 5:45) 하느님의 온전하심에 자기를 맡기고 쉬는 것이다. 이를 일컬어 양행(兩行)이라고 한다. 시와 비가 조화를 이루어 어느 쪽도 막힘이 없이 자연스럽게 나아간다는 뜻으로 읽는다. 어차피 사람들 살아가는 마당에 옳네 그르네는 있게 마련이다. 그것을 어떤 강압이나 회유로 없앨 방도를 찾을 게 아니라 시비 그 자체로써 조화를 이루어 사람들 살림살이를 더욱 기름지고 건강하게 가꾸어나갈 길을 찾을 일이다.

▲▲▲

옛 사람은 그 앎에 지극한 바가 있었으니 어디까지 이르렀던가? 본디 물(物)이 없음을 알았으니 더 나아갈 데가 없는 경지에 이르렀으매 보탤 것이 없다. 그 다음은 물(物)이 있긴 하지만 본디 경계가 없음을 알았고 그 다음은 경계가 있긴 하지만 본디 옳네 그르네가 없음을 알았다. 옳네 그르네가 빛을 드러냄은 도(道)가 무너진 때문이고 도가 무너진 까닭은 애착이 이루어진 때문이거니와, 과연 이룸과 무너짐이 따로 있는 것인가? 따로 없는 것인가? 이룸과 무너짐이 따로 있음은 옛날 소문(昭文)이 거문고를 탐이요 이룸과 무너짐이 따로 없음은 소문이 거문고를 타지 않음이다. 소문은 거문고를 탔고 사광(師曠)은 북채를 들었고 혜자(惠子)는 책상에 기대앉아 변론을 하였는데, 이 세 사람의 아는 바가 거의 극치에 이르러 후세에 그 이름이 기록되었거니와 다만 그 좋아하는 바가 옛 사람과 달라 그 좋아하는 바를 남들에게 드러내고 싶어했다. 드러낼 수 없는 것을 드러내려고 한 까닭에 궤변의 어리석음으로 생애를 마치고 자식까지 아비의 거문고 줄 고르는 일로 생애를 마쳐 종신토록 아무 이룬 게 없었다. 이것을 이룸이라고 한다면 우리 또한 이룸이 있는 것이고 이것을 이룸이라고 할 수 없다면 그들도 우리도 이룸이 없는 것이다. 이러므로 속에 빛을 감추어 겉으로 흐릿함이 성인(聖人)의 꾀하는 바다. 이를 위하여 분별지를 쓰지 않고 용(庸)에 맡기니 일컬어 밝은 지혜로써 본다고 하는 것이다.

古之人은 其知에 有所至矣하니 惡乎至인가? 有以爲未始有物者니

라. 至矣요 盡矣라, 不可以加矣로다. 其次는 以爲有物矣나 而未始有封也요 其次는 以爲有封焉이나 而未始有是非也니라. 是非之彰也는 道之所以虧也요. 道之所以虧는 愛之所以成이거니와 果且有成與虧乎哉인가? 果且無成與虧乎哉인가? 有成與虧는 故昭氏之鼓琴也요 無成與虧는 故昭氏之不鼓琴也니라. 昭文之鼓琴也와 師曠之枝策也와 惠子之據梧也는 三子之知, 幾乎皆其盛者也하여 故로 載之末年이려니와 唯其好之也, 以異於彼하니 其好之也를 欲以明之彼라. 非所明을 而明之하여 故로 以堅白之昧로 終하고 而其子又以文之綸으로 終하여 終身無成이니라. 若是而可謂成乎면 雖我亦成也요 若是而不可謂成乎면 物與我無成也로다. 是故로 滑疑之耀는 聖人之所圖也라, 爲是不用하고 而寓諸庸하니 此之謂以明이라 하니라.

옛 사람〔古之人〕이란 중국 문학에서 흔히 완벽한 인간, 이상적 인간으로 등장한다. 성서의 인간론처럼 중국 문학도 완전한 인간에서 그 완전성을 상실한 인간으로 세월과 함께 추락해가는 모습을 그리고 있다. 여기서 말하는 '옛 사람'은 도(道)의 자리에 서서 살아가는 사람, 따라서 인간 본연의 모습을 그대로 간직한 사람이다.

그런 사람의 '앎'은 어디에까지 이르렀던가? '물'(物)이 본디 없다는 데까지 이르렀다. '물'이 없다는 말은 '나'〔我〕가 따로 없다는 말이다. 물아일체(物我一體). 에크하르트의 말로 하면 "하느님과 나 사이에 하느님까지도 존재하지 않는" 것이다. 다른 말로 바꾸어, 하느님과 나 사이에 '사이'라는 말이 존재하지 않는 것이다. 이와 같은 깨달음은 극진한 바가 있어서 더 이상 나아갈 데가 없으며 뭐라고 보탤 것도 없다. 오조홍인(五祖弘忍)의 명(命)을 받아 신수(神秀)가 쓴 게(偈)는 이랬다.

몸은 깨달음의 나무요
마음은 맑은 거울과 같으니
때때로 부지런히 닦아내어
티끌 먼지가 묻지 못하게 하리로다.
〔身是菩提樹, 心如明鏡臺, 時時勤拂拭, 莫使染塵埃.〕

이를 본 혜능(惠能)이 다음과 같은 게(偈)를 지었다.

깨달음에는 본디 나무가 없고
맑은 거울 또한 대(臺)가 아니라
본디 한 물건이 없으니
어디에 티끌과 먼지가 묻으리오?
〔菩提本無樹, 明鏡亦非臺. 本來無一物, 何處有塵埃〕

홍인은 두 게를 견주어보고 혜능을 후계자로 삼는다. 더 나아갈 곳이 없는 극진한 깨달음에 이르렀음을 본 것이다.

이렇게 완벽한 '앎'을 지니고 살던 사람들이 세월과 함께 타락하기 시작하여 물(物)이 있음을 알게 된다.(이 현상을 발전이냐 타락이냐로 보는 시각의 차이가 있을 수 있는데, 이 점에 대해 장자와 성서는 똑같이 타락이라고 본다.) 그러나 물이 있기는 하지만 거기에 경계가 없음을 알고 있었다. 그러다가 더 내려오면서 경계가 있는 것을 알게 되는데 그래도 거기에 시비(是非)가 없음을 알고 있었다. 행진은 거기에서 멈추지 않고 시비가 생겨 바야흐로 겉으로 드러나는데 이는 도(道)가 무너진 때문이다. 도가 무너진 까닭은 무엇인가? 애착이 이루어진 때문이다. 불가의 주장에 따르면 애착은 무명(無明)에서 나온다. 제물(諸物)의 실상을 제대로 알지 못하는 무지(無知)가 애착을 낳는다. 애착이란 전체를 버리고 부분을 잡는 것이다. 눈에 보이는 것, 손에 잡히는 것, 머리에 떠오르는 것을 사랑하는 데서 나오는 결과인 까닭이다.

"옛 사람이 말했다. 생명을 애착하는 자가 죽일 수 있고 깨끗함을 사랑하는 자가 더럽힐 수 있고 영화(榮華)를 사랑하는 자가 욕되게 할 수 있고 단단한 것을 좋아하는 자가 깨뜨릴 수 있다. 본디 생(生)이 없거늘 어찌 죽일 수 있으며 본디 깨끗함이 없거늘 어찌 더럽힐 수 있으며 본디 영화스러움이 없거늘 어찌 욕되게 할 수 있으며 본디 단단한 것이 없거늘 어찌 깨뜨릴 수 있으랴? 이것을 깨달아 아는 사람이라야 조화(造化)에 드나들 수 있으며 죽음과 삶을 가지고 노닐 수 있는 것이다."(『노자익』〔老子翼〕, 제50장에 대한 초씨〔焦氏〕의 주〔註〕)

여기서 장자의 시선은 다른 데로 옮겨간다. 도(道)가 무너졌느니, 애착이 이루어졌느니, 하고 말을 하기는 했는데, 과연 도라는 것이 무너질 수 있는 것인가? 나아가서 무너짐과 이루어짐이 과연 따로 있는 것인가? 스스로 던진 이 물음에 대한 그의 답은, 사람이 그렇게 말하는 것일 뿐 실체가 어떠하다고는 말할 수 없다는 것이다. 다시 말해서 무너짐과 이루어짐이 없다고 할 수도 없고 있다고 할 수도 없다는 얘기다.

그것을 어느 한쪽에 치중하여 드러낼 수 없게 돼 있는 것을 드러냄으로써, 세상에서 이른바 성공한 자라고 하지만 이루어놓은 바가 아무 것도 없는 인물 셋을 예로 든다. 거문고의 명인으로 알려진 소문, 북의 대가였다는 사광, 변론의 일인자인 혜자가 그들이다.

이룸과 무너짐이 따로 있음은 소문이 거문고를 타는 것과 같다. 거문고는 줄을 퉁겨서 나는 소리와 그 소리에 이어지는 묵음(默音)과 그 묵음의 뒤를 잇는 소리를 함께 듣는 악기다. 유(有)와 무(無)가 절묘하게 이어지는 것이 거문고 음악의 특징이다. 그런데 소문이 거문고를 타지 않으면 어떻게 되는가? 음(音)과 묵음 그 자체가 없다. 없다기보다는 아직 드러나지 않은 상태에 있다고 하겠다. 소문은 거문고 줄을 퉁김으로써 드러나지 않은 상태에 있던 음과 묵음을 세상에 드러냈다. 혜자의 변론도 사광의 북소리도 마찬가지다.

이 세 사람의 실력이 세인(世人)의 그것을 훨씬 지나쳐 거의 극치에 이르렀고 그래서 훗날에 이름이 남았지만 그러나 그들이 좋아하는 바가 '옛 사람'의 그것과 달랐으니 옛 사람은 그냥 좋아했을 뿐이나 그들 셋은 좋아하는 바를 사람들에게 드러내보이고 싶어했다. 사사로운 욕심이 발동한 것이다. 이 때문에 소문은 자식까지 평생 거문고 줄만 고르다가 생애를 마쳤고 혜자는 단단한 흰 돌은 한 개의 돌이 아니라 두 개의 돌이라는 궤변을 늘어놓는 것으로 생애를 마감했으니 이런 것을 과연 성공이라고 하겠는가?

그러므로 성인은 '골의지요'(滑疑之耀)를 도모한다. '골의지요'란 말은, 밖으로는 흐릿하게 보이지만 그 속에 빛을 감추고 있는 것을 뜻하는 말이다. 노자가 말하는 '화기광 동기진'(和其光 同其塵, 빛을 짐짓 눅여서 티끌과 하나 됨)이나 '현덕'(玄德)과 비슷한 개념이라고 하겠다. 골(滑)은 홀(惚)과 같아서 있는 듯한데 없다는 뜻이고 의(疑)는 가만히 머물러 흩어지지 않는 것을 뜻한다. 성인은 속에 영원한 빛을 감추고 있으면서 겉으로 나타나는 명성 따위에 연연하지 않는다.

이를 위하여 겉으로 나타난 바에 따라 이렇다 저렇다 분간하는 분별지를 사용하지 않고 모든 것을 용(庸), 곧 자연 그대로에 맡기니 이를 일컬어 밝은 지혜로써 본다고 하는 것이다.

▲▲▲

지금 가령 이에 관하여 말을 했는데 그 말이 진실과 비슷한지 비슷하지 않은지 그것은 모른다. 비슷하든 비슷하지 않든 비슷하게 하려는 점에서는 같고 따라서 저들과 다를 바 없다. 그렇긴 하지만 시험 삼아 말을 해보자. 처음이 있으면 처음이 있기 이전이 있으니 모든 처음 있기 이전이 있고 있음이 있으면 없음이 있는지라 없음이 있기 이전이 있으니 모든 없음 있기 이전의 이전이 있거니와 갑자기 있다 없다 하는데 그 있음과 없음이 과연 무엇이 있음이요 무엇이 없음인지 모르겠다. 여기서 나는 이미 말을 해버렸는데 내가 말한 바가 과연 말한 바가 있는 것인지 말한 바가 없는 것인지 그것도 모른다.

今且有言於此한대 不知其與是類乎요 其與是不類乎라. 類與不類에 相與爲類는 則與彼로 無以異矣로다. 雖然이나 請嘗言之라. 有始也者면 有未始有始也者니 有未始有夫未始有始也者요 有有也者면 有無也者라 有未始有無也者니 有未始有夫未始有無也者러니와 俄而有無矣나 而未知有無之果孰有孰無也로다. 今我則已有謂矣나 而未知吾所謂之其果有謂乎요 其果無謂乎라.

무슨 말을 하자는 건가? 말〔言〕로는 도무지 설명되지 않는 강 건너 언덕에 대하여, 인간의 말로서는 닿을 수 없는 저 건너 기슭에 대하여, 지금 장자는 말이라는 배를 타고 그곳으로 가려는 것이다.

이렇게 말해도 저렇게 말해도 말의 한계를 벗어날 수는 없다. 말은 실체와 비슷할 뿐, 말이 곧 실체는 아니다. 그러나 이 점을 충분히 감안해도 사람에게는 말길〔言路〕이 닿지 못하는 저 실체에 가까이 갈 다른 어떤 수단이 없다. 말에 묶여서도 안 되지만 말을 떠나서도 안 된다.

"장자에 있어서 도(道)는 유일무이한 절대 가치였다. 그런데 그것이 일단 '인식의 세계로 들어와 언어로 표현됨과 동시에 그 절대성은 상실되고 상대적 가치로 떨어진다'고 생각하였다. 『장자』(莊子)에는 도와 대비해 언어의 불완전성이 자주 강조되고 있는데, 그것은 도의 '절대성'과 비교해서 그런 것이다. 이렇게 보면 중국이나 일본의 경우 선(禪)에서 보이는 언어에 대한 불신은 실로 도(道)나 법(法)을 절대 궁극으로 보는 차원의 사고방식에서 나온 것에 불과한 것이 아닌가?……

지금 한 걸음 양보해 선에서도 도(道, 혹은 이법〔理法〕)를 그와 같은 절대 가치로 설정하는 입장을 인정한다고 하자. 그러나 그 경우에도 언어는 역시 소외되지 않으면 안 되는 것일까? 그렇지는 않다. 당대(唐代)의 경청화상(鏡淸和尙)은 이렇게 말하고 있다. '속박에서 벗어나기는 그래도 쉽지만 있는 그대로 말하기란 더 어렵다.'〔出身猶可易, 脫體道還難: 『조당집』〔祖堂集〕 10권〕

이 뜻은 쉽게 말하면 '깨닫는 것은 오히려 쉽다. 깨달은 것을 그대로 말로 표현하는 것이야말로 더 어렵다'는 것이다. 깨달음을 체험하는 것보다 깨달음을 그대로 말로 나타내는 쪽이 오히려 어렵다는 것은, 바꿔 말하면 정말로 깨달음의 경지에 도달한 자라면 그것을 그대로〔脫體〕 말로 하지 않으면 안 된다. 그것이 안 되면 참다운 깨달음이 아니다. '선(禪)은 언어·문자를 초월한 것'이라는 체험만이 최고라고 옹고집을 부린다면 진정한 선(禪)이 아니다. 그 언어를 넘어선 것을 언어로 잡아내는 어려움의 덫을 빠져나가지 못하고 그저 이심전심(以心傳心), 불립문자(不立文字)만 부르짖어서는 말이 안 된다고 경청화상은 경계하고 있는 셈이다."(이리야 요시타카〔入矢義高〕, 신규탁 옮김, 『선(禪)과 문학』 I, 1)

성경(the Bible)이란 무엇인가? 인간의 말로는 담을 수도 없고 닿을 수도 없는 하느님 말씀을 가리키는 화살표다. 성경을 읽지 않고서는 성경이 가리키는 하느님 말씀에 이를 수 없다. "태초에 '말씀'이 있었다"는 요한의 말과 그 속에 담겨 있는 말씀은 하나면서 다르다. 서울 가는 길과 서울은 떨어질 수 없는 하나지만 서울 가는 길이 곧 서울은 아니다. 모든 강은 바다와 하나지만 강이 곧 바다는 아니다. 인간의 말과 그 말이 표현하는 진리의 관계 또한 이와 같다, 하고 말한 이것 역시 한 인간의 말이다. 그러나 말길〔言路〕을 통하지 않고서는 말이 있기 이전의 세계 또는 모든 말이 끝난 뒤의 세계에 이를 수 없는 것이다.

▲▲▲

세상에 가을 터럭 끝만큼 큰 것이 없고 태산은 오히려 작으며 어려서 죽은 아이만큼 오래 산 자가 없고 팽조(彭祖)는 오히려 일찍 죽은 자다. 하늘땅이 나로 더불어 함께 났고 만물이 나로 더불어 하나를 이루니 이미 하나를 이루었는데 또 무슨 말을 한다는 것인가? 이미 '하나'를 말했는데 어찌 말이 없다고 하겠는가? 하나가 말〔言〕로 더불어 둘이 되고 둘이 하나로 더불어 셋이 되니 이렇게 나아가면 셈을 잘 하는 자라도 끝내 헤아릴 수 없거니와 하물며 보통 사람이야 어떠하랴? 그러므로 없음에서 있음으로 나아가는 데 셋에 이르게 되거늘 하물며 있음에서 있음으로 나아가는 데야 어떠하겠는가? 나아감을 그치고 다만 도(道)에 맡길 따름이다.

天下에 莫大於秋毫之末이요 而大山爲小며 莫壽乎殤子요 而彭祖爲夭로다. 天地與我竝生하고 而萬物與我爲一이니 旣已爲一矣에 且得有言乎인가? 旣已謂之一矣한대 且得無言乎인가? 一與言으로 爲二요 二與一로 爲三이니 自此以往하면 巧歷이라도 不能得이려니와 而況其凡乎리오? 故로 自無適有에 以至於三이거늘 而況自有適有乎인가? 無適焉因是已로다.

똑같은 사물이 보기에 따라 다르게 보인다. 요새 기술로 머리카락 굵기에 구멍을 몇 개씩 뚫는다고 한다. 수소 분자 크기를 기준 삼으면 개털 끝이 운동장 밖의 운동장이고 우주 공간에서 내려다보면 태산이 먼지에 묻은 먼지다. 공간뿐 아니라 시간도 상대적이다. 우주와 내가 이미 한 몸이거늘 그 사이에 무슨 말이 있을 수 있겠느냐는 말은, 우주를 말하는 내가 우주와 별개의 존재가 아님을 염두에 두고 하는 말이다.

내가 '무엇'을 말한다는 것은 그 '무엇'과 '나' 사이에 거리가 있음을 전제한다. 내가 말하는 것이지 말이 스스로 말을 하는 것은 아니다. "나무가 푸르다"는 말은 여기에 말하는 내가 있고 저기에 말해지는 나무가 있어서 가능한 것이다. 우주와 나 사이에 아무 거리가 없거늘('한 몸'이니까. 이 사실은 이른바 대폭발 이론에서도 입증되었다), 우주에 대하여 나에게 무슨 할 말이 따로 있을 것인가? 그러나 이미 우주와 내가 하나라고 '말'을 했는데 어찌 말을 하지 않았다고 할 수 있는가?

사람의 말보다 먼저 있었고 사람의 말이 가서 닿을 수 없는 '하나'와 그 '하나'에 대한 나의 '말'이 합하여 둘로 되고 이 둘에 둘이 하나라는 말이 다시 합하여 '셋'이 된다. 이런 식으로 계속하자면 컴퓨터도 다 헤아릴 수 없을 것이다. 끝이 없기 때문이다. 절대에서 상대로 나아가는 길도 이렇게 복잡한데 하물며 상대에서 상대로 나아가는 길이야 어떻겠는가? 말로써 말 많기가 시작되면 말 그대로 밑도 끝도 없다.

우리가 날마다 주고받는 시비가 모두 이 차원에서 일어나고 있는 건 아닌지? 그렇다면 밑도 끝도 없는 시비에 휘말려들어 가는 대신 무위자연(無爲自然)의 대도(大道)에 나를 맡길 따름이다.

▲▲▲

도(道)는 본디 구역이 없고 말[言]은 본디 고정된 바 없으나 '이것'[是]이라고 함으로써 구별이 생긴다. 구별에 대하여 한번 말해 보자. 좌(左)에 우(右)요 윤(倫)에 의(義)요 분(分)에 변(辯)이요 경(競)에 쟁(爭)이니, 이를 일컬어 여덟 가지 덕(德)이라고 한다. 우주 밖의 일을 성인(聖人)은 있는 그대로 두되 말하지 아니하고 우주 안의 일을 성인은 말하되 살피지 아니하고 역사에서 세상 다스리는 임금들의 뜻을 성인은 살피되 분별하지 않는다. 그러므로 나뉨은 나뉘지 않음에 있고 분별은 분별되지 않음에 있으니 어째서 그렇다고 말하는가? 성인은 그것을 속에 품고 있으나 보통 사람은 그것을 분별하여 서로에게 뽐내기 때문이다. 그러므로 옛말에 분별은 보지 못함에 있다고 하였다.

夫道未始有封이요 言未始有常이나 爲是로 而有畛也라, 請言其畛이로다. 有左에 有右하고 有倫에 有義하며 有分에 有辯하고 有競에 有爭하니 此之謂八德이라 하니라. 六合之外를 聖人은 存而不論하고 六合之內를 聖人은 論而不議하고 春秋經世先王之志를 聖人은 議而不辯하는도다. 故로 分也者는 有不分也요 辯也者는 有不辯也니 曰, 何也인가? 聖人은 懷之나 衆人은 辯之以相示也라. 故로 曰, 辯也者는 有不見也라 하니라.

도(道)는 본디 경계와 구역이 없고 말에도 고정된 실체가 없다. 여기서 '상'(常)은 고집하여 바꾸지 않는다는 뜻[執定不化之意: 감산]으로 읽는다. 그런데 '이것이다, 하고 말함'[爲是]으로써 온갖 분별이 생기는 것이다. 아담이 선악과를 따서 먹었다는 말은 그렇게 하여 비로소 "이것이 선(善)이다" 하고 말하게 되었다는 뜻이다. 일단 "이것이 선이다" 하고 나면 "저것이 악이다"가 출현한다. 왜냐하면 "이것이 선"이라는 말은 "저것이 악"이라는 말이기 때문이다. 바로 이 '시'(是) 한 자에서 모든 시끄러운 분별이 생겨난다. 왼쪽이 있어 오른쪽이 있고 인륜(人倫)이 있어 예의(禮義)가 있으며 나뉨이 있어 분별이 있고 앞을 겨룸이 있어 맞서 싸움이 있으니, 이상 여덟 가지[左右倫義分辯競爭]를 인간의 능력이라고들 한다. 여기서 '덕'(德)은 능(能)으로 푼다.[此德乃能義: 감산]

"이것이 좌(左)다"에서 시작하여 마침내 "맞서 싸우다"[爭]까지 연결되는데 이것을 잘하면 세상에서는 능력 있는 사람이 된다.

그러나 성인(聖人)은 그렇지 않다. 하늘땅에 동서남북(六合) 그러니까 이 우주 밖에 대해서는 그냥 둘뿐 말하지 않는다. 우주 안의 일에 대하여는 대강 말하되 자세히 살피지 않고 역사에 대하여는 살피기는 하되 시비를 분별하여 따지지 않는다.

석존(釋尊)이 세계에 끝이 있는지 없는지, 영혼과 육체가 같은 것인지 다른 것인지 따위에 대하여 가르쳐주지 않는 것에 불만을 품은 비구 마라가(摩羅迦)는, 만일 그런 것을 일러주지 않으면 석문(釋門)을 떠나겠다고 한다. 이에 대한 부처의 답.

"마라가여, 예를 들어 어떤 사람이 독화살에 맞았다고 하자. 그의 벗들이 의원을 부를 것이다. 그런데 그가 '나를 쏜 자는 누군가? 나를 쏜 활은 어떤 활인가? 화살은 어떤 것이고 그 살대는 어떻고 깃은 어떻고 어떤 모양인가? 이런 것들을 모두 알기 전에는 화살을 뽑아서는 안 된다' 고 말했다면, 마라가여, 만약 그랬다면 그와 같은 것을 모두 알기 전에 죽고 말 것이다.

마라가여, 마찬가지로 세계는 끝이 있는지 없는지, 영혼과 육체가 같은 것인지 다른 것인지, 이런 것들에 대한 어떤 '견해'가 있으면 깨끗한 수행이 있을 수 없다. 그런 견해가 있는 곳에 생로병사(生老病死)와 수비고뇌(愁悲苦惱)가 있기 때문이다.

마라가여, 세계의 상(常)·무상(無常)·유변(有邊)·무변(無邊) 등에 대하여 나는 말하지 않는다. 왜 말하지 않는가? 그것은 실로 도리(道理)를 파악하는 데 도움이 되지 않으며, 정도(正道)의 실천에 도움이 되지 않으며, 염리(厭離)·이욕(離欲)·멸진(滅盡)·적정(寂靜)·지통(知通)·정각(正覺)·열반(涅槃)에 도움이 되지 않기 때문이다.

마라가여, 그러므로 내가 말하지 않은 것은 말하지 않은 그대로, 말한 것은 말한 그대로 받아들이는 것이 좋다"(『중아함』[中阿含], 60, 221, 전유경[箭喩經]).

말하지 않을 수 없을 때 겨우 마지못해 입을 여는 것이, 성인의 말하는 태도다. 평생 수많은 말을 했으면서도 부처는 스스로 말하기를, 사십여 년에 한마디도 설한 바 없다고 했다. 이에 견주어 보통 사람은 상대에게 자기의 말솜씨를 뽐내는 데 바쁘다. 그런데 말이 많으면 자주 막히는 법이라, 도(道)를 속에 지니고 가만히 있느니만 못하다.〔多言數窮, 不如守中:『노자』〕

무엇을 분별하여 이것은 이것이요 저것은 저것이라고 따지는 것은 분별되는 그 무엇의 참모습을 보지 못한 결과다. 그러므로 말로써 말이 많은 것은 참된 도, 진리 그 자체를 아직 보지 못한 결과라고 하겠다.

▲▲▲

참된 도(道)는 이름이 없고 참된 말은 말이 없고 참된 사랑은 사랑하지 않고 참된 청렴(淸廉)은 스스로 청렴하지 않고 참된 용기는 남을 해치지 않으니 도가 겉으로 나타나면 곧 도가 아니고 말이 겉으로 발음되면 미치지 못하고 사랑이 한 가지로 굳어지면 이룰 수 없고 스스로 청렴한 청렴은 믿을 수 없고 남을 해치는 용기는 남을 굴복시키지 못하거니와 이 다섯은 둥근데 거의 모가 나게 된 것이다. 그러므로 앎은 알지 못하는 데 머무는 것이 최상이다. 누가 말로 나타나지 않는 말과 도로 알려지지 않는 도를 알 것인가? 만일 누가 이를 안다면 그를 일컬어 하늘 곳간이라 하리니, 아무리 부어도 차지 아니하고 아무리 퍼내도 바닥나지 않는데 어디서

오는 것인지를 모른다. 이를 일컬어 속에 간직돼 있는 빛이라고 부른다.

夫大道는 不稱이요 大辯은 不言이요 大仁은 不仁이요 大廉은 不嗛이요 大勇은 不忮니 道면 則而不道요 言辯이면 而不及이요 仁常이면 而不成이요 廉淸이면 而不信이요 勇忮면 而不成이거니와 五者园而幾向方矣니라. 故로 知止其所不知면 至矣라. 孰知不言之辯하고 不道之道리오? 若有能知면 此之謂天府라 하리니 注焉而不滿하고 酌焉而不竭이나 而不知其所由來로다. 此之謂葆光이라 하니라.

참된 도(大道)는 무엇과도 나뉘지 않는다. 그러므로 이름을 지어 부를 수가 없다. 그래도 억지로 이것이 도라고 드러내면 그 드러내어진 것은 도가 아니다. 참된 말은 사람의 말로 표현할 수 없다. 그래도 억지로 말을 하면 그 말해진 것은 참말이 아니다. 참된 사랑은 사랑할 대상을 따로 두지 않는다. 사랑이란 그 대상과 하나 됨인 까닭이다. 그러므로 어느 하나를 사랑한다면 그것은 사랑을 완성하는 게 아니다. 청렴은 아무 것도 지니지 않는다. 청렴 그 자체도 지니지 않는다. 그러므로 스스로 청렴한 청렴은 이를 믿을 수 없는 것이다. 참된 용기는 남을 해치지 않는다. 그러므로 누구를 해치는 용기라면 그 용기는 아무도 굴복시킬 수 없다.

도(道)·변(辯)·인(仁)·염(廉)·용(勇), 이 다섯은 본디 모서리가 없는 원(圓)과 같은 것인데 인간의 작위(作爲)로 말미암아 모난 것에 가까워졌다. 그러므로 알지 못하는 바에 머무는 것이 최고의 앎(知)이다.

보에시우스의 '삼위일체론'에 대한 주해에서 토마스 아퀴나스는 이렇게 말했다. "하느님 인식의 최고 단계는 하느님을 '알려지지 않는 분'(tamquam ignotum)으로 아는 것이다."

소크라테스도 같은 말을 했다. "나는 내가 모른다는 것을 안다."

"알지 못하는 바에 머문다"[止其所不知]는 말은 "하느님 품에 머문다"는 말의 다른 표현이다.

누가 말로 표현되지 않는 말을 알아듣고, 도로 알려지지 않는 도를 알아볼 것인가? 그런 사람이 있다면 일컬어 모든 것을 두루 갖춘 하늘 곳간[天府]이라고 하겠다. 그 곳간은 아무리 부어도 차지 않고 아무리 퍼내도 바닥나지 않는데 그것이 죄다 어디서 오는지는 알 수가 없다. 알 수 없기에 '하늘'[天]이라고 했다. 알 수 없는 분 또는 알 수 없는 것에서 모든 것이 나오고 모든 것이 그리로 돌아간다. 이것을 일컬어 보광(葆光)이라고 한다. 속에 빛을 감추고 있다는 뜻이다. 빛을 번쩍이면서 드러내는 것이 아니라 속에 감추어 겉으로 흐릿하게 보이는 것이다. "성인(聖人)은 피갈회옥(披褐懷玉)이라", 겉으로는 굵은 베옷을 입고 있으면서 속에 보석 구슬을 품는다고 했다.(『노자』 70장)

세상에는 생각건대 네 종류의 사람이 있다.

첫째, 속에 구슬을 품지 않고 누더기를 입은 사람.

둘째, 속에 구슬을 품지 않고 비단옷을 입은 사람.

셋째, 속에 구슬을 품고 비단옷을 입은 사람.

넷째, 속에 구슬을 품고 누더기를 입은 사람.

나는 이 넷 가운데 누구인가?

하느님과 동등하신 분이 자기를 비우고 땅에 내려와 사람 몸을 입으셨다. 그를 불러 예수 그리스도라 한다. 그의 몸 속에는 오직 하느님 한

분이 계셨다. 하느님과 동등하신 분(하느님만으로 충만한 분)이 사람 몸을 입었다. 이 순서를 거꾸로 하면 안 된다. 회옥(懷玉)이 먼저요 피갈(披褐)은 나중이다.

뿌리와 꽃은 한 몸이지만 뿌리가 먼저요 꽃이 나중이다. 하느님 사랑과 이웃 사랑은 결코 둘이 아니지만 하느님과 하나 됨이 먼저요 이웃과 하나 됨이 나중이다. 아들 없이 어미 없지만 어미가 먼저요 아들이 나중이다. 어미가 아들을 낳는다. 아들이 어미를 낳는 법은 없다. 덕(德)이 뿌리요 다스림(治)은 가지다.

▲▲▲

그러므로 옛날에 요(堯)가 순(舜)에게 묻기를, 내가 종(宗)과 회(膾)와 서오(胥敖)를 토벌하고 싶은데 임금 자리에 앉아 마음이 개운치 못하니 무슨 까닭일까? 순이 말하되, 그 세 나라는 오히려 쑥풀 우거진 땅에 살고 있는데 마음이 개운치 못하다면 어째서일까요? 옛날에 해가 열 개 떠올라 모든 것을 두루 비추었다고 하거니와 하물며 덕(德)의 나아감을 해 따위에 견줄 수 있겠습니까?

故로 昔者에 堯問於舜曰, 我欲伐宗膾胥敖나 南面에 而不釋然이니 其故何也인가? 舜曰, 夫三子者는 猶存乎蓬艾之間인데 若不釋然면 何哉니까? 昔者에 十日이 竝出하여 萬物皆照라 하거니와 而況德之 進乎日者乎니까.

요(堯)가 작은 세 나라를 치려는 마음을 먹고 있는데 어쩐지 실행을 하려니 마음이 개운치 못하다. 그 까닭을 순(舜)에게 물으니 대답인즉, 덕(德)으로써 다스리지 아니하고 힘으로 문제를 풀고자 하니 그것이 본디 잘못인지라, 그래서 개운치 못한 것이라고.

2. 몇 가지 문답 이야기

▲▲▲

설결(齧缺)이 왕예(王倪)에게 묻기를, 선생께서는 모두가 그렇다고 할 만한 무엇이 물(物)에 있다고 생각하시는지요? 대답하되, 내 어찌 그것을 알겠는가? 선생께서는 스스로 모르시는 바를 아시는지요? 대답하되, 내 어찌 그것을 알겠는가? 그렇다면 물(物)은 알지 못할 것인지요? 대답하되, 내 어찌 그것을 알겠는가? 그러하지만 시험 삼아 말해보리라. 내가 안다고 말하는 것이 실은 모르는 것인지 알 수 없는 일이요 내가 모른다고 말하는 것이 실은 아는 것인지도 모를 일이다. 어디 한번 그대에게 시험 삼아 물어보겠다. 사람이 습기 찬 곳에 누워 자면 허리를 앓거나 반신불수가 되는데 미꾸라지는 어떤가? 사람이 나무에 오르면 겁이 나서 떠는데 원숭이는 어떤가? 이 셋 가운데 누가 제대로 된 거처를 알고 있는 것일까? 사람은 가축을 먹고 사슴은 풀을 먹고 지네는 뱀을 즐겨 먹고 올빼미는 쥐를 좋아하거니와 이 넷 가운데 누가 제 맛을 알고 있는 것일까? 원숭이는 긴팔원숭이가 짝으로 삼고 큰 사슴은 사슴과 짝을 짓고 미꾸라지는 물고기와 더불어 노닐거니와, 모장(毛嬙)과 여희(麗姬)를 사람들이 예쁘다고 하지만 물고기는 그들을 보면 물 속 깊이 들어가버리고 새는 그들을 보면 높이 날아가버리고 사슴은 그들을 보면 힘껏 달아난다. 이 넷 가운데 누가 세상의 여색(女色)을 제대로 알고 있는 것일까? 내가 볼 때, 인의(仁義)의 실마리와 시비(是非)의 갈림길이 마구 뒤섞여 어지럽다. 내 어찌 그것을 가려낼 수 있겠는가? 설결이 말하기를, 선생께서 이해(利害)를 모르신다면 지인(至人)도 이해를 도무지 모르는지요? 왕예 이르되, 지인은 신령하다. 큰 못을 태워버릴지언정 그를 뜨겁게 할 수는 없으며 황하(黃河)와 한수(漢水)를 얼릴지언정 그를 춥게 할 수는 없으며 사나운 천둥이 산을 쪼개고 바람이 바다를 뒤집어도 그를 놀라게 할 수는 없다. 그런 사람은 구름을 타고 해와 달에 올라앉아 이 세상 밖에서 노닐고 삶과 죽음이 그를 바꿔놓지 못하는데 하물며 이해 따위가 그를 어찌겠는가?

齧缺問乎王倪曰, 子知物之所同是乎니까? 曰, 吾惡乎知之리오. 子知子之所不知邪니까? 曰, 吾惡乎知之리오. 然則物無知邪니까? 曰, 吾惡乎知之리오. 雖然이나 嘗試言之로다. 庸詎知吾所謂知之非不知邪인가? 庸詎知吾所謂不知之非知邪인가? 且吾嘗試問乎女로다. 民濕寢이면 則腰疾偏死나 鰌然乎哉인가? 木處면 則惴慄恂懼나 猿猴然乎哉인가? 三者에 孰知正處리오? 民食芻豢하고 麋鹿食薦하고 蝍蛆甘帶하고 鴟鴉耆鼠하거니와 四者에 孰知正味리오? 猿은 猵狙以爲雌하고 麋는 與鹿으로 交하고, 鰌는 與魚로 游하거니와 毛嬙과 麗姬는 人之所美也나 魚見之면 深入하고 鳥見之면 高飛하고 麋鹿見之면 決驟로다. 四者에 孰知天下之正色哉리오? 自我로 觀之컨대 仁義之

端과 是非之塗는 樊然殽亂이라 吾惡能知其辯이리오? 齧缺曰, 子不知利害면 則至人固不知利害니까? 王倪曰, 至人은 神矣라 大澤焚而不能熱하고 河漢冱而不能寒하고 疾雷破山에 風振海어도 而不能驚이로다. 若然者는 乘雲氣하고 騎日月하여 而遊乎四海之外요 死生無變於己하거니와 而況利害之端乎리오?

설결(齧缺)이 왕예(王倪)에게 묻는다.
"사물(事物)에 모두가 합의할 무엇이 있다고 생각하시오?"
왕예가 대답한다.
"내가 어찌 알겠는가?"
"모른다는 말인데, 그렇다면 자기가 모른다는 건 알고 있단 얘기요?"
"내가 어찌 알겠는가?"
"그렇다면 사물은 아무도 아무 것도 알 수 없는 것이란 말이오?"
"내가 어찌 알겠는가?"
시종일관 '모르쇠'로 나온다. 이쪽에서는 할 말이 없다. 그렇다. 왕예는 지금 이러쿵저러쿵 논변(論辯)을 시도하는 설결의 말문을 틀어막고 있는 것이다. 아니다, 아니다! 또 아니다! 네티(neti), 네티, 또 네티! 부정에 부정이 꼬리를 무는 가운데 뭔가 어렴풋이 드러난다. 그것을, 이번에는 설결이 '시험 삼아 하는 말' 속에 담아본다. 시험 삼아 하는 말이다, 말에 얽매이지 말 것!

사람이 무엇을 '안다'고 할 때 그것이 정말로 아는 것일까? 습기 찬 땅이 사람한테는 허리 병을 앓게 하는 곳이지만 미꾸라지한테는 안락한 침상이다. 나무 꼭대기가 사람한테는 아슬아슬한 곳이지만 원숭이

한테는 편안한 곳이다. 사람은 가축을 먹고 사슴은 풀을 먹고 지네는 뱀을 먹고 올빼미는 쥐를 먹는다. 여희(麗姬)는 미인이라고들 하지만 새들은 그를 보고 높이 날아 도망친다. 도대체 인간이 말하는 안락한 처소, 맛있는 음식, 아름다운 자태라는 게 과연 참으로 안락한 처소, 맛있는 음식, 아름다운 자태인가? 언제 어디 누구에게서나 동의를 얻을 수 있는 그 무엇은 없다. 저마다 제 눈에 안경이다. 사람과 짐승 사이는 물론이요 사람끼리도 그러하다. 1945년 8월 15일이 우리에게는 해방된 날이지만 일본인에게는 패전한 국치일이다.

서시(西施)가 속이 아파서 옆구리를 짚고 다니는 것을 보고 동시(東施)가 따라 하니 그 모양이 더욱 추하게 보이더라는 얘기가 있다.

사람들이 저마다 이것이 인(仁)이요 이것이 의(義)라고 주장하며 이것이 옳고 저것이 그르다고 말하는데 그 어지럽기가 얽힌 실타래 같다. 그것을 과연 누가 가려낼 수 있을 것인가?

한참 얘기를 했는데, 역시 '시험 삼아 하는 말'에 지나지 않아선가? 그 무엇도 선명하게 드러난 것은 없고 다만 인간의 어떤 말도 사물의 실체를 밝히 가려낼 수 없다는 사실이 새삼 드러났을 따름이다. 그렇다면 어째서 인의(仁義)의 실마리와 시비(是非)의 갈림길이 저토록 어지러울 수밖에 없는 것일까? 그것은 인간들이 저마다 이해(利害)라는 비늘에 눈이 가려져 있기 때문 아닐까? 그래서 이를 눈치챈 설결이 다시 묻는다.

"그렇다면 누가 과연 이해(利害)의 비늘이 벗겨진 사람이오?"

왕예의 대답.

"지인(至人)이 바로 그 사람이다."

여기서 왕예가 그리는 지인의 모습은 차라리 초인(超人)이다. 사람이면서 사람 세상을 벗어난 사람. 죽음이 더 이상 겁줄 수 없고 삶이 더 이상 초조하게 만들 수 없는 사람. 이 땅에 머물면서 하늘 백성으로 사는 사람. 이 세상에 대하여 죽어버린 사람. 그리스도와 함께 자기 몸을 십자가에 못 박은 사람, 그리하여 그리스도와 함께 다시 살아난 사람!

"이제 여러분은 그리스도와 함께 다시 살아났으니 천상의 것들을 추구하십시오.…… 여러분은 지상에 있는 것들에 마음을 두지 말고 천상에 있는 것들에 마음을 두십시오. 여러분이 이 세상에서는 이미 죽었기 때문입니다." (골로사이 3:1~2)

말씀[道]이신 그리스도와 한 몸이 된 사람에게는 어떤 위협도 적수도 있을 수 없다.

"하느님께서 우리 편이 되셨으니 누가 감히 우리와 맞서겠습니까? …… 누가 감히 우리를 그리스도의 사랑에서 떼어놓을 수 있겠습니까? 환난입니까? 역경입니까? 박해입니까? 굶주림입니까? 헐벗음입니까? 혹 위협이나 칼입니까?" (로마서 8:31~34)

구름 타고 해와 달에 올라앉아 세상 밖에서 노닌다는 말은 중국인다운 과장법이나, '세상 밖'[四海之外]을 말 그대로 이 세상 밖에서 찾으려고 한다면 그것은 미숙한 독법(讀法)에 따른 오해에 지나지 않는다. 세상을 떠난 어디에 '세상 밖의 세계'가 따로 있는 것은 아니다. 하늘나라는 땅에서 이루어진다. 우리 속에 있다.

다만, 흐르는 물에 있으면서 젖지 않는 달의 경지, 빛을 옮기면서 빛에 물들지 않는 허공의 경지에서 이루어지는 초연한 참여를 얘기하는 것일 뿐이다.

분수를 지키니 몸에 욕됨이 없고 때를 아니 마음이 스스로 한가롭다. 비록 티끌 세상에 몸을 담고 있으나 문득 인간 세상을 벗어났도다.[安分

身無辱, 知機心自閑. 雖居塵世上, 却是出人間.〕

이런 경지에 사는 사람이 어떻게 이해득실 따위에 얽매이겠는가? 이해관계로 말미암아 얽혀지는 복잡한 시비 다툼에 휩쓸려들겠는가?

▲▲▲

구작자(瞿鵲子)가 장오자(長梧子)에게 묻기를, 내가 선생한테서 듣자니 성인(聖人)은 세상 일에 애쓰지 않고 이(利)를 좇지 않고 해(害)를 피하지 않고 구하여 얻는 것을 즐기지 않고 도(道)에 매이지 않고 말없이 말하고 말하면서 말이 없고 티끌 세상 밖에 노닌다지만 공부자(孔夫子)는 이를 오히려 실없는 소리라고 말하거니와, 나는 그야말로 훌륭한 도의 실행이라고 생각합니다. 선생은 어찌 생각하시는지요? 장오자가 말하되, 그것은 황제(黃帝)가 들어도 어리둥절할 얘긴데 구(丘)가 어찌 그것을 알 수 있겠는가? 자네 또한 성급하게 단정한 것일세. 달걀을 보고 새벽 알리기를 바라는 것과 같고 화살 보고 올빼미 구이를 먹겠다는 것과 같군. 자네를 위하여 허튼소리 한번 해볼 터인즉 그런 줄 알고 들어보시게. 해와 달을 어깨동무하고 우주를 겨드랑이에 끼고 그것들과 더불어 하나로 되어 어지러운 모습을 그대로 두고 귀천을 가리지 않나니, 보통 사람들은 애를 쓰지만 성인은 멍하니 세상 모든 것과 뒤섞여 있으면서도 한결같은 순수함을 지키고 만물을 있는 그대로 두되 하나로 되게 한다네. 삶을 기뻐하는 것이 미혹(迷惑) 아닌지 내가 어찌 알며 죽음을 싫어하는 것이 일찍 고향 떠난 자가 돌아갈 바를 모르는 것 아닌지 내가 어찌 알겠는가? 여희(麗姬)는 국경을 지키던 애(艾)라는 자의 딸인데 진(晋)나라에 처음 잡혀왔을 때에는 눈물로 옷깃을 적셨으나 왕의 처소에 이르러 왕과 잠자리를 함께하고 고기 음식을 먹게 되자 전에 울었던 것을 후회했다고 하니, 무릇 죽은 자가 전에 살고자 애쓰던 것을 후회하지 않으리라고 내가 어찌 알겠는가? 꿈에 술을 마시던 자가 아침에 슬피 울고 꿈에 울던 자가 아침에 사냥을 나간다네. 꿈을 꾸면서는 그것이 꿈인 줄 모르고 꿈속에서 또 꿈을 점치다가 깨어난 뒤에 그것이 꿈인 줄 알지. 크게 깨친 뒤에야 그것이 큰 꿈이었음을 아는 법일세. 그런데 어리석은 자들은 도적질 하듯 스스로 깨쳤노라 떠들면서 제법 무엇을 아는 척하고 있으니 임금이나 고관이나 죄다 옹졸한 것들이지. 구(丘)도 자네도 모두 꿈이요 이렇게 내가 자네에게 꿈 얘기를 하는 것 또한 꿈이라네. 이런 말을 일컬어 매우 괴이한 말이라고 하거니와 만대(萬代) 뒤에라도 한번 우연히 큰 성인(聖人)을 만나 그가 이 말뜻을 알아준다면 이는 아침에 헤어져 저녁에 만난 것과 같다고 하겠네.

瞿鵲子問乎長梧子曰, 吾聞諸夫子컨대 聖人은 不從事於務하고 不就利하고 不違害하고 不喜求하고 不緣道하고 無謂有謂하고 有謂無謂하고 而遊乎塵垢之外로되 夫子는 以爲孟浪之言이라 하거니와 而我以爲妙道之行也라. 吾子는 以爲奚若이니까? 長梧子曰, 是는 黃帝之所聽熒也라, 而丘也何足以知之리오? 且汝亦大早計로다. 見卵而求時夜요 見彈而求鴞炙이라. 予嘗爲汝妄言之하니 汝以妄聽之하라. 奚旁日月에 挾宇宙로 爲其脗合하여 置其滑涽하고 以隷相尊하나니 衆人은 役役이나 聖人은 愚芚하여 參萬歲而一成純하고 萬物盡然而以

是로 相蘊이로다. 予惡乎知說生之非惑邪인가? 予惡乎知惡死之非弱喪而不知歸者邪인가? 麗之姬는 艾封人之子也로 晋國之始得之也에는 涕泣沾襟이었으나 及其至於王所하여 與王으로 同筐牀하고 食芻豢하여서는 而後悔其泣也라 하니 予惡乎知夫死者不悔其始之蘄生乎인가? 夢飮酒者, 旦而哭泣이요 夢哭泣者, 旦而田獵이로다. 方其夢也엔 不知其夢也하고 夢之中에 又占其夢焉이다가 覺而後에 知其夢也라. 且有大覺而後에 知此其大夢也니라. 而愚者는 自以爲覺하여 竊竊然知之하니 君乎牧乎여 固哉로다. 丘也與女皆夢也요 予謂女夢도 亦夢也라. 是其言也를 其名爲弔詭라 하거니와 萬世之後에 而一遇大聖知其解者면 是旦暮遇之也니라.

구작자(瞿鵲子)가 말하는 '선생'〔夫子〕을 공구(孔丘)로 보는 견해(유월〔兪樾〕)에 따라 읽는다.

구삭자의 말.

"세상 일에 애쓰지 않고 이(利)를 좇거나 해(害)를 피하지 않고 구하여 얻는 것을 즐기지 않고 도(道)에조차 얽매이지 않고 말없이 말하고 말하면서 말한 바 없는 지인(至人)의 경지를 공자는 맹랑한 소리라고 하는데, 구작자 생각에는 그것이야말로 묘도(妙道)의 실행인 듯하다. 선생의 생각은 어떠한가?"

장오자(長梧子)의 대답.

"그와 같은 지인(至人)의 경지는 황제가 들어도 어리둥절할 터인데 하물며 공구가 어찌 그것을 알겠는가? 자네도 시방 묘도의 행(行) 어찌 구저쩌구했는데 그것 또한 성급한 단정이니, 우물에서 숭늉 찾는 격이

제2장 제물론(齊物論) | 111

다. 이제부터 내가 자네를 위하여 한마디 하겠거니와 그 말 또한 허튼소리일 따름이니 자네도 허튼소리로 들을 일이다. 성인의 모습은 어떠한가? 세상 밖의 경지를 초연하게 노닐되 세상과 떨어져 있지 아니하고 그것들의 어지러움과 하나 되어 귀천(貴賤)을 가리지 않으니 보통 사람들처럼 귀한 것을 좇고 천한 것을 버리려 애쓰지 않고(이와 반대로도 역시 애쓰지 않고) 다만 멍하니 세상 모든 것을 싸안아 한결같은 순수함을 지킨다. 인간들이 제아무리 편을 가르고 다투고 서로 죽여도 그 모든 것이 '하나'에서 나와 '하나'를 이룬다는 사실만큼은 어쩔 수가 없다. 성인은 바로 그 '하나'의 자리에서 세상 일에 초연히 참여하는 것이다."

이렇게 뭔가 알고 있다는 듯이 말을 하지만 역시 '허튼소리'〔妄言〕는 허튼소리일 뿐. 여기〔말〕에 얽매이지 말 것!

철두철미 장주(莊周)는 인간의 앎〔知〕이라는 것을 상대화한다. 그 누구도 "이것이다"〔是也〕 하고 말해서는 안 된다는 것이다. 이것이 이것임을 알려면 이것 아닌 데서 이것을 보아야 한다. 꿈을 꿈으로 알려면 꿈에서 깨어난 뒤에라야 알 수 있다. 그런데 꿈에서 깨어날 수 있는 자격이 있는 이는 누군가? 지금 꿈을 꾸고 있는 사람이다. 꿈속의 나와 꿈을 꾸는 나는 동일한 존재면서 동일한 존재가 아니다. 이 둘이 만나 하나로 되는 순간, 그 순간이 꿈에서 깨어나는 순간이다. 꿈속의 나가 죽어 꿈꾸는 나로 돌아오는 순간이라고 해도 좋다. 거짓 나를 벗어 참나로 돌아간 자. '몸나'를 벗어 '얼나'로 돌아간 자(다석〔多夕〕), 그러나 이 둘은 본디 별개가 아니다.

    주인이 나그네에게 꿈 이야기를 하고

나그네도 주인에게 꿈 이야기를 하는데,
이렇게 두 사람의 꿈 이야기를 하는 나그네 또한
꿈속의 사람이로구나.
〔主人夢說客, 客夢說主人, 今說二夢客, 亦是夢中人.〕

서산(西山)의 삼몽사(三夢詞)다. 거울 두 개를 맞세워놓은 것처럼 꿈에서 꿈으로 한없이 이어진다.

누가 이 두터운 꿈의 껍질을 벗어버릴 것인가? 꿈속에 있으면서도 그것이 꿈인 줄 모르고 뭘 좀 아는 척 떠들어대는 자들의 옹졸함을 무엇으로 깨뜨릴 것인가? 크게 깨친 뒤에야 그것이 큰 꿈이었음을 아는 법이다.

▲▲▲

만약에 내가 자네와 더불어 말씨름을 하였는데 자네가 나를 이기고 내가 자네를 이기지 못했다면 과연 자네가 옳고 내가 그른 것인가? 내가 자네를 이기고 자네가 나를 이기지 못했다면 과연 내가 옳고 자네가 그른 것인가? 어느 한쪽이 옳고 어느 한쪽이 그른 것일까? 양쪽 다 옳고 양쪽 다 그른 것일까? 자네나 나나 서로 알 수 없는 것이니 다른 사람도 옳게 판정 내릴 수 없는 것일세. 우리가 누구로 하여금 바른 판정을 내리게 할 것인가? 자네와 생각이 같은 사람에게 바른 판정을 내리라고 한다면 그가 자네와 생각이 같은데 어찌 바른 판정을 내릴 수 있겠으며 나와 생각이 같은 사람에게 바른 판정을 내리라고 한다면 그가 나와 생각이 같은데 어찌 바른 판정을 내릴 수 있겠는가? 나나 자네와 생각이 다른 사람에게 바른 판정을 내리라고 한다면 그가 나나 자네와 생각이 다른데 어찌 바른 판정을 내릴 수 있겠으며 나나 자네와 생각이 같은 사람에게 바른 판정을 내리라고 한다면 그가 나나 자네와 생각이 같은데 어찌 바른 판정을 내릴 수 있겠는가? 따라서 나와 자네와 다른 사람이 모두 바르게 알 수 없거늘 누구를 기대할 것인가? 무엇을 가리켜 하늘 저울에 따라 조화를 이룬다고 말하는지요? 이르되, 옳네 옳지 않네가 있고 그러하네 그러하지 않네가 있는데 옳네가 참으로 옳네라면 옳네가 옳지 않네와 다른 것이야 더 말할 게 없고 그러하네가 참으로 그러하네라면 그러하네가 그러하지 않네와 다른 것도 더 말할 게 없지. 이렇기도 하고 저렇기도 한 사람의 소리에 기대하는 것은 처음부터 아무 기대도 하지 않으려는 것과 마찬가지요, 하늘 저울로써 조화시키고 끝없는 전개에 내어 맡기는 것이 천수(天壽)를 누리는 방법이라네. 나이를 잊고 의(義)를 잊어 경계 없는 지경에 들어가게 되니 이런 까닭에 경계 없는 지경에 맡기고 사는 것일세.

旣使我與若辯矣에 若勝我하고 我不若勝하면 若果是也요 我果非也邪인가? 我勝若하고 若不吾勝하면 我果是也요 而果非也邪인가? 其或是也요 其或非也邪인가? 其俱是也요 其俱非也邪인가? 我與若不能相知也니 則人固受其黮闇이로다. 吾誰使正之리오? 使同乎若者로 正之면 旣與若同矣로 惡能正之하며 使同乎我者로 正之면 旣同乎我矣로 惡能正之하며 使異乎我與若者로 正之면 旣異乎我與若矣로 惡能正之하며 使同乎我與若者로 正之면 旣同乎我與若矣로 惡能正之리오. 然則, 我與若與人이 俱不能相知也라. 而待彼也邪인가? 何謂

和之以天倪아? 曰, 是不是요 然不然에 是若果是也면 則是之異乎不
是也는 亦無辯이요 然若果然也면 則然之異乎不然也는 亦無辯이라.
化聲之相待는 若其不相待요 和之以天倪하고 因之以曼衍이 所以窮
年也니라. 忘年忘義하여 振於無竟하니 故로 寓諸無竟이니라.

  시(是)와 비(非)를 따지는 것은 어쩔 수 없는 일이라 하자. 그런데 누가 시와 비를 결정할 것인가? 이기는 쪽이 옳고 지는 쪽이 그르다고 세상은 흔히 그렇게 말하지만, 과연 그렇게 말해버리고 그만둘 수 있는 건가?
  아무도 시비를 바르게 할 수 없다고 장자는 주장한다. 이유는 그렇게 할 자격을 갖춘 사람이 세상에 없기 때문이다.
  '화성'(化聲)은 말 그대로, 바뀌는 소리다. 말하는 사람의 처지에 따라 이렇게도 되고 저렇게도 되는, 한결같은 기준 따위가 처음부터 없기에 변화가 그 본질일 수밖에 없는 인간의 말을 가리킨다. 화성에 의존하는 것은 아무 것도 의존하지 않겠다는 것과 같다. 시시때때로 변덕을 부리는 인간의 말에 의존하여 과연 무엇을 바로 세울 것인가? '법'(法)이 있다고 한다. 그러나 법은 해석을 통해야 비로소 법으로 통한다. 해석은 해석하는 자의 주관에 따라 달라지게 마련이다. 어떻게 할 것인가?
  말로써 말이 많아 시끄럽기만 할 뿐 결코 참된 시(是)와 비(非)를 가려낼 수 없는 인간의 화성에 의존할 게 아니라 천예(天倪)에 좇아 시와 비를 조화시키고 만연(曼衍)에 내어맡기라는 것이 장자의 권면이다. 천예는 절대적 기준, 앞에서 말한 도추(道樞)나 천균(天鈞)과 같은 뜻으로 읽는다. 인간의 온갖 시와 비를 한 눈에 꿰뚫어보고 모(茅)와 순(盾)을 한 손에 잡고 있는 '하늘'의 저울에 올려놓아 스스로 조화를 이루게끔 하라는 말이겠다. 만연(曼衍)은 끝없이 전개되는 것을 말한다. 끝 부분에 말한 무경(無竟)과 통하는 말이다. 아무 경계가 없는 곳, 끝없이 펼쳐지는 무한의 세계, 곧 '하늘'에 자신을 맡기라는 얘기다. 거기는 나이도 의리도 없는 곳, 그 어떤 구별도 차별도 없는 곳이다.

그렇다면 시비 자체가 없는, 옳은 것 그른 것이 마구 섞여 있는 그런 혼돈 세상을 살아가라는 말인가? 그럴 수는 없는 일이다. 시(是)를 말하되 참으로 시(是)인 시(是)를 말하라는 것이다. 시가 시 아닌 것과 다르다는 사실은 구차스럽게 다시 말할 필요가 없다. 연(然)을 말하되 참으로 연(然)인 연(然)을 말하면 연이 연 아닌 것과 다르다는 사실은 구태여 다시 말할 필요가 없다.

"너희는 그저 '예' 할 것은 '예' 하고 '아니오' 할 것은 '아니오' 라고만 하여라. 그 이상의 말은 악에서 나오는 것이다." (마태오복음 5:37)

정말로 예인 예를 말하는 길은 스스로 인간의 화성(化聲)을 좇지 아니하고 천예(天倪)에 맡겨, '하늘 소리'를 대변하는 것이다. 아니, 세례자 요한처럼 자신을 비워 스스로 '하늘 소리'가 되는 것이다. 그럴 때, 그의 입에서 나오는 소리는 '내 말'이 아니라 '아버지의 말씀'이 되고 그 말씀은 듣는 자에 따라 어떤 이에게는 거역할 수 없는 시(是)로, 어떤 이에게는 거역할 수 없는 비(非)로 들리는 것이다.

화성(化聲)을 좇지 않고 천예(天倪)를 따른다 함은 인위(人爲)를 버리고 하느님을 의존한다는 말이다. 모든 인위를 여읜 곳, 십자가의 성 요한이 말하는 '어둔 밤'이 바로 거기다.

"아무튼 일체를 벗어버려야 하니 자기의 수용 능력에 담길 수 있는 모든 것은 물론 초자연적인 것이라도 말끔히 벗어야 하고 소경처럼 캄

캄함 속에 항상 있어야 하며 다만 의지할 곳은 어두운 믿음뿐, 이를 빛으로 길잡이로 삼아야 하고 제 자신이 알고 맛보고 느끼고 상상하는 그런 것들에 의지해서는 안 된다. 그런 것들은 모두 영혼을 그르치는 암흑인 까닭이니 믿음은 저 알고 맛보고 느끼고 상상하는 모든 것 위에 있는 것이다."(『가르멜의 산길』 2, 4, 2)

『신심명』 구절을 연상시키는 권고를, 십자가의 성 요한한테서 듣게 되는 것도 고마운 일이다.

"먼 데서 찾지 말아라. 만일 그대가 자신의 견해를 몽땅 버리지 않으면 그리스도의 감미로움을 맛보지 못할 것이다."(권고 12)

"오직 이것이다 저것이다 가려서 잡고 버리는 일을 역겨워하라.…… 그러면 모든 것이 문득 환해지리라."〔唯嫌揀擇……洞然明白〕

"일부러 진리를 찾을 필요가 없다. 다만 견해를 쉬어라."〔不用求眞, 唯須息見〕

예수는 누구와도 시비를 다툰 바 없다. 수많은 사람이 그에게 시비를 걸어왔으나 한 번도 그들의 시비에 말려든 적이 없다.

질문: 가이사에게 세금을 바치는 것이 시(是)인가, 비(非)인가?
대답: 가이사 것은 가이사에게, 하느님 것은 하느님께!
질문: 간음한 여자에게 돌을 던질까? 말까?
대답: 여기에 간음하지 않은 자, 누구냐?
질문: 네가 그리스도냐?
대답: 그것은 네 말이다.
질문: 진리가 무엇이냐?
대답: ……

제2장 제물론(齊物論) | 117

그러나 그의 '말씀'은 한마디 한마디 그대로 거역 못할 시(是)가 되고 비(非)가 되어 사람들의 가슴을 찔렀다.

▲▲▲

옅은 그림자가 짙은 그림자에게 이르기를, 그대는 걷는가 하면 멈추고 앉아 있는가 하면 일어나니 어찌하여 그렇게 움직임에 지조(志操)가 없는가? 짙은 그림자 대답하되, 내가 무엇에 의존해 있기 때문에 그런 걸까? 내가 의존하고 있는 그것 또한 무엇에 의존해 있기 때문에 그런 걸까? 나는 뱀 비늘이나 매미 날개를 의존하고 있는 걸까? 왜 그런지 그 까닭을 어찌 알 것이며 왜 그렇지 않은지 그 까닭을 어찌 알 것인가?

罔兩問景曰, 曩子行터니 今子止하고 曩子坐터니 今子起라, 何其無特操與인가? 景曰, 吾有待而然者邪인가? 吾所待又有待而然者邪인가? 吾待蛇蚹蜩翼邪인가? 惡識所以然이요 惡識所以不然이로다.

망량(罔兩)은 그림자 가장자리에 생기는 옅은 그림자다. 자신이 무엇인가의 그림자임을 아는 그림자[景]와 그것을 모르는 그림자[罔兩] 사이의 대화를 통하여 '인식'의 한계를 드러낸다.

옅은 그림자가 짙은 그림자에게 묻는다. "자네는 어째서 그렇게 종잡을 수 없이 움직이는가? 주체성을 갖추어 스스로 지조를 지키지 못하는가?"

짙은 그림자가 대답한다. "내가 무엇인가에 의존해 있기 때문이 아닐까? 내가 의존하고 있는 것 또한 무엇인가에 의존해 있는 것 아닐까? 나는 지금 뱀의 비늘이나 매미 날개를 의존하고 있는 걸까? 왜 그런지, 왜 안 그런지, 알 수가 없군."

어떤 사물도 홀로는 존재하지 못한다. 모든 것이 무엇인가에 의존해 있다. '단독자'라는 말은 관념일 뿐, 그런 이름의 실체는 이 우주 안 어디에도 없다.

"이 이야기는 상대적인 세계를 그대로 긍정하고 인지(人知)에 의한 분석을 거부한 것이라 할 수 있다. 어떤 사물이나 존재의 운동은 그 자체로서 성립되는 것이 아니라 반드시 원인이 있고 또 그 원인에는 한층 더 높은 원인이 있어서 캐어나가면 끝이 없다. 결국 인간의 지혜를 초월한 먼 곳에 그 궁극적인 원인이 있다고 할 수밖에 없다. 그것이 곧 도(道)다. 바꾸어 말하면 모든 사물은 도의 그림자라고 할 수 있다."(안동림,『장자』, 86쪽)

눈에 들어오는 것만 보아서는 사물의 실체를 바로 본다고 할 수 없다. 사물의 실체를 제대로 보기 위해서는 우선 사물에 대한 집착에서 벗어나야 한다. 사물에 대한 집착은 우리의 눈을 가려 맹인이 되게 하기 때문이다. "온갖 아름다운 색(色)이 사람 눈을 멀게 한다."〔五色令人目盲:『노자』〕

"세상 것을 마음으로 떠남으로써 도리어 그것을 즐기고 그것으로 휴양을 얻을 수 있으니, 이는 소유욕의 집착을 가지고 세상 것을 바라보는 사람으로서는 누릴 수 없는 것이다. 왜냐하면 이 집착은 하나의 번뇌라, 번뇌란 올가미와 같아 마음을 땅에다 얽어매므로 마음이 너그럽지 못하게 만드는 까닭이다. 이승엣 것을 떠나면 떠날수록 자연적으로나 초자연적으로 그에 대한 진리를 옳게 깨치는 밝은 지견(知見)을 얻게 된다. 그리하여 이승엣 것을 즐긴다 해도 그에 집착하는 사람과는 달리 훨씬 뛰어나고 많은 이익을 거두게 되는 것이니, 이런 사람은 이승엣 것을 실상 그대로 즐기나, 집착하는 자는 허상(虛像)을 즐기기 때문이다."(십자가의 성 요한, 최민순 옮김, 『가르멜의 산길』3, 20)

사랑의 감정이 눈을 가리면 상대방의 단점이 오히려 장점으로 보이게 마련이다. 욕심이 눈을 덮으면 사물의 실상이 보이지 않는다. 마음을 비우고 보지 않으면 한 송이 꽃을 피우기 위하여 긴 세월 땅 속 어둠을 더듬어야 하는 뿌리가 보이지 않는 법이다.

꽃을 뿌리에서 단절시켜 볼 때 서슴없이 가위로 그 목을 자를 수 있다. 사람을 하느님의 생명 바다에서 단절시켜 볼 때 거침없이 그 가슴에 총칼을 박을 수 있다. 이 모두가 육안에 들어오는 모양을 사물의 전부로 아는 착각 또는 무지에서 비롯되는 것이다. 불가(佛家)의 가르침에 따르면 바로 이 무지가 모든 고(苦)의 원인이다.

어슴푸레한 저녁에 짚으로 꼰 새끼가 길가에 있는 것을 뱀으로 알고 깜짝 놀란다. 유식삼성(唯識三性)을 설명하는 불가의 비유, 사승마(蛇繩麻) 이야기다. 새끼줄을 뱀으로 보는 것이 변계소집성(遍計所執性), 곧 두루 헤아려서 집착하는 성질이다. 이건 이것이요 저건 저것이라고 열심히 헤아리면서 거기에 집착하지만 사실은 새끼줄을 뱀으로 보는 착각일 따름이다. 그러다가 좀더 깨달음의 눈을 뜨면 뱀이 아니라 새끼줄임을 본다. 착각에서 벗어나기는 했지만 새끼줄 자체가 의타기성(依他起性), 다른 무엇으로 말미암아 존재하는 것이다. 따라서 그것은 여환가유(如幻假有), 있는 것 같지만 허깨비처럼 가짜로 있는 것이다. 새끼줄의 본 바탕은 짚이나 삼이다. 그것이 원성실성(圓成實性), 원만히 이루어진 실다운 성품이다. 실존(實存)이요 실상(實相)이다. 그것은 정무리유(情無理有), 중생의 망정(妄情)에는 없고 이치(理致)에만 있다.

"우리에게 실상(實相)이 보입니까? 우리는 불성(佛性)도 못 봅니다. 진여(眞如)도 못 봅니다. 부처나 여래나, 우리는 그런 것을 못 봅니다. 중생의 망정에는 그러니까 이것이 없습니다. 따라서 중생은 안 보이니까 부인하죠. 하느님이 우리에게 보입니까? 그러한 것은 중생의 망정에는 없습니다.…… 우리 중생은 지금 이러한 것도 못 보고 다만 어두컴컴할 때에 새끼 토막을 뱀으로 보는 그런 견해로 사는 것입니다. 이걸 우리는 알아야 합니다. 따라서 우리는 자기 무지(無知)를 알아야 합니다. 사승마(蛇繩麻)라, 우리는 지금 새끼 토막을 뱀으로 보는 것입니다. 이쁘다 밉다 하는 것이 말입니다."(청화[淸華], 『정통선[正統禪]의 향훈[香薰]』, 239, 243쪽)

망량(罔兩)의 질문에 대한 영(景)의 답 자체가 의문태(疑問態)로 시종일관임을 눈여겨볼 필요가 있다. 이것은 무엇을 암시하는가?

제2장 제물론(齊物論) | 121

3. 나비 꿈

▲▲▲

옛날 장주(莊周)가 꿈에 나비로 되었더니 훨훨 날아다니는 나비 되어 마음껏 즐기면서도 제가 주(周)인 줄 몰랐다. 문득 깨어나매 누워 있는 모습이 바로 주였다. 모르겠구나, 주가 꿈에 나비로 된 것일까? 나비가 꿈에 주로 된 것일까? 주와 나비는 분명히 다른 점이 있는데, 이것을 일컬어 물화(物化)라고 한다.

昔者에 莊周夢爲蝴蝶더니 栩栩然蝴蝶也에 自喩適志與나 不知周也니라. 俄然覺하매 則蘧蘧然周也라. 不知로다, 周之夢爲蝴蝶與인가? 蝴蝶之夢爲周與인가? 周與蝴蝶은 則必有分矣니 此之謂物化라 하니라.

꿈에 나비로 되었다. 날아다니다가 깨어나니 즐겁게 날아다니던 내가 어리둥절하여 자리에 누워 있는 모습의 나로 되어 있다. 자, 누가 참 나인가? 내가 꿈에 나비로 된 것인가? 나비가 꿈에 나로 된 것인가? 모르겠다. 나와 나비는 분명히 구분이 되는데, 이런 것을 일컬어 물화(物

化)라고 한다.

'물화'란 덕충부(德充符) 편에 나오는 '물지화'(物之化) 또는 인간세(人間世) 편에 나오는 '만물지화'(萬物之化)와 같은 말로서 "이 세상의 모든 물사(物事)는 그 자체로 실재하는 것이 아니라 끊임없이 바뀐다"는 뜻을 담고 있다. 존재(being)는 없고 다만 생성(becoming)이 있을 뿐이라는 얘기와 통한다고 하겠다. 고정된 실체란 없다. 그러므로 사람이 존재처럼 보이는 무엇에 스스로 고착됨은 있을 수도 없는 일이요 있어서도 안 되는 일이다. 그것은 사물의 실체를 바로 꿰뚫어보지 못하고 겉모습만 보는 착각으로 말미암는다.

그 어디에도 스스로 얽매이지 말 것! 난세를 살아가면서 생존의 활로를 애써 찾아야 했던 장주의 거듭되는 충고다. 세상에 살되 세상 밖에서 노닐 것!

나비와 나는 분명히 서로 구별되지만 그러나 다른 개체는 아니다. 하나인 물(物)이 이렇게 저렇게 화한 것일 뿐이다. 만물이 그 '하나'의 꽃이다. '하나'가 만물의 모양으로 나타난 것이다.

"하늘은 하나를 얻어서 맑고 땅은 하나를 얻어서 평안하고 신(神)은 하나를 얻어서 신령하고 골짜기는 하나를 얻어서 가득 차고 만물은 하나를 얻어서 나고……."〔天得一以淸, 地得一以寧, 神得一以靈, 谷得一以盈, 萬物得一以生 :『노자』〕

눈 뜨고 바로 보는 자라면 만물에서 그 '하나'를 보겠지만 그가 본 바 '하나'를 있는 그대로 옹글게 말로 표현하지는 못한다.

산의 모양은 석양에 아름답고
날으는 새들은 떼를 지어 돌아간다.

저 가운데 참뜻이 있건마는
말로 하려니 어느새 말을 잊었네.
〔山氣日夕佳, 飛鳥相與還. 此中有眞意, 欲辯已忘言.〕

유명한 도연명(陶淵明)의 시구다. 뭔가 보긴 봤는데 그것을 말로 하려니 그만 말을 잊었노라고, 시방 말하고 있는 것이다. 굳이 말로 표현 못한들 상관없다. 중요한 것은, 뭔가 이 가운데 참뜻 있음을 깨달아 아는 것이다. 끝없이 바뀌는 물화(物化)에서 한결같은 '하나'를 꿰뚫어보는 것이다.

하나는 모든 것을 포용한다. 밖에 아무 것도 두지 않음이 곧 '하나'다. 동시에 '하나'는 모든 것 속에 들어 있다. 만물이 저를 있게 한 '하나'를 제 속에 모신다. 그 '하나'를 일컬어 노자는 도(道)라 또는 자연이라 부르고 그리스도인은 'ㅇㅇ님'을 붙여 '하나님'이라 부른다. '하나'를 보는 눈을 예수는 행복한 눈이라고 했다. "너희가 지금 보는 것을 보는 눈은 행복하다."(루가 10:23) "너희가 지금 보는 것"이란 무엇인가? '하나'이신 예수, 당신이다. 예수의 육체가 아니라 진여(眞如)요 원성실성(圓成實性)이요 하느님의 독생자요 마침내 하느님인 그 실상을 보는 자의 행복이여! 그런데 그 행복한 눈이 지혜롭고 똑똑한 자들에게는 없고 철부지 아이들한테만 있다는 얘기 아닌가?

"하늘과 땅의 주인이신 아버지, 안다는 사람들과 똑똑하다는 사람들에게는 이 모든 것을 감추시고 오히려 철부지 어린아이들에게 나타내 보이시니 감사합니다. 그렇습니다. 아버지! 이것이 아버지께서 원하신 뜻이었습니다."(마태오복음 11:25, 26)

제3장
양생주(養生主)

1. 중정(中正)을 따름

▲▲▲

우리 인간의 삶에는 끝이 있으나 앎에는 끝이 없으니 끝이 있는 것으로 끝이 없는 것을 좇으려 하면 몸을 해칠 따름인데 그런데도 굳이 알고자 하는 자는 끝내 몸을 망치고 만다. 착한 일을 해도 이름이 날 만큼은 하지 말고 악한 일을 해도 벌을 받을 만큼은 하지 말 일이다. 중정(中正)을 따르는 것으로 길을 삼으면 이로써 몸을 지킬 수 있고 삶을 온전하게 할 수 있으며 부모를 잘 모실 수 있고 천수(天壽)를 누릴 수 있다.

吾生也有涯나 而知也無涯니 以有涯로 隨無涯면 殆已나 已而爲知者는 殆而已矣로다. 爲善에 無近名이오 爲惡에 無近刑이라. 緣督以爲經이면 可以保身이오 可以全生이오 可以養親이오 可以盡年이니라.

지혜 사랑〔哲學〕의 아버지라고 불리는 소크라테스는 "나는 내가 아무 것도 모른다는 사실을 안다"고 했다. 그리고 그것이 최상의 지식이라고 했다. 노자(老子)도 말하기를, "모르는 것을 앎이 으뜸이오 모르면서 안다고 함이 병"〔知不知上, 不知知病〕이라고 했다. 사람이 무엇을 알고 알고 또 알아도 앎의 세계에는 끝이 없다. 하나를 알면 그 알려진 하나로 말미암아 모르는 열이 생겨난다. 어떻게 할 것인가? 처음부터 아무 것도 알고자 하지 말 것인가? 아예 배움의 길에 발을 들여놓지 말 것인가? 그럴 수는 없다. 사람이 세상을 살아가는 데 학문이 없으면 사람이 될 수 없다〔人生斯世, 非學問, 無以爲人 : 율곡(栗谷)〕고 했거늘.

양생주(養生主)란 양생의 근본이란 말이다. 이 장(章)에서 장자는 사람이 자기의 삶을 건강하고 기름지게 만들 수 있는 방법에 대해 말하고, 몇 가지 예화로 설명을 보충한다.

사람이 사람답게 살아간다는 것이 말은 쉽지만 결코 쉬운 일이 아니다. 장자(莊子)는 사람이 자신의 삶을 건강하게 누리지 못하는 것은 중정(中正)을 지키지 못하기 때문이라고 말한다. 사람이 공부를 하는 것은 지극히 마땅한 일이다. 그러나 바로 그 공부가 몸을 건강하게 해주기는 그만두고 오히려 망치는 수가 있으니 탈이다. 무엇이 사람으로 하여금 공부로 말미암아 몸을 상하게 하는가? 과욕(過慾)이다. 지나친 것은 모자란 것과 마찬가지로 바람직하지 못하다.

사람이 술을 마시고 유쾌하게 즐기는 것은 얼마든지 좋다. 그러나 과음(過飮)은 곤란하다. 술을 마시되 지나치게 마시면 드디어 술이 사람을 마셔버리고 결과는 망신(亡身)이다.

"예수께서 이르셨다. '사람한테 먹히는 사자는 복이 있다. 사자가 사람으로 되니까. 사자한테 먹히는 사람은 화가 있다. 사람이 사자로 되니까.'"(도마복음, '말씀 7')

「도마복음」의 이 말씀에서 '사자'를 '술'로 바꿔 읽으면 이렇게 된다.

"사람한테 먹히는 술은 복이 있다. 술이 사람으로 되니까. 술한테 먹히는 사람은 화가 있다. 사람이 술로 되니까."

물론, 복을 화로 바꾼 것은 술이 아니라 사람이다. 사람이 아니라 사람의 지나침(過)이다. 지나치기 전의 술은 복전(福田)이요 지나친 뒤의 술은 화근(禍根)이다.

무엇이 지나침인가? 중정(中正)을 잃음이다. 또는 중정에서 벗어남이다. 착한 일을 하더라도 지나쳐서는 안 된다. 여기서 장자가 말하고자 하는 것은, 악한 일을 버리고 선한 일을 하라는 훈고(訓詁)가 아니라 무엇을 하든 지나치지 말고 중정을 얻으라는 것이다. 아무리 선한 일도 지나치면 악행이 된다. 그렇다고 해서 이 문장을, 중정을 지키기만 하면 악행도 좋다는 뜻으로 읽어서는 곤란하다. 말도 밥처럼 잘 씹어서 삼켜야 한다. 장자의 관심이 '무엇을'이 아니라 '어떻게'에 있다는 점을 명심하면 이런 오해를 쉽게 피할 수 있을 것이다.

"중정을 따르는 것으로 길을 삼는다"(緣督以爲經)는 말이 이 대목의 열쇠말쯤 되겠다. '연'(緣)은 좇는다, 따른다는 말이고 '독'(督)은 중정으로 읽는 게 통설이다. 중도(中道)로 푸는 이도 있고 중용(中庸)으로 읽는 이도 있다. 감산(憨山)은 독(督)을 이(理)로 읽어, "다만 마음을 놓고 하늘 이치의 자연을 좇아 그것을 상(常)으로 삼는다"(但安心順天理之自然以爲常)로 푼다. 한결같이 순리로써 살아간다는 뜻이 되겠다. 경(經)은 경(徑) 곧, 길이다.

한결같이 이(理)에 따르면 모든 일이 저절로 중정에 맞는다. 하느님 말씀을 따르기만 하면 거기에는 모자람도 지나침도 없는 것이다. 이스라엘 백성이 이집트를 벗어나 가나안으로 행진을 할 때 하늘에서 만나가 내렸다.

"안개가 걷힌 뒤에 보니 광야 지면에 마치 흰 서리가 땅을 덮듯이, 가는 싸라기 같은 것이 덮여 있었다. 이것을 보고 이스라엘 백성은 그것이 무엇인지 몰라서 '이게 무엇이냐?' 하고 물었다. 모세가 그들에게 말했다. '이것은 야훼께서 너희에게 먹으라고 주시는 양식이다. 야훼의 명령이니 저마다 먹을 만큼씩 거두어들여라. 한 사람에 한 오멜씩 식구 수대로 거두어들이면 된다.' 이스라엘 백성은 시키는 대로 하였다. 많이 거두어들이는 사람도 있었고 덜 거두어들이는 사람도 있었으나 오멜로 되어보면 많이 거둔 사람도 남지 않고 적게 거둔 사람도 모자라지 않았다. 결국 저마다 먹을 만큼씩 거두어들였던 것이다."(출애굽기 16:14~18)

이스라엘 백성이 하느님 명령에 따라 그분이 '시키는 대로' 했더니 과불급(過不及)이 없더라는 얘기다.

그런데, 사람이 하늘의 이치〔天理〕를 좇아서 살아간다는 것이 이토록 어렵구나. 어려운 정도가 아니라 거의 불가능하다. 오죽하면 공자도, "중용(中庸)의 지극함이여! 사람들이 지키지 못한 지 오래되었구나" 하고 탄식했을까?

"도(道)의 행하여지지 아니함을 나는 안다. 아노라는 자는 지나치고 어리석은 자는 모자란다.〔知者過之, 愚者不及也〕도의 밝지 아니함을 나는 안다. 똑똑한 자는 지나치고 덜된 자는 모자란다.〔賢者過之, 不肖者不及也〕사람이 음식을 아니 먹는 자 없건만 그 맛을 아는 자 참으로 드물구나."(『중용』(中庸), 3장)

사람은 누구나 살려는 의욕을 가지고 살아간다. 그러나 이 의욕이 지나칠 때에는 오히려 생명을 해치게 된다.

"나오면 삶이요 들어가면 죽음이다. 세상에는 살아 있는 무리가 3분의 1이요 죽어 있는 무리가 3분의 1이요 살아 있으면서 죽는 자리로 가는 무리가 또한 3분의 1이다. 어째서 그런가? 살려고 애씀이 지나친 까닭이다."〔出生入死, 生之徒十有三, 死之徒十有三, 人之生動之死地者亦十有三, 夫何故, 以其生生之厚:『노자』50장〕

세상에는 천지의 도(道)를 좇아 살아가는 산 무리〔生之徒〕가 있고 그것을 거역하면서 살아가는 죽은 무리〔死之徒〕도 있다. 이 둘이 각각 3분의 1이라면 나머지 3분의 1은 살아 있으면서 죽어가는 무리다. 누구나 겪는 육신의 소멸을 두고 이야기하는 것은 물론 아니다. 살아가는 꼴을 말한다. 왜 살아 있으면서 죽는 자리로 움직여가는 것일까? 살아가는 일에 너무 매달리기 때문이라는 것이다. 살고자 하는 의욕이 지나쳐〔其生生之厚〕오히려 삶을 무너뜨린다는 얘기다.

반대로 하늘과 땅은 영원하다. 그 까닭은 자신의 삶을 스스로 꾀하지 않기 때문이다.〔天長地久, 天地所以長且久者, 以其不自生:『노자』7장〕

사람이 자신의 몸을 보호하고 삶을 도탑게 하며 옹글게 하고 어버이를 잘 받들어모시며 천수를 누리는 비결은 다른 데 있지 않다. 하늘 법도를 좇아 살되 자기의 사(私)로써 어지럽히지 말고 모든 일에 그리고 모든 때에 중정(中正)을 지키는 것이다.

2. 포정(庖丁)의 소 잡기

▲▲▲

포정(庖丁)이 문혜군(文惠君)을 위하여 소를 잡는데, 손을 대고 어깨를 기울이고 발로 밟고 무릎을 구부리니까 서걱서걱 빠각빠각 칼이 움직이는 대로 소리가 울리되 어긋나는 소리 하나 없이 상림(桑林)의 무곡(舞曲)에도 맞고 경수(經首)의 음률에도 맞는다. 문혜군이 말하기를, 어허 참! 훌륭하다. 사람의 기술이 저런 경지에까지 이르렀구나! 포정이 칼을 놓고 대답하되, 제가 좋아하는 것은 도(道)인데 사람의 기술보다는 윗길이지요. 처음 제가 소를 잡을 적에는 보이는 것이 온통 소 아닌 게 없더니 3년 뒤에는 소의 몸통이 보이지 않게 되었고 요즘은 제가 소를 마음으로 만나되 눈으로 보지는 아니합니다. 감관(感官)으로 보기를 그치고 마음의 작용에 맡기지요. 하늘 이치를 좇아 커다란 틈새에 칼을 박고 텅 빈 곳을 자르니 본디 잘려진 곳을 자르는 것입니다. 그래서 저의 기술은 아직까지 뼈와 살이 붙은 자리에서도 막혀본 적이 없는데 하물며 큰 뼈를 떼어내는 데야 새삼 말할 게 있겠습니까? 솜씨 좋은 백정이 해마다 칼을 바꾸는 것은 그것으로 살을 가르기 때문이요 보통 백정이 달마다 칼을 바꾸는 것은 뼈를 자르기 때문입니다. 요즘 제가 쓰는 칼은 19년을 쓴 것인데 그동안 소를 수천 마리 잡았습니다만 칼날이 새로 숫돌에 간 것 같지요. 뼈마디에는 틈이 있고 칼날에는 두께가 없어서 두께 없는 것으로 틈 있는 곳에 들어가니 칼날 노는 데가 널찍하고 여유가 있게 마련입니다. 이래서 19년을 쓴 칼날이 새로 숫돌에 간 것 같다는 말씀이올시다. 그러하나 뼈와 살이 뭉쳐 있는 곳에 칼을 댈 적마다 일의 어려움을 아는지라 두려움으로 삼가 경계하고 곁눈질을 하지 않으며 천천히 손을 움직여 아주 세밀하게 칼질을 하면 흙덩이가 땅에 떨어지듯 살덩이가 툭툭 떨어지지요. 칼을 든 채 서서 사방을 살펴보고 머뭇머뭇 망설이다가 이윽고 흡족한 마음으로 칼을 잘 씻어 제 자리에 둡니다. 문혜군이 말하되, 훌륭하구나, 내가 포정의 말을 듣고 양생의 도를 얻었다.

庖丁이 爲文惠君解牛로되 手之所觸하고 肩之所倚하고 足之所履하고 膝之所踦하니 砉然嚮然하고 奏刀에 騞然이라 莫不中音하여 合於桑林之舞하고 乃中經首之會더라. 文惠君曰, 譆라, 善哉로다. 技蓋至此乎로구나. 庖丁이 釋刀하고 對曰, 臣之所好者는 道也니 進乎技矣니다. 始臣之解牛之時엔 所見이 無非牛者더니 三年之後엔 未嘗見全牛也요 方今之時엔 臣이 以神으로 遇하되 而不以目으로 視하니 官知는 止하고 而神欲行이라. 依乎天理하여 批大郤하고 導大窾하니 因其固然이라. 技經肯綮之未嘗이어늘 而況大軱乎니까? 良庖歲更刀는 割也요 族庖月更刀는 折也라. 今臣之刀는 十九年矣에 所解數千牛矣나 而刀刃若新發於硎이니다. 彼節者는 有間이요 而刀刃者는 無厚라, 以無厚로 入有間하니 恢恢乎其於遊刃이요 必有餘地矣니다.

是以로 十九年而刀刃이 若新發於硎이니다. 雖然이나 每至於族에 吾見其難爲하여 怵然爲戒하고 視爲止하고 行爲遲하고 動刀甚微하니 謋然已解如土委地라. 提刀而立하여 爲之四顧하고 爲之躊躇하다가 滿志하여 善刀而藏之니다. 文惠君曰, 善哉로다, 吾聞庖丁之言으로 得養生焉이로다.

 허공을 베어 소를 잡는다! 이런 경지에 이른 것을 일컬어 도통(道通)했다고 한다. 포정(庖丁)은 백정이다. 그리고 그는 도인(道人)이다. 칼을 잡고 소 앞에 설 때마다 그는 한 마리 짐승이 아니라 영원한 도(道) 앞에 선다. 처음에는 도가 보이지 않고 도를 속에 감춘 형상(소)만 보였다. 그러나 형상에 집착하지 않고 보이지 않는 도를 찾아 헤매기 3년, 기(技)가 아니라 도를 닦기 3년, 드디어 그의 눈에 소의 몸통이 들어오지 않게 되었다. 색(色)이 사라지고 공(空)이 보이기 시작했다. 이제 포정은 소를 보되 눈으로 보지 않고 마음[神]으로 만난다[遇]. 마음으로 만난다는 얘기는 보는 자와 보이는 대상이 한 몸을 이룬다는 뜻이다. 그리하여 감관(感官)으로 인식하는 일을 그만두고 마음의 작용[神欲]에 자기를 맡긴다.

 여기서 말하는 '마음'[神]은 변덕스럽기 짝 없는 인심(人心)이 아니라 모든 사물의 바탕인 그 무엇을 가리킨다. 혜능(惠能)이 말하는, 세계가 있기 전부터 있었고 세계가 무너진 뒤에도 있을 '성'(性)이 그것이요, 성경이 말하는 천지를 지으시고 그 지으신 바 천지가 없어져도 사라지지 않을 '하느님 말씀'이 그것이다. 노자는 그것을 도(道)라고 일컬었고 예수는 아버지라고 불렀다.

그러나 한편 포정의 눈앞에 있는 것은 언제나 구체적인 한 마리 소다. 허깨비가 아니다. 물(物)을 떠나서는 도(道)가 없기 때문이다. 남전보원(南泉普願)은 말하기를 "도(道)는 사물을 떠나 있는 게 아니니 사물을 떠나서는 도가 아니라"〔道不離物, 離物非道〕고 하였다. 그러므로 포정은 소를 떠나 도와 만날 수 없다. 다만, 그의 눈이 소의 몸통에 집착했다면, 도의 체현인 형상에 붙잡혀 있었다면, 마음 작용〔神欲〕에 자기를 내어 맡기는 도통(道通)의 경지에는 이르지 못했으리라.

용담숭신(龍潭崇信)이 스승인 천황도오(天皇道悟)에게 물었다. "깨달음의 경지란 무엇입니까?"

스승이 대답했다. "성(性)에 자기를 맡겨 자유롭게 노닐고 인연을 따르되 어디에도 붙잡히지 않으며 오직 평상심(平常心)을 지니고 사는 것 말고는 달리 무슨 깨달음의 경지가 있는 게 아니다."〔任性逍遙, 隨緣放曠, 但盡凡心, 別無勝解〕

도인(道人) 포정은 이제 하늘 이치를 좇아〔依乎天理〕 살아간다. 하늘 이치란 도의 다른 이름이요 성(性)의 다른 이름이요 천명(天命)의 다른 이름이다. 예수가 오로지 좇아서 살았던 '아버지의 뜻'이 그것이다.

뼈와 뼈 사이, 뼈와 살 사이에는 틈이 있게 마련이다. 그 빈 곳을 칼이 자르니, 자르는 바 없는 자름이다. 뼈마디에는 틈이 있고〔有間〕, 칼날에는 두께가 없다〔無厚〕. 두께 없는 것으로 틈 있는 곳을 자른다. 그러니 칼날이 무뎌질 까닭이 없다. 살을 베고 뼈를 자르고 그러자니 칼날이 무디어져서 해마다 달마다 칼을 바꾸어야 하는 것이다.

포정은 바야흐로 칼을 쓰지 않고 칼을 쓰는, 위무위(爲無爲)의 경지에 이르렀다. 허공을 베어 소를 잡고 날개 없이 하늘을 나는 도사(道師)가 된 것이다. 그러나 그는 여기에서 자만에 빠지지 않는다. 일을 할 적마다 칼끝에 온 신경을 모으고 서두르지 않으며 바늘 끝만큼의 빈틈도 생기지 않도록 경계한다. 문자 그대로 선정삼매(禪定三昧)에 들어 있어서 살덩이가 흙덩이처럼 바닥에 툭툭 떨어져도 알지 못한다.

이윽고 한 마리 소가 완전 해체되었을 때, 그 색(色)을 여의고 공(空)으로 돌아갔을 때, 포정은 칼을 들고 멍하니 서서 자기가 작업을 다 마친 것조차 모르고 사방을 둘러본다. 둘러보면서 멈칫멈칫 망설이다가 문득 일이 모두 끝난 줄 알고는 흡족한 마음으로 칼을 씻어 보관한다.

포정이 이와 같은 '깨달음의 경지'에 이르게 된 것은 그가 기(技)를 버리고 도(道)를 좋아했기 때문이다. 아니, 기(技)를 버렸다기보다는 기로써 도에 이르고자 했기 때문이다.

운전기사는 핸들로써 도(道)에 이를 수 있고 농부는 쟁기를 통해 도에 이를 수 있으며 화가는 붓끝을 통해 도에 이를 수 있다. 장사꾼이 돈꾸러미를 통해 도에 이를 수 있음을 증명해 보여준 사람이 남강(南岡) 아닌가?

여기, 장자는 천민 백정이 칼을 통해 도(道)에 이르렀음을 명쾌하게 보여주고 있다. 그리고, 귀족인 문혜군(文惠君)이 그 앞에서 감탄하고, 내가 오늘 백정한테서 사람답게 살아가는 비결을 배웠노라 고백하게 한다. 과연 천하의 장자다운 뱃심이다.

3. 공문헌(公文軒)과 우사(右師)의 문답

▲▲▲

공문헌(公文軒)이 우사(右師)를 보고 놀라서 묻기를, 이 사람이 누군가? 어쩌다가 절름발이 되었나? 하늘이 그렇게 했는가? 사람이 그렇게 했는가? 대답하되, 사람이 아니라 하늘이다. 하늘이 나를 낳아 외발이 되게 한 것이다. 사람의 모양이란 하늘이 내리는 것이니 이로써 하늘이 나를 이렇게 만들었지 사람이 이렇게 만든 것이 아님을 안다. 늪에 사는 꿩은 열 걸음 걸어서 한 번 쪼아 먹고 백 걸음 걸어서 한 모금 마시지만 새장에 갇혀 사육되기를 바라지 않는다. 기운은 셀지 모르지만 마음이 안 좋기 때문이다.

公文軒이 見右師而驚하여 曰, 是何人也인가? 惡乎介也인가? 天與其人與인가? 曰, 天也요 非人也로다. 天之生是로 使獨也니라. 人之貌는 有與也니 以是로 知其天也요 非人也라. 澤雉는 十步에 一啄하고 百步에 一飮이나 不蘄畜乎樊中하니 神雖王이나 不善也로다.

포정(庖丁)의 소 잡는 이야기에 이어, 모든 것을 하늘 경륜에 맡기고 철저한 피동태로 살아가는 것이 양생(養生)의 길임을 거듭 말한다. 공문헌(公文軒)을, 성이 공문이요 이름이 헌인 송나라 사람이라고 설명한 이도 있고, 문헌(文軒)이 잘 꾸민 수레이므로 그런 수레를 타고 다니는 사람이라는 뜻인 문헌공(文軒公)의 도언(倒言)으로 보는 이도 있다. 아무래도 좋다. 그는 지금 자기가 잘 알고 있는 우사(右師)를 만나 성치 않은 그 몸을 보고 놀란다. 우사는 송나라 관명(官名)으로 육경(六卿) 가운데 가장 높은 자리다. 그런데 아마도 그는 지금 관직에서 쫓겨나 외발 신세가 된 듯하다. '개'(介)는 '월'(跀)과 통하는 말인데 발을 잘라서 못 쓰게 만드는 형벌을 뜻한다. 그러니까 가장 높은 자리에 있던 한 귀인(貴人)이 시방 가장 비천한 죄인의 모습으로 이를테면 곤두박질을 친 것이다. 놀라지 않을 수 없는 상황이다.

공문헌이 우사에게 묻는다.

"이게 어찌 된 일인가? 무엇이 자네를 이 모양으로 만들었는가? 하늘인가? 사람인가?"

하늘인가? 사람인가? 이 질문은, 자네 탓인지 아니면 다른 사람 탓인지를 묻는 질문이다. 자네 탓이면 그건 어쩔 수 없는 운명이요 다른 사람 탓이면 그건 억울한 일이다.

대개 이것이 '불행한 사태'를 보는 보통 사람의 시각이다.

"그가 그렇게 된 것은 그 사람 잘못이다. 억울할 것 없다." 또는 "다른 사람 때문에 그렇게 되었다. 억울하게 되었다."

그런데, 이와 같은 판정으로 해서 '불행한 사태'가 달라질 수 있는가? 없다. 오히려 더욱 나빠질 가능성이 있다. 문제는 자기 탓이든 남의 탓이든 어느 한쪽의 탓으로 돌리는 데 있다. 상황을 그렇게 인식하는 한 '불행'은 늘 불행으로 남는다.

왜 그럴까? 판정이 옳지 않기 때문이다. 정답이 아닌 까닭이다. 우리는 쉽게 네 탓 내 탓으로 갈라서 말하지만 그것은 관념이나 이론으로만 그렇게 말할 수 있을 뿐, 실제 상황에서는 책임의 소재가 그렇게 확연히 나뉘어질 수 없는 것이다. 조국 분단의 책임을 누구에게 떠넘길 것인가? 미·소가 책임의 한몫을 지는 것은 마땅한 일이지만 그들의 불의한 간섭을 뿌리치기는커녕 오히려 끌어들이기까지 한 우리한테도 책임은 있다. 도대체 누가 어떻게 민족 분단이라는 '불행' 앞에서 '나'의 탓 없는 '너'의 탓을 명백히 가려낼 것인가?

"예수께서 길을 가시다가 태어나면서부터 눈먼 소경을 만나셨는데 제자들이 예수께 '선생님, 저 사람이 소경으로 태어난 것은 누구의 죄입니까? 자기 죄입니까? 그 부모의 죄입니까?' 하고 물었다."(요한복음 9:1, 2)

쓸데없는 질문이요 고약한 질문이다. 소경으로 태어난 자의 '불행'에 아무 도움도 될 수 없는 이 질문은 묻는 자의 마음만 비뚤어지게 만드는 호기심에 지나지 않는다. 부지한 제자들의 질문에 예수는 이렇게 대답하신다.

"자기 죄 탓도 아니요 부모의 죄 탓도 아니다. 다만 저 사람에게서 하느님의 놀라운 일을 드러내기 위한 것이다."

엉뚱한 대답이다. 대답 아닌 대답이다. 소경의 '불행'을, 하느님의 놀라운 일을 드러낼 씨앗으로, 소재로 본 것이다. 이런 눈으로 세상을 보다니! 우리에게 만일 이런 눈이 있다면 모든 것이 얼마나 희망차고 아름답게 보일까?

분단의 비극은 누구 '때문에' 무엇 '때문에' ······가 아니라 세상 사람들에게 하느님이 하시는 일을 드러내기 '위하여' 저렇게 있는 것이다. 교통사고로 다리가 부러진 것은 재수가 나빠서, 운전 부주의 때문에 ……가 아니라 하느님이 일을 어떻게 하시는지, 그것을 드러내기 위하여 그렇게 된 것이다. 사기꾼을 만나 재산이 몽땅 날아간 것 또한 그로 말미암아 하느님의 일을 드러내기 위해서다.

정녕 이런 마음을 품고, 이런 눈으로 사건과 사물을 보는 사람이 있다면, 누가 과연 그를 절망시킬 것이며 누가 그에게 손톱만큼의 상처라도 줄 수 있을 것인가?

공문헌의 평범한 질문에 우사는 대답한다.

"사람이 아니라 하늘이다. 하늘이 나를 낳아 외발이 되게 한 것이다."

여기서 우사가 말한 '하늘'[天]은 공문헌이 질문할 때 사용한 '하늘'과 문자로는 같지만 뜻은 크게 다르다. 공문헌의 하늘이 자네의 어쩔 수 없는 잘못으로 빚어진 운명이었느냐고 묻는 뜻으로 사용된 단어라면 우사의 하늘은 문자 그대로 하늘 곧 하느님이다. 네 탓 내 탓으로 돌릴 수 없는, 그 누구에게도 책임을 지울 수 없는, 그런 일이 자기에게 일어났다는 얘기다. 이 말을 뒤집으면, 자기에게 일어난 일이 어떤 것이든 그 때문에 하늘을 원망하거나 사람을 탓하지는 않는다는 말이 된다.

"군자(君子)는 자기의 자리를 바탕 삼아 행하되 그 밖의 것을 구하지 않는다. 부귀한 자리에서는 부귀를 누리고 빈천한 자리에서는 빈천을 누리며 오랑캐 자리에서는 오랑캐 짓을 하고 환난에 처하면 환난을 당한다. 군자는 어디를 가든지 거기에 맞추어 처신한다. 윗자리에 앉아서는 아랫사람을 업신여기지 않고 아랫자리에 앉아서는 윗사람을 헐뜯지 않으며 자기 자신을 바르게 하고 남한테서 얻고자 하지 않는다.〔正己而不求於人〕 그래서 원망이 없으니, 위로는 하늘을 원망하지 않고 아래로는 사람을 탓하지 않는다."〔上不怨天, 下不尤人; 『중용』 14장〕

이것이 이른바 '배운 사람'의 처신이다. 무슨 일로도 어떤 이유로도 누구를 원망하거나 탓하지 않는다. 하늘 원망 않는 것 따로 사람 탓 않는 것 따로가 아니다. 불원천(不怨天) 곧 불우인(不尤人)이다.

인지모(人之貌)는 유여야(有與也)라, 사람의 모양이란 그게 어떻게 생겼든 또 살다가 어떻게 달라지든 모두 하늘이 내린 것이다. 여기 '여'(與)는 천부(天賦)로 읽는다. 하늘을 다른 말로 하면 무(無)요 공(空)이다. 텅 빈 것, 없는 것을 어떻게 원망할 것인가?

하늘을 원망하지 않는다는 말은 다른 누구도 원망하지 않는다, 나 자신도 원망하지 않는다는 말이다.

그냥, 이루어진 모든 것을 받아들인다. 하늘이 모든 것을 받아들임으로써 공(空)일 수 있듯이, 그렇게 자기한테 일어나는 모든 일을 받아들이는 것이다. 그렇게 함으로써 자기를 완전한 무(無)로 되게 한다. 엄청난 얘기다.

날마다 좋은 날!〔日日是好日〕

우사는 이 대단한 긍정(the YES)의 비결을 터득했던 것이다.

끝에 나오는 꿩 이야기는, 우사의 말로 읽는 이도 있고 독립된 구절로 읽는 이도 있다. 내용은 역시 하늘 이치를 좇아서 살아가는〔緣督以爲經〕 양생의 길을 가리키는 우언(寓言)이다.

야생의 새는 아무리 기름진 음식을 배불리 먹을 수 있어도 새장에 갇히려 하지 않는다. 하늘 손길에 자기를 맡기고 살아가는 삶의 맛을 알기 때문이다.

제3장 양생주(養生主) | 141

4. 노담(老聃)의 죽음에 문상함

▲▲▲

노담(老聃)이 죽었다. 진실(秦失)이 조문하러 가서 세 번 울고 나왔다. 제자가 묻기를, 고인은 선생님의 벗 아니십니까? 대답하되, 그러하다. 그런데 그런 식으로 조문을 해도 되는 겁니까? 대답하되, 된다. 처음에는 나도 사람들처럼 했는데 지금은 아니다. 아까 내가 문상하러 들어갔을 때 늙은이들은 마치 제 자식을 잃기나 한 듯이 울고 젊은이들은 마치 제 어미를 여의기나 한 듯이 울던데, 저들이 저렇게 모여 시끄러운 것은 반드시 그렇게 말하지 않아도 될 말을 하고 울지 않아도 될 울음을 우는 것이다. 이는 하늘 길을 피하여 자연스런 감정을 등지는 것이요 위로부터 받은 바를 버리는 것으로서 옛 사람은 이를 두고 하늘을 피한 데 대한 벌이라고 했다. 선생이 우연히 오신 것은 당신 때를 좇은 것이요 우연히 가심은 당신 명을 따른 것이다. 때를 좇아 평안히 머물면 슬픔과 기쁨이 끼어들 수 없으니 옛 사람이 이를 일컬어, 하느님의 벌에서 풀려났다고 했다. 손으로 밀어넣는 장작은 타서 없어지지만 불은 이어져서 그 끝을 모른다.

老聃死하매 秦失이 弔之하되 三號而出하니라. 弟子曰, 非夫子之友邪니까? 曰, 然이로다. 然則弔焉이 若此로 可乎니까? 曰, 然이라. 始也에 吾以爲其人也러니 而今非也니라. 向吾入而弔焉에 有老者哭之를 如哭其子하고 少者哭之를 如哭其母하되 彼其所以會之는 必有不蘄言而言이요 不蘄哭而哭者로다. 是遁天倍情이요 忘其所受로 古者謂之遁天之刑이니라. 適來는 夫子時也요 適去는 夫子順也로다. 安時而處順이면 哀樂이 不能入也니 古者謂是帝之縣解니라. 指窮於爲薪이나 火傳也는 不知其盡也니라.

진실(秦失)의 조문 방식에 제자가 이의를 단 것은 스승의 방식이 사람들의 인습(因襲)에서 벗어났다고 보았기 때문이다. 다른 사람들은 죽은 사람을 위하여 슬프게 곡을 하는데 오히려 고인의 친구인 진실은 세 번 울고 나와버렸다. 이럴 수 있는 건가?

그런데 스승의 대답인즉, 자기의 방식이 옳고 사람들의 방식이 틀렸다고 한다. 자기는 사람들의 속 다르고 겉 다른 인습을 떠났지만 시방 고인을 위해 곡을 계속하고 있는 자들은 하늘 길을 벗어났다는 주장이다.

처음에는 자기도 사람들과 다를 바가 없었는데 (깨닫고 난) 지금은 아니라는 것이다. 다른 말로 하면, 이제 자기는 사람이 어떻게 문상을 해야 하는지 그 바른 길을 알고 있다는 얘기다.

그가 지적한 바, 사람들의 조문 방식이 잘못된 것은 그들이 하늘 길을 피하고 자연스런 감정을 등지며 위로부터 받은 바를 버림[遁天倍情, 忘其所受]에 있다. 그리고 그것을, 마치 자기 자식을 잃은 듯이 울고 자기 어미를 여읜 듯이 우는 저들의 모습에서 본다. 그들의 그런 모습은 반드시 그렇게 하지 않아도 될 짓을 하는 것이요 바로 그것이 하늘 길을 피하고 자연스런 감정을 등지며 위로부터 받은 바를 버리는 짓이기 때문에 잘못이요 따라서 그 모습 자체가 하늘을 피한 데 대한 벌〔遁天之刑〕을 받는 것이라는 설명이다.

　사람이 죽었을 때에 우는 것은 인지상정(人之常情)이다. 장자도 그 자체를 부정하지는 않는다. 그러나 죽은 사람이 자기 어머니가 아닌데 자기 어머니가 죽은 것처럼 울거나 자기 자식이 아닌데 자식이 죽은 것처럼 운다면 무엇보다도 그것은 자연스럽지 못한 짓이다. 바로 이 자연스럽지 못한 행위를 장자는 비판하고 있는 것이다.

　여기서 자연스런 행위를 중정(中正)에 맞는 행위로 보면 무방하다. 이른바 중용을 지키는 것이다. 빗나가지도 않고 모자라지도 않고 지나치지도 않게 처신한다는 게 결코 쉬운 일은 아니지만, 그 '길'을 벗어날 때 인생 자체가 애락(哀樂)에 꺼둘려 피곤해진다. 슬픔과 기쁨이 끼어들 수 없다〔哀樂不能入〕는 말은 그것들이 삶을 좌우할 수 없다는 말로 새겨야 한다. 도무지 기쁘지도 슬프지도 않다는 말로 알아들으면 곤란하다. 그건 목석이지 사람이 아니다.

　진실은 노담의 죽음에 슬퍼한다. 그러나 그 슬픔은 세 번 울 만큼의 슬픔이다. 그 슬픔으로 자기를 잃어버리는 일은 있을 수 없다. 왜냐하면 그는 안시이처순(安時而處順)의 경지에서 살고 있기 때문이다. 안시처순(安時處順)은 안처시순(安處時順)의 다른 표현이다. 때를 좇아 있는 자리에 평안히 머문다는 뜻으로, 하늘 길에 자신을 맡겨 살아가는 양생의 도를 깨친 사람의 모습을 그린 말이다.

　왜 사람들은 양생의 길을 등지고 오히려 하늘의 벌을 자초하면서까지 반드시 그렇게 하지 않아도 될 짓을 하는 것일까? 왜 자기 자식이 죽은 것도 아닌데 마치 자식이 죽은 것처럼 과장된 몸짓을 하는 것일까?

여러 이유를 댈 수 있겠지만, 본(本)을 버리고 말(末)을 잡는 어리석음에서 벗어나지 못한 것이 그 중요한 원인 가운데 하나일 것이다.

진실을 제외한 문상객들은 자기 속에서 나오는 감정의 표현 자체보다 다른 사람의 이목을 더 의식한다. 진실의 제자도 마찬가지다. 스승의 처신을 다른 사람들의 처신에 견주어보고 그래도 되는 거냐고 묻는다. 내면에서 솟아나는 명(命)에 충실하기보다 사람들의 시선에 더 신경을 쓴다. 그러다 보니 결국 모든 언행심사가 자연스럽지 못하다. 스스로 자신을 묶는 것이다.

"물건마다 본(本)과 말(末)이 있으며 일마다 종(終)과 시(始)가 있다. 먼저와 나중을 가려 알면 그 사람은 도(道)에 가깝다."(『대학』(大學))

하늘을 피한 데 대한 벌(遁天之刑)이라는 말을 썼지만 이는 자신이 자신에게 스스로 내린 벌이다. 그 자신이 본과 말을 뒤바꾼 것이다. 선악과를 따서 먹은 것은 아담 자신이다. 누가 억지로 입을 벌리고 과일을 우겨넣지는 않았다.

하늘이 내린 벌을 장자는 하느님의 벌(帝之縣)이란 말로 표현하기도 한다. '현'(縣)은 머리를 매달다, 목을 베다, 거꾸로 매달다는 뜻을 지닌 말이다. 하느님의 벌이란 다른 게 아니라 본과 말이 뒤집힌 것이다. 주인이 종 노릇을 하고 종이 주인 노릇을 한다. 사람이 돈을 쓰는 게 아니라 돈이 사람을 쓴다. 법이 사람을 섬기는 게 아니라 사람이 법을 섬긴다. 그것 자체가 고(苦)요 통(痛)이다. '해'(解)는 풀어버린다는 뜻이다. 거꾸로 된 것을 다시 거꾸로 하면 그것이 곧 '해'(解)다. 예수는 세상을 거꾸로 살 수밖에 없었다. 그렇게 사는 것이 곧 양생(養生)의 도(道)인 때문이다.

'현해'(縣解)는 깨달음이요 자유요 해탈이다.

'장작과 불' 이야기는 진실의 말로 읽어도 좋고 독립된 문장으로 읽어도 좋다. 지궁어위신(指窮於爲薪)이란 말은 예부터 난해한 구절로 유명하다. 아직도 모두가 수긍할 만한 풀이는 나오지 않고 있다.

장작을 떠나서는 불이 있을 수 없다. 그러나 장작이 곧 불은 아니다. 불은 장작보다 먼저 있고 장작보다 나중까지 있다. 장작은 불을 제한하지 못한다. 이 불의 모습을 아주 잘 그려낸 것이 호렙 산 가시덤불 속의 불(출애굽기 3:2)이다. 그러나 그 불이 가시덤불에 있었다는 사실을 잊어서는 안 된다. 유한과 무한의 공존, 그것이 우리의 삶이다. 장작을 따를 것인가? 불을 따를 것인가? 우리는 매 순간 선택을 해야 한다.

제4장
인간세(人間世)

1. 안회(顔回)와 중니(仲尼)의 문답

안회(顔回)가 중니(仲尼)를 만나 여행길에 오르려 한다고 말하니 이르되, 어디로 가려는가? 대답하되, 위(衛)나라로 가고자 합니다. 묻기를, 가서 무엇을 하려는가? 이르되, 제가 듣기로는 위나라 임금이 나이가 젊고 행실이 제멋대로라 나라 일을 함부로 하면서 허물을 보지 못하고 백성 죽이기를 함부로 하여 나라를 늪에 견주어 말하면 주검이 잡초 더미 같은데 백성은 어찌할 바를 모른다고 합니다. 제가 일찍이 선생님께 듣기를, 잘 다스려지는 나라는 떠나고 어지러운 나라는 찾아가거라, 의원 집에 환자가 많으니라, 하셨습니다. 말씀을 들은 대로 한번 그 방법을 생각해보고 싶습니다. 그러면 위나라도 웬만큼 고쳐지지 않겠습니까?

顔回見仲尼에 請行하니 曰, 奚之인가? 曰, 將之衛니다. 曰, 奚爲焉인가? 曰, 回는 聞컨대 衛君이 其年壯하고 其行獨하여 輕用其國하되 而不見其過하고 輕用民死하여 死者以國量乎澤하면 若蕉로되 民其無如矣라 하니이다. 回嘗聞之夫子하되 治國은 去之요 亂國은 就之라 醫門多疾이라 하오니 願以所聞思其則이라 庶幾其國有瘳乎니까?

제4장 인간세(人間世) | 149

여기 기록된 두 사람의 문답은 물론 허구다. 천하의 장자답게 감히 유가(儒家)의 두 어른을 데려다가 명(名)과 실(實)을 존중하는 무리를 비판하고 도가(道家)의 허심무위(虛心無爲)를 선전케 한다. 대담한 발상이다. 유학자로서 언어에 묶인 자라면 마땅히 화를 내어 불질러버릴 만한 책이다. 그러나, 글을 제법 읽을 줄 아는 사람이라면 맹자(孟子)의 권고를 좇아 문(文)으로 사(辭)를 다치지 않고 사(辭)로 지(志)를 다치지 않되 표현된 뜻(意)으로 감추어진 뜻[志]을 살펴 이로써 제대로 읽어낼〔不以文害辭, 不以辭害志, 以意逆志, 是爲得之〕수 있을 것이다.

안회는 시방 위(衛)나라로 가고자 하여 스승의 허락을 청한다. 왜 가려느냐는 질문에, 위나라 임금이 나이 어린데다가 성질이 포학하여 나라 정치가 어지럽고 백성이 마구 살해되어 송장이 풀더미처럼 널려 있다기에, 가서 임금을 설득하여 선정(善政)을 펴게 하려는 것이라고 대답한다. 환자를 불쌍히 여기는 의원의 갸륵한 마음, 이른바 긍휼지심(矜恤之心)의 발로다.

폭군 앞에서 간(諫)하는 것은 자기 목숨을 내놓고서야 시도할 수 있는 일이다. 역사는 그와 같은 시도를 했다가 무참히 목숨을 잃은 수많은 사람들을 충신(忠臣) 또는 열사(烈士)라는 이름으로 기려왔다. 바로 이와 같은 전통과 인습을 장자는 정면으로 공격하고 있는 것이다. 그가 공자의 입을 빌려 의리와 명분을 비판하는 대목은 그런 것들을 숭상하도록 훈육받아 온 우리에게 던져지는 창날과도 같다. 마음을 비우지 않고서는 읽어나가기가 힘든 문장들이다.

중니(仲尼)가 말하기를, 허어, 자네는 가봤자 고작 형벌이나 받을 걸세. 무릇 도(道)란 티가 섞이는 것을 꺼리는지라 티가 섞이면 많아지고 많으면 어지러워지고 어지러우면 근심이 생기고 근심이 있으면 남을 구할 수 없으니 옛날 지인(至人)은 먼저 자기를 세운 다음에 남을 세웠다네. 자기를 세우는 일도 미처 다하지 못했으면서 어느 겨를에 난폭한 사람의 소행을 간섭할 것인가? 또한, 자네는 덕(德)이 어디서 사라지고 지식이 어디서 나오는지 아는가? 덕은 이름〔名〕에서 사라지고 지식은 다툼에서 나온다네. 이름(명예)이란 서로를 헐어내리는 것이요 지식이란 다투는 데 쓰는 도구니 이 둘은 흉기라 힘써 얻고자 할 바가 아닐세. 또한, 덕이 두텁고 신망(信望)이 굳더라도 남의 기분을 모르고, 명예 따위를 다투지 않더라도 남의 마음을 모르면서 억지로 인의(仁義)라는 잣대로 난폭한 자 앞에 말을 늘어놓으면 이는 남의 못난 점을 이용하여 저 잘났음을 드러내는 것이라, 이를 일러 남에게 재앙을 입힌다고 하네. 남에게 재앙을 입히는 자는 남한테서 반드시 재앙을 입게 마련이니 자네도 재앙을 입게 될 것일세! 또한, 만약 그가 어진 사람을 좋아하고 덜된 자를 미워한다고 하면, 그렇다면 어째서 자네를 써서 별난 짓을 하려 하겠는가? 자네는 아무 것도 가르치려고 하지 말게. 왕과 대신들이란 남을 짓눌러 이기는 짓밖에는 할 줄 모르는 자들인즉 자네 눈은 그들한테 홀리고 자네 낯빛은 그들처럼 바뀌고 입은 변명이나 늘어놓고 얼굴은 그들의 기분을 나타내고 드디어 마음으로 그들의 일을 이루게 되리니 이는 불로 불을 끄고 물로 물을 막는 것이라, 이를 일컬어 한 술 더 뜬다고 하는 바, 처음부터 그렇게 하다가는 끝이 없다네. 자네가 신임도 얻지 못한 채 말만 늘어놓다가는 반드시 그 난폭한 자 앞에서 죽게 될 것일세.

仲尼曰, 譆라. 若殆往而刑耳로다. 夫道는 不欲雜이라, 雜則多요 多則擾요 擾則憂요 憂而不救니 古之至人은 先存諸己而後에 存諸人이니라. 所存於己者未定에 何暇至於暴人之所行이리오. 且若亦知夫德之所蕩하고 而知之所爲出乎哉인가? 德蕩乎名이요 知出乎爭이라. 名也者는 相軋也요 知也者는 爭之器也니 二者는 凶器라 非所以盡行也로다. 且德厚信矼이나 未達人氣하고 名聞不爭이나 未達人心이면서 而彊以仁義繩墨之言으로 術暴人之前者면 是는 以人惡으로 有其美也라, 命之曰菑人이니라. 菑人者는 人必反菑之니 若殆爲人菑夫로다. 且苟爲悅賢而惡不肖면 惡用而求有以異리오? 若唯無詔하라. 王公이 必將乘人而鬪其捷이라 而目將熒之하고 而色將平之하고 口將營之하고 容將形之하여 心且成之리니 是는 以火救火요 以水救水라. 名之曰益多하니 順始無窮이로다. 若殆以不信厚言하여 必死於暴人之前矣니라.

안회(顔回)의 말에 공자의 대답인즉, 자네 생각대로 했다가는 형벌이나 받을 게 뻔하니 그만두라는 것이다. 물론 벌 받을 것이 두려우니 그만두라는 말은 아니다. 공자가 제자의 계획을 말리는 까닭은 그것이 도(道)를 좇아서 살아가는 자의 자세에서 벗어났기 때문이다.

도(道)는 복잡한 것을 꺼린다. 여기서 잡(雜)이란 이런저런 티가 섞여 있음을 뜻한다. 하늘은 순일(純一)하다. 하늘에는 미국 하늘 일본 하늘

이 따로 없다. "하느님께서는 당신 아닌 딴 것과 한 자리에 계시는 것을 꺼린다."(십자가의 성 요한)

가장 아름다운 법은 가장 단순한 법이다. 복잡다단한 유대의 율법을 예수는 '사랑하라'는 한마디로 환원시킨다. 극진한 말은 차라리 묵언(默言)이다.

하루는 공자가 말했다. "나 이제 말하지 않으련다." 그러자 자공(子貢)이 물었다. "스승께서 말씀을 하시지 않으면 우리는 무엇을 기록합니까?" 이 말에 공자의 대답인즉, "하늘이 말하더냐? 그래도 사시(四時)는 돌아가고 만물이 태어난다. 하늘이 말하더냐?"(『논어』, '양화편〔陽貨篇〕')

이 하늘이 본받은 게 도(道)다.〔天法道:『노자』〕 도는 텅 비어 있어서 아무 것으로도 아무 것하고도 나뉠 수 없는지라, 그래서 복잡한 것을 꺼린다. 복잡은 분리에서 나온다.

그런데 복잡해지면 많아지고 뭐가 많고 보면, 가지 많은 나무 바람 잘 날 없다고, 어지러워지고 어지러우면 근심이 생기니 근심이 있고서야 어찌 남을 구할 수 있으랴?

옛날 지인(至人)은 먼저 자기를 세우고 나서 남을 세웠다. 소경이 소경을 이끌면 둘 다 넘어질 뿐이다. 예수는 삼십 세쯤 세상에 모습을 나타냈고 석가도 스스로 부처 된 뒤에 제자들을 불렀다.

장자는, 사람이 스스로 깨달은 바도 없으면서 남에게 선생 노릇을 하려는 마음을 품는 까닭을, 그가 명(名)과 지(知)를 좋아하기 때문이라고 본다. 이 둘은 알다시피 유가(儒家)의 덕목인데, 바로 그것이 덕(德)을 무너뜨리고 남에게 그리고 자기에게 재앙을 초래한다는 주장이다.

호랑이는 죽어서 가죽을 남기고 사람은 죽어서 이름을 남긴다는 속담이 있는데 이 속담은 분명 도가(道家)와 상관없는, 상관없을 뿐 아니라 오히려 도가에서 볼 때 역겹고 저속한 속담이다. 이름을 남기려는 마음이야말로 사람을 그르치는 근본 원인이기 때문이다. 물론 사람이 살다 보면 무슨 일인가 하게 되고 그 결과로 이름이 나지 않을 수 없는 경우가 있다. 노장(老莊)이라고 해서 그 자체를 부정하는 것은 아니다. 그러나 일단 이름이 나거든 그 자리에서 몸을 빼라는[功成名遂身退:『노자』9장] 것이 노자의 가르침이다. 왜냐하면 이름을 탐하는 것이야말로 서로를 헐어내리는[相軋] 것이요 마침내 이웃과 다투지 않을 수 없게 만들기 때문이다. 이름을 탐하여 서로를 헐어내리게 될 때 이미 덕이란 찾아볼 수 없다. 최고의 덕은 부덕[不德]이라, 그래서 진짜 덕이 있는 것이다.[上德不德, 是以有德:『노자』38장] 왼손이 하는 일을 오른손이 모르게 해야 비로소 자선이 자선일 수 있다. 이름은 꽃과 같다. 보이지 않는 뿌리를 보는 사람에게는 세상에 드러나 보이는 꽃과 열매에 집착하는 것이 모든 탈의 원인으로 인식되게 마련이다.

이름을 탐하여 서로 다투게 될 때 그 다툼에서 나오는 것이 곧 지(知)다. 여기서 '지'(知)는 '지식'(知識)으로 읽는다. 많이 알면 그만큼 유명해지고 상대를 굴복시킬 수 있는 것이다. 백가쟁명(百家爭鳴)이라는 말도 있거니와 이른바 유식쟁이들이 저마다 그럴듯한 이론과 주장을 들고 나와 그렇잖아도 어지러운 세상을 더욱 어지럽히던 시절이 있었다.

물론 유가에서 이런 뜻으로 통하는 지(知)를 가르치거나 조장했다고 말할 수는 없다. 공자도 아는 바가 두루 넓었지만 그가 그것으로 이름을 내거나 출세를 하는 데 도구로 삼았다는 것은 상상 못할 일이다. 오히려 그가 모르는 게 없으면서도 어느 한 방면에 저명하지 않은 것이 달항(達巷) 사람에게는 위대하면서도 안타깝게 보일 정도였다.[大哉孔子, 博學

而無所成名:『논어』, '자한편'(子罕篇)〕

그런데 세상에는 공자의 가르침을 제대로 배운 사람들보다 잘못 배운 자들이 더 많아서 (어느 스승이 이런 불행에서 벗어나랴?) 지식을 출세의 수단으로, 자기 이름 내는 방편으로 삼는 무리가 끊이지를 않는구나. 그런데 지식을 그렇게 성명(成名)의 수단으로 삼을 때 그것은 그렇게 해서 얻은 이름(명예)과 함께 본인을 파멸시키는 원인이 되고 만다. 그래서 장자는 이름과 지식을 아울러 흉기라고 한 것이다.

이름을 내고 지식을 뽐내려는 마음이 흔적조차 사라지지 않는 한, 비록 덕(德)이 두텁고 신망이 든든해도 또는 겉으로 이름을 탐내어 다투는 짓을 하지 않는다 해도, 상대방의 기분이나 마음과 통하려 하지 않고 인(仁)이니 의(義)니 하는 덕목의 사슬을 휘두르며 설득하려 하다가 결국 서로에게 재앙을 끼칠 뿐이라는 것이 장자가 공자의 입을 빌려 하는 말이다. 남의 못된 점을 이용하여 자기의 잘났음을 드러내려는 속셈이라는 것이다.

나아가, 도무지 들을 마음이 없는 자에게 무슨 말을 한다는 것이 처음부터 무모한 짓이기도 하지만 얘기를 하다 보면 강압으로 상대를 짓눌러 이기는 것 말고는 할 줄 아는 게 없는 자들[王公]한테 오히려 굴복해 비굴하게 변명이나 늘어놓다가 마침내 그들을 편들게 될 가능성조차 있으니 아예 처음부터 입을 열지 않는 게 상책이라고 한다. 폭군의 마음을 몇 마디 언설로 돌려보겠다는 것은 타오르는 불을 불로 끄고 터지는 봇물을 물로 막으려는 무모한 짓과 다름없기 때문이다. 상대의 마음을 사로잡지 못하고 말만 많이 늘어놓다가는 반드시 폭군 앞에서 죽임을 당할 것이다.

이와 같은 주장에 우리는 당황한다. 옳은 일을 위해서라면 목숨을 초개처럼 버리는 것을 위대한 모범으로 알고 또 그렇게 배워온 우리 아닌가? 그런데 지금 이 대목에서 스승이 제자에게 주는 권면이란 도대체 무엇인가? 어떻게 알아들어야 하는가?

이 큰 질문을 짐짓 비켜 세워두고 계속되는 스승의 말을 들어보기로 하자. 갈수록 태산이다.

▲▲▲

또 옛적에 걸(桀)은 관용봉(關龍逢)을 죽였고 주(紂)는 왕자 비간(比干)을 죽였으니 이들은 자기 몸을 닦아 아랫사람 신분으로 임금의 백성을 보살펴 어루만지고 아랫사람으로 윗사람을 거역한 자들이지. 그래서 임금이 몸 닦은 것을 말미암아 그들을 요절냈으니 이들은 이름을 좋아한 자들일세. 옛적에 요(堯)는 총지(叢枝)와 서오(胥敖)를 치고 우(禹)는 유호(有扈)를 쳐 나라가 폐허로 되고 군주는 죽임을 당했거니와 군대를 부림에 그침이 없고 실리를 구함에 끝이 없었으니, 이들은 모두 이름과 실리를 얻고자 한 자들이라네. 자네 홀로 듣지 못했는가? 이름과 실리라는 것이 성인들도 이길 수 없는 것인데 하물며 자네야 어떠하겠나? 그렇긴 하지만 자네한테도 반드시 무슨 방도가 있을 터인즉, 어디, 나에게 말해보게나.

且昔者에 桀殺關龍逢하고 紂殺王子比干하였으니 是는 皆修其身하여 以下로 傴拊人之民하고 以下로 拂其上者也니라. 故로 其君이 因

其修以擠之하니 是는 好名者也라. 昔者에 堯攻叢枝胥敖하고 禹攻有
扈하니 國爲虛厲하고 身爲刑戮이라. 其用兵이 不止하고 其求實이
無已하니 是는 皆求名實者也로다. 而獨不聞之乎인가? 名實者는 聖
人之所不能勝也거늘 而況若乎리오? 雖然이나 若必有以也리니 嘗以
語我來하라.

걸(桀)과 주(紂)는 천하의 폭군이다. 걸은 하(夏) 왕조 마지막 왕이고 주는 은(殷) 왕조 최후의 왕이다. 둘이 죽임을 당하는 것으로 두 왕조가 망한다. 관용봉(關龍逢)과 비간(比干)은 이른바 충신으로서 왕의 무도함을 간(諫)하다가 죽임을 당했다. 주가 자기 숙부인 왕자 비간을, "성인은 심장에 구멍이 일곱 개 있다던데 그것을 보고 싶다"면서 죽인 얘기는 유명하다.

역사책은 사람들에게 걸주(桀紂)는 영원히 '죽일 놈'이고 관용봉과 비간은 영원히 '살릴 놈'이라고 가르쳐왔다. 이런 가르침에 시방 장자는 말하자면 정면으로 대들고 있는 것이다.

하늘이 관용봉을 내었다면 그 하늘이 걸도 냈다! 역(易)의 관점으로 보면 걸주는 그들 나름으로 필연의 존재다. 그들의 패역을, 새로운 세상을 만들기 위한 역사의 구실로 볼 수 있다는 얘기다. 무서운 홍수를, 그동안 쌓인 쓰레기를 치우기 위한 자연의 빗질로 볼 수 있듯이.

그런데, 이른바 충신으로 대중의 기림을 받는 관용봉과 비간을 장자는 비판한다. 충신이라는 이름(명예)을 탐한 결과 죽임을 당했을 뿐이라는 것이다. 아무래도 좀 지나친 얘기다. 그러나 이런 '과장법'을 써서라도 그가 진정으로 얘기하려는 바가 무엇인지, 그것을 읽어내야 한다.

장자의 비판은 비간한테만 머무르지 않는다. 성군으로 중국 인민 모두에게서 추앙을 받고 있는 요(堯)와 우(禹)까지, 명예와 실리를 탐하여 끊임없이 군대를 일으키고 수많은 인명을 살해한 자로 추락시킨다. 종횡무진, 장자의 붓끝은 겁나는 게 없다.

무엇을 위해서 그러는가?

단순히 유가를 헐뜯기 위해선가? 아니다. 장자의 목적은 오직 한 가지, 우리의 교묘한 언설과 몸짓 그 깊은 곳에 숨어 있는 명예와 이익을 향한 탐심! 바로 그것을 백일 아래 드러내어, 햇볕을 쬔 버섯처럼 그렇게 만들려는 것이다. 중요한 것은 겉으로 드러나는 행실이 아니다. 그 속에, 그 깊은 속의 속에 감추어져 있는 '속생각'이다. 본인도 모르는 그것! 그 속마음을 어떻게 할 것인가?

이 대목에서 장자가 제시하는 대답은, 마음을 깨끗이 닦아내는 것〔心齋〕이다. 텅 비워버리는 것이다.

공자는 안회의 길을 무턱대고 막지 않는다. 그로 하여금 폭군 앞에 얼씬도 못하게 하는 것이 공자, 아니 장자의 뜻은 결코 아니다. 그래서 다시 묻는다. "그렇긴 하지만 자네한테도 반드시 무슨 방도가 있을 터인즉, 어디, 나에게 말해보게나."

▲▲▲

안회(顔回)가 말하기를, 몸을 단정하게 하고 마음을 비워 애써 순일(純一)코자 하면 되겠습니까? 대답하되, 어허, 그런다고 해서 되겠느냐? 그 사람은 양기(陽氣)가 충만하여 하늘 높은 줄 모르고 얼굴색이 자주 바뀌어 늘 곁에 있는 자들도 어길 수 없고 다른 사람의 감정을 짓눌러 모든 것을 제 맘대로 하려는 자니, 그런 자를 두고 날마다 조금씩 쌓는 덕(德)도 이루지 못한다 하거니와 하물며 큰 덕(大德)을 이루었겠느냐? 제 고집만 부리고 바뀔 줄을 모르며 겉으로는 듣는 척해도 속으로는 생각조차 하지 않을 터인데, 어찌 될 수 있겠느냐? 그렇다면 안으로는 마음을 바르게 하고 밖으로는 몸을 굽혀 무슨 일이든지 옛 어른의 가르침에 맞추어 하겠습니다. 안으로 마음이 바른 것은 하늘과 더불어 벗이 됨이요 하늘과 더불어 벗이 된 자는 천자(天子)도 자기도 모두 하늘의 자식인 줄 알고 있거늘 홀로 자기 말이라고 해서 사람이 좋게 여겨주기를 바라거나 사람이 좋지 않게 여겨주기를 바라거나 할 게 있겠습니까? 그런 사람을 일컬어 어린아이라고들 하거니와 이를 두고 하늘과 더불어 벗이 되었다고 합니다. 밖으로 몸을 굽히는 것은 사람과 더불어 벗이 됨이요 팔꿈치 높이 들고 허리 꺾어 절을 함은 신하 된 자의 예(禮)입니다. 사람들 모두 하는 일을 저라고 어찌 아니하겠습니까? 남들이 하는 대로 하면 남들도 저를 헐뜯지 않습니다. 이를 두고 사람과 더불어 벗이 되었다고 합니다. 무슨 일이나 옛 어른의 가르침에 맞추어 한다는 것은 옛 어른과 더불어 벗이 됨이니 그 말이 비록 가르치고 꾸짖는 내용이지만 모두 옛 어른의 가르침이요 꾸지람이지 저의 것은 아닙니다. 이런 사람은 곧은 말을 해도 화를 입지 않습니다. 이를 두고 옛 어른과 더불어 벗이 되었다고 합니다. 이와 같이 하면 되지 않겠습니까?

顔回曰, 端而虛하고 勉而一이면 則可乎니까? 曰, 惡라, 惡可리오? 夫以陽爲充孔揚으로 采色이 不定하여 常人之所不違요 因案人之所

感으로 以求容與其心이니 名之曰, 日漸之德不成이라 而況大德乎인가? 將執而不化하고 外合而內不訾리니 其庸詎可乎인가? 然則我內直而外曲하여 成而上比하리이다. 內直者는 與天爲徒요 與天爲徒者는 知天子之與己, 皆天之所子어늘 而獨以己言으로 蘄乎而人善之하고 蘄乎而人不善之邪니까? 若然者를 人謂之童子라 하거니와 是之謂與天爲徒니다. 外曲者는 與人之爲徒也니 擎跽曲拳은 人臣之禮也라, 人皆爲之를 吾敢不爲邪리이까? 爲人之所爲者는 人亦無疵焉이라 是之謂與人爲徒니다. 成而上比者는 與古爲徒니 其言이 雖敎謫之實也나 古之有也요 非吾有也니다. 若然者는 雖直不爲病이니 是之謂與古爲徒라, 若是면 則可乎니까?

인의(仁義)를 앞세워 위(衛)로 가서 폭군을 설득하겠다는 안회(顔回)에게 중니(仲尼)가 그만둘 것을 권하니 안회가 다시 묻는다. 도(道)는 잡스러워지는 것을 꺼린다 하시고 상대가 포학하여 남을 굴복시킬 줄밖에 모른다고 하셨는데, 제가 몸을 단정히 하고 마음을 비워 순일(純一)하고자 애를 쓰면 어떻겠습니까? 요컨대, 스승이 하는 말의 핵심을 알아들은 것이다. 무슨 명분을 앞세우고 속에 또 무슨 속셈이 있어서는 안 된다고 하시니 그런 자세를 버리면 되지 않겠느냐고.

이런 제자의 태도에 스승은 다시 탄식하며 안 된다고 한다. 위나라 젊은 왕이 양기 충만하여 누가 무슨 소리를 해도 받아들일 수 없는 사람인데 자네 쪽에서 아무리 단정하게 굴고 마음에 욕심을 내지 않는다 한들 무슨 소용이 있겠느냐?

안회가 혹시 스승이 자기 말을 잘못 들으셨나 싶어 부연 설명하는데,

안으로 마음을 바르게 가지고 겉으로 공손하게 몸을 숙이며 무슨 말을 하든지 옛 어른의 가르침을 가지고 하면 되지 않겠는가? 안으로 마음이 바르다 함은 하늘과 더불어 벗이 됨이라 상대가 내 말을 어떻게 듣든지 상관하지 않으면 될 것이요 겉으로 공손함은 사람과 더불어 벗이 됨이라 모두들 지키는 예(禮)를 따라서 지키면 누가 헐뜯을 것이며 무슨 말을 하든지 옛 어른의 가르침을 빌려서 하면 그 말 때문에 화를 입지는 않을 것이다.

그러나 제자의 이와 같은 부연 설명은 스승의 말을 제대로 알아듣지 못한 결과였다. 안회의 말을 듣고 중니는 다시 탄식한다.

▲▲▲

중니(仲尼)가 말하기를, 어허, 그런다고 해서 되겠느냐? 남을 고쳐주는 방법이 너무 많아서 마땅치 못하구나. 고루하지만 죄는 없다. 그러나 거기에서 그칠 따름, 어찌 남을 변화시킬 수 있겠느냐? 오히려 제 마음을 스승으로 삼는 것일 뿐이다.

仲尼曰, 惡라, 惡可리오? 大多政法而不諜이로다. 雖固亦無罪라. 雖然이나 止是耳矣니라. 夫胡可以及化리오? 猶師心者也로다.

대다정법이불첩(大多政法而不諜)이로다! 대(大)는 태(太)로, 정(政)은 정(正)으로, 첩(諜)은 당(當)으로 읽자. 사람 고치는 방법이 너무 많아서 마땅치 못하구나. 무슨 수단이 그렇게 많냐는 얘기다. 그게 바로 병통이라는 얘기다. 자네의 그 방법이라는 게 고루한 맛은 있지만 남에게 벌받을 만한 것은 아니다. 그러나 그뿐이다. 그런 '수단'으로 남을 변화시킬 수는 없다.

이제 장자의 속이 조금 들여다보인다. 그는 시방 무슨 일을 위한 수단, 방법 그 자체를 부정하고 있는 것이다.

방법을 미리 연구한다는 것은 무엇인가를 의도하고 있다는 뜻이다. 그러나 지인(至人)은 무기(無己)라, 이미 '나'가 없는 지인에게는 무엇을 스스로 하겠노라는 계획이나 의지가 있을 수 없다. 그는 철저한 피동으로 다만 사물이 오면 거기에 응할 따름이다. 『금강경』(金剛經)의 "어디에도 머무는 바 없이 마음을 쓴다"는 말이 그 말이겠다. 굳이 다르게 말한다면 무심(無心)으로 사물에 응한다고 할까? 장자는 이러한 지인의 경지를 거울에 견주어 다음과 같이 설명한다.

"지인의 마음 씀은 거울과 같다. 배웅도 마중도 하지 않으며 응하되 간직하지 않는다. 그 까닭에 모든 사물을 이기면서 상하지 않는다."〔至人用心若鏡, 不將不迎, 應而不藏, 故能勝物而不傷: '응제왕편'(應帝王篇)〕

그러나 이는 그가 아무 생명력이 없는, 문자 그대로 유리 거울이라는 말은 아니다. 다만 철저한 무기(無己), 무공(無功), 무명(無名)의 경지를 거울에 비유하여 말한 것이다.

조선시대 함허선사(涵虛禪師)는 다음과 같은 임종게(臨終偈)를 남겼다.

    텅 비고 고요해 본디 한 물건도 없지만
    신령한 빛 눈부시게 온 누리 꿰뚫다.
    몸도 마음도 또한 없지만 태어났다 죽는구나
    가도 간 바 없고 와도 온 바 없어라.

〔澹然空寂, 本無一物, 靈光爀爀, 洞徹十方. 更無身心, 受彼生死, 去來往復, 也無去來.〕

자성(自性)이라는 것이 따로 없음을 보는 것, 그것이 견성(見性)이다. 자기라는 것이 따로 존재하지 않음을 깨닫는 것, 그것이 참된 자기-부정이다. 이와 같은 깨달음에 철저한 뒤로는 무슨 일이든 하지 않고 하며, 공(功)을 세우되 공을 세우지 않는다. 매일 많은 일을 하면서도 나는 아무 한 일이 없다고 한다.

그런데 시방 안회는 이런저런 방법을 마련해놓고, 이러면 안 되겠느냐고 묻는다. 하면서 하지 않는〔爲無爲〕성인(聖人)의 경지에 닿으려면 아직 멀었다. 방법이 좋으냐 나쁘냐를 떠나서, 방법이 따로 마련되어 있다는 사실 자체가 문제다.

그것은 '사심'(師心)이다. 제 마음을 스승 삼는다는 말이니, 먼저 자기 생각을 굳히고 그 생각에 상대방을 따르게끔 한다는 뜻이다. 이는 무위자연(無爲自然)을 거역하는 것이다.

▲▲▲

안회(顏回)가 이르기를, 저는 더 나아갈 데가 없습니다. 삼가 방법을 여쭙습니다. 중니 대답하되, 재계(齋戒)하라. 내가 자네에게 말하리라. 속셈을 품고 하면 쉽사리 되겠느냐? 그것을 쉽다고 하는 자는 하늘이 마뜩찮게 보리라. 안회가 말하기를, 저의 집이 가난하여 술을 입에 대지 못하고 맛있는 야채를 먹지 못한 지 몇 달 되었습니다. 이만하면 재계했다고 할 수 있겠습니까? 이르되, 그것은 제사 지낼 때 하는 재계요 심재(心齋)가 아니다. 회(回)가 묻기를, 심재가 무엇인지 삼가 여쭙습니다. 중니 대답하되, 자네는 뜻을 한 곳에 모으되 귀로 소리를 듣지 말고 마음으로 소리를 들어라. 마음으로 소리를 듣지 말고 기(氣)로 소리를 들어라. 들음은 귀에 머물고 마음은 가서 닿는 것과 들어맞는 것에 머물지만 기(氣)라고 하는 것은 텅 비어 만물을 맞는다. 도(道)는 다만 텅 빈 곳에 모이니 텅 빈 것이 곧 심재다. 안회가 말하기를, 회(回)가 미처 가르침을 받지 못했을 때에는 회로 가득 차 있더니 이제 심재를 배우매 처음부터 회는 없었습니다. 이로써 텅 비었다 할 수 있겠습니까? 스승이 말하되, 다 이루었다. 내가 자네에게 말한다. 울 안에 들어가서 마음껏 노닐되 이름에 마음이 움직이는 일은 없도록 하여라. 받아들이거든 울고 받아들이지 않거든 그쳐라. 문도 담도 세우지 말고 한 곳에 머물러 무엇이든지 마지못해서 하면 거의 이룰 수 있으리라. 발자취를 끊기는 쉬우나 하늘에 부림을 당할 때 속이기는 어려우며 날개로 난다는 말은 들었지만 날개 없이 난다는 말은 듣지 못했다. 저 아무 것도 없는 곳을 보라. 텅 빈 방이 밝은 빛을 낸다. 모든 좋은 일이 저곳에 머물러 있으니 그런데도 머물 곳에 머물지 않으면 이를 일러 앉아서 달린다고 하는 것이다. 눈과 귀로 하여금 안으로 통하여 마음의 아는 바를 벗어나면 귀신도 와서 머물거늘 사람이야 말할 게 있겠느냐? 이것이 바로 만물의 변화에 좇아 응하는 것으로서 우(禹)와 순(舜)이 의지한 바요 복희(伏羲)와 궤거(几蘧)가 평생토록 행한 것이다. 하물며 평범한 사람이야 말할 게 있겠느냐?

顔回曰, 吾無以進矣라. 敢問其方하오이다. 仲尼曰, 齋하라. 吾將語
若하리니 有而爲之면 其易邪리야? 易之者는 皡天不宜니라. 顔回曰,
回之家貧하여 唯不飮酒에 不茹葷者로, 數月矣니다. 若此면 則可以爲
齋乎니까? 曰, 是는 祭祀之齋요 非心齋也니라. 回曰, 敢問心齋하오
이다. 仲尼曰, 若一志하되 無聽之以耳하고 而聽之以心하라. 無聽之
以心하고 而聽之以氣하라. 聽止於耳요 心止於符나 氣也者는 虛而待
物者也라. 唯道集虛하니 虛者心齋也로다. 顔回曰, 回之未始得使엔
實自回也더니 得使之也에 未始有回也니다. 可謂虛乎니까? 夫子曰,
盡矣로다. 吾語若하거니와 若能入遊其樊하되 而無感其名하라. 入則
鳴이요 不入則止로다. 無門無毒하고 一宅而寓於不得已이면 則幾矣
니라. 絶迹易나 無行地難이요 爲人使易以僞나 爲天使難以僞요 聞以
有翼飛者矣나 未聞以無翼飛者也요 聞以有知知者矣나 未聞以無知知
者也니라. 瞻彼闋者하라. 虛室生白이로다. 吉祥止止니 夫且不止면
是之謂坐馳니라. 夫徇耳目內通而外於心知면 鬼神將來舍어늘 而況
人乎리오? 是萬物之化也로 禹舜之所紐也요 伏戲几蘧之所行終이라
而況散焉者乎리오.

안회(顔回)는 이제 더 할 말을 잃었다. 나아갈 자리가 없다. 그래서 삼가 스승께 묻는다. 그렇다면 선생님의 방법은 무엇입니까? 중니의 대답은 단지 한마디, 재(齋)하라! 재는 재계(齋戒)다. 제사를 드리기 전에 부정한 것을 멀리하고 몸과 마음을 깨끗이 닦는 것이다. 스승의 말이 계속된다. 무슨 일을 할 때 미리 속셈을 품고 유심(有心)으로 하면 〔有而爲之〕 그 일이 쉽겠느냐? 쉽다고 하는 자는 저 푸른 하늘이 마땅

찮게 여기리라. 여기 유이위지(有而爲之)를 유심이위지(有心而爲之)로 읽는다.(곽주〔郭注〕) 앞 문장의 사심(師心)을 받는 말로, 하려고 하는 마음이 있어서 하는 것을 뜻한다. 요컨대, 무심(無心)으로 해야 한다는 얘기다. 스승이 재(齋)의 뜻을 친절히 풀어주려고 하는데 제자가 말을 가로막는다.

"저의 집이 본디 가난해서 술은 물론이요 기름진 반찬도 먹어본 지 오래되었습니다."

안회의 적빈(赤貧)은 유명하다. 오죽했으면 공자가, "어질도다, 회(回)여! 한 그릇 밥과 한 바가지 물로 누추한 곳에 살면서 다른 사람 같으면 그 고생을 견디지 못할 터인데 회는 그 즐거움을 고치지 않는구나. 어질도다, 회여!" 하고 감탄했으랴?(『논어』, '옹야편'〔雍也篇〕)

잠시 끊어졌던 말을 스승이 잇는다. 자네가 고대 말한 것은 제사 지낼 때 하는 재계이고 내가 말하려는 것은 심재(心齋)다. 마음을 깨끗이 닦아 텅 비우는 것이다.

제자가 어떻게 하면 심재를 할 수 있느냐고 묻자 스승이 대답한다. 뜻을 한 곳에 모으고 소리를 듣는데 귀로 듣지 말고 마음으로 들어라. 마음으로 듣게 되었거든 이번에는 마음으로 듣지 말고 기(氣)로 들어라. 듣는 소리는 귀에서 멈추고 마음은 가서 닿는 것과 들어맞는 데서 멈추지만 기(氣)라고 하는 것은 텅 비어서 만물을 오는 대로 맞이한다.

무슨 소린가? 모든 감각을 지우고 모든 생각(인식)도 지우고 다만 하나의 기(氣) 덩어리로 존재하라는 얘기다. 기에는 자아가 따로 없어 다만 기로 기와 통할 뿐이다. 몰아(沒我)의 경지에서 허공에 칼을 휘둘러 소를 잡는 포정(庖丁)처럼, 철저한 상아(喪我)의 지경으로 들어가라는 말이다. 기는 보이지도 잡히지도 않는다. 텅 비어 있다. 그래서 어디에

나 충만하다. 바로 이 빈자리[虛]에 길[道]이 모인다. 자기 자신을 텅 비워버리는 것, 그것이 곧 심재다. 몸도 비우고 마음도 비우고 운동하는 기 덩어리로 존재하기!

안회가 기뻐서 고백한다. 심재에 대한 가르침을 받기 전에는 제가 저로 가득 차 있었는데 가르침을 얻고 보니 처음부터 저는 없었습니다. 이게 곧 텅 빈 것인가요?

드디어 스승의 말이 떨어졌다. "진의(盡矣)로다!" 그만하면 됐다. 갈 데까지 다 갔다. 이제 비로소 스승은 제자를 위(衛)나라에 보낼 수 있게 되었다. 울[樊, 위나라를 가리킴]에 들어가거든 마음껏 노닐되 자네 이름이든 남의 이름이든 이름에 마음이 움직이는 일은 없도록 하여라. 상대가 듣거든 말을 하고 아니 듣거든 입을 다물어라. 무엇을 향해서도 장벽을 쌓거나 문을 내거나 하지 말고 어느 한 곳에 자리 잡고 살되 모든 일을 마지못해서 하면 거의 목적을 이룰 것이다.

속세에 발을 들여놓지 않는 것은 오히려 쉬우나 속세에 살면서 속세를 떠나기는 쉬운 일이 아니다. 사람은 속일 수 있지만 하늘은 속일 수 없고 날개 달고 날기는 쉽지만 날개 없이 날기란 쉬운 일이 아니다. 알면서 아는 것은 쉽지만 모르면서 알기는 쉽지 않다.

저 아무 것도 없는 곳을 보아라. 텅 빈 방에 밝은 빛이 가득하다. 바로 저 텅 빈 곳에 온갖 행복이 머문다. 저 자리에 머물지 못하면 그것을 일러 좌치(坐馳)라, 앉아서 이리저리 바쁘게 달린다고 한다.

눈과 귀는 본디 밖을 향하게 되어 있으나 안으로 거두어 저의 참모습을 꿰뚫게 하고 마음으로 헤아려 아는 지식[心知]의 울타리를 벗어나면 귀신도 와서 그 품에 깃들거늘 하물며 사람이겠느냐? 이렇게 '자기'를 비워 만물의 변화에 좇아 자유자재로 응하되 마침내 만물과 하나가 되는〔與物爲一〕 것을 우순(禹舜)과 복희(伏戲) 같은 성인들도 평생 추구하였거늘, 우리 같은 범인이야 더 말할 것이 있으랴?

심재(心齋)하라. 그러고는 무엇을 해도 좋다!

2. 섭공(葉公)과 중니(仲尼)의 문답

▲▲▲

섭공자고(葉公子高)가 제(齊)나라에 사신으로 가게 되매 중니(仲尼)에게 묻기를, 왕이 제량(諸梁)을 사신으로 보냄이 매우 중대한 일이나 제나라가 사신을 대하는 태도는 정중한 데가 있지만 일을 서둘러 할 것 같지는 않습니다. 보통 사람도 마음을 움직이기가 쉽지 않거늘 하물며 제후(諸侯)야 어떻겠습니까? 저는 이 일로 매우 두렵습니다. 선생께서는 일찍이 저에게 이르시기를, 작은 일이든 큰 일이든 도(道)에 따르지 않고서 흡족하게 이루어지는 일이 없다. 만약에 일을 이루지 못하면 반드시 남이 주는 탈이 있을 것이요 일을 이룬다 해도 반드시 육신에 탈이 생길 터인즉 일을 이루든 이루지 못하든 그 뒤에 탈이 없으려면 오직 덕(德)이 있는 자라야 그럴 수 있을 것이라고 하셨지요. 제가 음식을 맛있는 것으로 골라 먹지 않고 시원한 것을 마시고 싶을 만큼 아궁이 불을 때지도 않습니다. 그런데 오늘 아침 명(命)을 받고 저녁에 얼음을 마셨으니 이는 제 속에 열이 있어서가 아니겠습니까? 아직 실제로 일에 착수하지도 않았는데 벌써 몸에 탈이 났고 일이 만일 제대로 이루어지지 않으면 반드시 왕의 벌을 받게 되었으니 이 두 가지는 임금의 신하 된 자로서 감당키 힘든 일입니다. 선생께서는 하실 말씀이 있으시거든 들려주십시오. 중니가 말하되, 세상에는 크게 삼갈 바가 두 가지 있으니 하나는 명(命)이요 다른 하나는 의(義)지요. 자식이 어버이를 사랑하는 것은 명(命)이라 그 마음을 흐트러뜨릴 수 없고 신하가 임금 섬기는 것은 의(義)라 어디를 가나 임금 없는 데 없으니 하늘땅 사이에 어디로 피할 곳이 없는지라, 이를 일컬어 크게 삼갈 바라 하는 것이오. 이런 까닭에 어버이를 섬기는 자는 어떤 곳에서도 어버이를 평안하게 모시니 효(孝)의 지극함이요 임금을 섬기는 자는 어떤 경우에도 임금을 평안하게 모시니 충(忠)의 지극함이요 그 마음을 스스로 오로지 하는 자는 눈앞의 일로써 슬픔과 기쁨을 쉽게 바꾸지 않고 사람의 힘으로 어쩔 수 없는 일이 있음을 알아 평안하게 명(命)을 좇으니 덕의 지극함이오. 신하 되고 자식 된 자에게는 본디 마지못할 것이 있어서 일을 착실히 하고 제 몸을 잊어야 하거늘 어느 겨를에 살기를 좋아하고 죽기를 싫어하겠소? 그대는 길을 떠나는 것이 좋으리다.

葉公子高가 將使於齊에 問於仲尼 曰, 王使諸梁也甚重이나 齊之待使者, 蓋將甚敬而不急이라. 匹夫猶未可動也어늘 而況諸侯乎니까? 吾甚慄之니다. 子嘗語諸梁也에 曰, 凡事에 若小若大라도 寡不道以懽成이로다. 事若不成이면 則必有人道之患이요 事若成이라도 則必有陰陽之患이라. 若成若不成而後에 無患者는 唯有德者能之라 하였니다. 吾食也執粗而不臧이요 爨無欲清之人이라. 今吾朝受命하고 而夕飲氷하니 我其內熱與니까? 吾未至乎事之情하여 而旣有陰陽之患矣요 事不成이면 必有人道之患이니 是兩也는 爲人臣者로 不足以任之

로소이다. 子其有以語我來니다. 仲尼曰, 天下에 有大戒二하니 其一은 命也요 其一은 義也니라. 子之愛親은 命也라 不可解於心이요 臣之事君은 義也라 無適而非君也니 無所逃於天地之間이라, 是之謂大戒라 하니라. 是以로 夫事其親者는 不擇地而安之하니 孝之至也요 夫事其君者는 不擇事而安之하니 忠之盛也요 自事其心者는 哀樂不易施乎前하며 知其不可奈何하여 而安之若命이니 德之至也로다. 爲人臣子者는 固有所不得已라, 行事之情하고 而忘其身이어늘 何暇에 至於悅生而惡死리오? 夫子其行可矣로다.

앞의 심재(心齋)를 이야기한 대목에서 장자가 말하고자 한 것은 어지러운 나라를 그냥 어지럽게 놔두라는 것이 아니었다. 다만, 맹인이 맹인을 인도하면 둘 다 구렁에 빠질 수 있으므로 이름[名]과 실리[實]에 대한 욕심을 말끔 비우지 못한 상태에서 남을 위한 일을 도모하지 말라고 한 것이다. 그런데 세상에는 안회(顔回)처럼 스스로 나서서 무슨 의로운 일을 해보겠다는 사람도 있지만 어떤 일을 자기 의사와 상관없이 안 할 수 없어서 해야 하는 사람도 있다. 마지못해서 일을 해야 할 경우가 있는 것이다. 안회가 스스로 나서서 위나라로 가겠노라 했을 때 중니는 먼저 심재할 것을 권한다. 안회가 자기 뜻이 아니라 왕명에 의하여 위나라로 가지 않을 수 없게 되었다면 중니는 무엇이라고 말했을까? '섭공(葉公)과 중니(仲尼)의 문답'은 바로 이 질문에 대한 답이라고 하겠다.

자고는 초(楚)나라 공족(公族)으로 섭현(葉縣)을 다스렸다. 그래서 섭공이라고 불렸다. 『논어』에도 그의 이름이 나오는 것을 보면 공자와 아는 사이였음은 확실한데 여기에 기록된 문답이 실제로 있었던 것인지는 알 수 없다. 그러나 사실(史實)이든 아니든 그것이 큰 문제는 아니다.

자고(子高)는 시방 제(齊)나라에 사신으로 가게 되었는데 스스로 가고 싶어서가 아니라 마지못해서 간다. 초나라 왕이 제나라를 설득할 무슨 일이 생겨서 그 임무를 자고에게 맡긴 것이다. 그런데 그는 지금 두려워하고 있다. 속에 열이 나서 얼음물을 마셔야 할 지경이다. 급한 것은 이쪽[楚] 사정이고 저쪽[齊]은 급할 것 하나 없다. 일이 만일 왕의 뜻대로 이루어지지 않으면 필경 문책을 받게 될 것이요 일이 제대로 성사된다 해도 그러느라고 지나치게 몸을 부려서 탈이 나게 될 터인즉 이래도 낭패요 저래도 낭패다. 그렇다고 해서 사신으로 가는 것을 거절할 수도 없고 피할 수도 없으니 진퇴양난이다.

자, 사정이 이에 이르렀으니 선생님 말씀 좀 들려주십시오. 제가 어찌하면 좋겠습니까? 선생님께서는 일찍이 말씀하셨지요. 오직 덕(德) 있는 자라야 일의 성공과 실패에 상관없이 탈[患]을 면할 수 있으리라고. 이제 그 비결을 저에게 일러주시기 바랍니다.

이와 같은 섭공의 인생 상담에 중니의 대답인즉, 주저 말고 사신으로 가라는 것이다. 안회를 몇 번씩이나 거듭 말리던 것과 매우 대조적이다. 거절할 수 없는 일, 피할 수 없는 일이라면 망설일 것 없다는 적극적인 장자 철학의 한 단면을 보여준다. 거듭 말하지만 노장(老莊)의 가르침은 세속의 처세훈도 아니요 입신양명의 방법론도 아니다. 그러나 동시에 세속을 떠나라는 것도 아니다. 뜬구름 잡듯이 터무니없는 이상론에 **빠져** 꿈결 같은 세상 적당히 거리를 두고 만리장공 노닐라는 얘기가 아니다. 둔천(遁天)도 아니지만 둔세(遁世)도 아니다. 하늘을 피하는 것도 안 되지만 세상을 피하는 것도 용납되지 않는다. 도(道)를 떠나는 것도 안 되지만 인간을 떠나는 것도 안 된다. 역사 속에 파묻혀 자기 정체를 잃고 눈먼 군중으로 휩쓸려다니는 것도 안 되지만 역사를 무시하거나 외면하는 것도 안 된다. 발자취를 아예 끊기는 쉽다. 그러나 장자의 요구는 발자취를 끊으라는 게 아니라 발자취를 남기지 말라는 것이다. 무슨 말인가? 자기가 남기는 발자취에 스스로 묶이지 말라는 것이다. 세속을 떠나라는 것이 아니라 세속 한복판에서 하늘나라 시민으로 살아가라는 것이요 연못의 더러움에 뿌리내리되 그 더러움에 더럽혀지지 말고 오히려 아름다운 연꽃으로 피어나라는 얘기다.

장자가 중니의 입을 통해 섭공에게, 어떤 일을 마지못해서 해야 하는 이들에게, 들려주는 말은 얼핏 들으면 유가의 가르침과 크게 다를 바 없다.

세상에는 크게 삼갈 것이 두 가지 있으니 명(命)과 의(義)가 그것이다. 이 둘은, 자식이 어버이 섬기고 신하가 임금 섬기는 것이 그렇게 하지 않을 수 없는 일이듯이, 인간에게 원초적으로 주어진 명이다. 이것을 피해서 도망갈 곳이 하늘 아래 없다. 부모 없이 태어난 사람 없으며 왕의 다스림이 미치지 못하는 곳이 없기 때문이다. 최상의 효(孝)는 어떤 처지에서든 가리지 않고 어버이를 평안히 모시는 것이요 최상의 충(忠)은 어떤 처지에서든지 임금을 평안히 모시는 것이요 최상의 덕(德)은 눈앞에 닥친 일로 쉽게 기뻐했다가 슬퍼했다가 하지 않고 사람에게는 부득이한 일이 있음을 알아 태연스레 주어진 명(命)을 좇는 것이다. 남의 신하가 되고 자식이 되었거든 충과 효를 착실히 수행하고 그 일에 몰두하여 자기 몸을 잊는 것이 마땅한 일인데, 새삼 살기를 좋아하고 죽기를 꺼릴 겨를이 어디 있는가?

율곡(栗谷)은 학문의 목적을 '마땅할 당'(當)에서 찾는다. 사람으로서 마땅히 해야 할 일을 알고 그것을 실천하도록 가르치고 배우는 그것이 곧 학문이라는 얘기다. 예수가 예루살렘으로 향할 때 바리사이파 사람 몇이 와서 헤로데가 당신을 죽이려고 하니 몸을 피하라고 말한다. 예수는 그들에게 말씀하신다.

"그 여우에게 가서 '오늘과 내일은 내가 마귀를 쫓아내며 병을 고쳐주고 사흘째 되는 날이면 내 일을 마친다' 고 전하여라. 오늘도 내일도 그 다음날도 계속해서 내 길을 가야 한다. 예언자가 예루살렘 아닌 다른 곳에서야 죽을 수 있겠느냐?"(루가복음 13:32, 33)

가야만 하는 길이라면 망설임이야말로 도(道)와 버성기는 것이다. 부자(夫子)는 기행(其行)이 가의(可矣)로다, 그대는 가는 것이 좋겠다!

그러나 가되 함부로 가서는 안 된다. 길을 가는 데도 길이 있는 것이다.

▲▲▲

구(丘)는 들은 바를 말해주겠소. 무릇 사귐에 있어서 사귀는 자가 가까이 있으면 반드시 서로 신의로써 맺고 멀리 있으면 반드시 말로써 서로 중심을 전하게 되어 있소. 말이란 옮기는 사람이 있어야 하는데 양쪽 다 기뻐할 말이나 양쪽 다 화를 낼 말을 옮기는 것은 매우 어려운 일이니 양쪽 다 기뻐하면 반드시 지나치게 추켜세우는 말을 많이 한 것이고 양쪽 다 화를 내면 반드시 지나치게 헐뜯는 말을 많이 한 것이오. 지나친 말은 거짓말이요 거짓말을 하면 신의가 없게 되고 신의가 없으면 말을 전하는 자에게 재앙이 미치는 법이라. 그러므로 법언(法言)에 이르기를, 평소 있는 그대로를 옮기고 지나친 말을 옮기지 않으면 거의 안전하다고 했소. 또한, 재간을 피워 상대와 겨루는 자는 처음에는 떳떳하게 하다가 끝에 가서는 속임수를 쓰게 되고 그것이 심하면 괴상한 재간이 많아지며 예(禮)를 갖추어 술을 마시는 자도 처음에는 잘 마시다가 나중에는 어지럽게 마시고 그것이 심하면 괴상한 즐거움이 많아지는데, 모든 일이 이와 같으니 처음에는 착하게 시작했다가 끝에 가서는 야비해지고 시작은 간단하다가 마침내 거창하게 끝나지요. 말이란 바람과 물결이요 행동은 얻고 잃는 것이며 바람과 물결은 쉽게 움직이고 얻고 잃음은 쉽사리 위험에 빠지는지라, 그러므로 사람이 일단 화를 내면 꾸미는 말과 편드는 말에 아무 쓸모가 없소. 짐승이 죽을 때에는 소리를 마구 지르고 숨이 거칠어지니 여기에서 사나운 마음이 생기듯이, 심하게 격해지면 반드시 좋지 못한 마음으로 응하게 되나 자신도 그 까닭을 모르오. 실로 그 까닭을 모른다면 어떻게 그 결과를 알겠소? 그러므로 법언에 이르기를, 명령을 고치지 말고 억지로 이루려 하지 말라고 했던 것이오. 지나친 것은 쓸데없이 덧붙이는 것이니 명령을 고치고 억지로 성사시키려는 것은 오히려 일을 그르치는 것이지요. 일이 잘 이루어지려면 오랜 세월이 걸리고 일이 한번 잘못되면 고칠 수가 없거늘 어찌 삼가지 않을 수 있겠소? 노니는 마음으로 사물의 움직임을 타고 속에 중(中)을 기름으로써 마지못함에 몸을 맡기는 것이 제일이오. 어찌 꾸며서 보고할 게 있으리오? 왕의 말을 그대로 옮기느니만 못하나, 그게 어려운 일이외다.

丘는 請復以所聞이로다. 凡交에 近則必相靡以信이요 遠則必忠之以言이라. 言必或傳之로되 夫傳兩喜兩怒之言은 天下之難者也니 夫兩喜면 必多溢美之言이요 兩怒면 必多溢惡之言이니라. 凡溢之類也는

妄이오 妄則其信之也莫이니 莫則傳言者殃이라. 故로 法言에 曰, 傳其常情하고 無傳其溢言이면 則幾乎全이라 하니라. 且以巧로 鬪力者는 始乎陽이다가 常卒乎陰하여 泰至면 則多奇巧하고 以禮로 飮酒者는 始乎治다가 常卒乎亂하여 泰至면 則多奇樂이로다. 凡事亦然이니 始乎諒이다가 常卒乎鄙요 其作始也簡이나 其將畢也必巨니라. 言者는 風波也요 行者는 實喪也며 風波는 易以動이요 實喪은 易以危라 故로 忿設은 無由巧言偏辭로다. 獸死에 不擇音하고 氣息茀然하니 於是에 並生心厲라, 剋核太至며 則必有不肖之心應之나 而不知其然也니라. 苟爲不知其然也어늘 孰知其所終이리오? 故로 法言에 曰, 無遷令이오 無勸成이라 하니라. 過度는 益也니 遷令勸成은 殆事로다. 美成은 在久요 惡成은 不及改어늘 可不愼與인가? 且夫乘物以遊心하여 託不得已以養中이 至矣니라. 何作爲報也리오? 莫若爲致命이나 此其難者로다.

사신은 말을 옮기는 사람이다. 자기 마음대로 할 수 있는 재량권이 아주 없지는 않겠지만 거기에는 분명 한계가 있고 그가 맡은 일이란 결국 이쪽 말을 저쪽에 옮기는 것이다. 말을 옮긴다는 것이 쉬운 일이 아님을 얘기하고 나서 공구(孔丘)는 어떻게 해야 사신으로서의 사명을 잘 감당할 수 있을 것인지 그 방편을 법언(法言)에 좇아서 일러준다. 법언은 격언(格言)이다. 오랜 세월 민중의 지혜가 쌓여 만들어진 말이다. 민중의 지혜란 중뿔나지 않은 평범한 지혜. 장자의 가르침이 격언에 의지한다는 사실은, 그 내용을 별문제로 하고, 암시하는 바가 적지 않다. 하늘은 까마득하게 높기만 한 것이 아니라 인간의 발에 밟히는 대지에 닿아 있다.

말을 제대로 옮기기 위해서는 두 가지를 조심해서 피해야 한다.

첫째, 어떤 목적을 위하여(예, 듣는 자의 귀를 즐겁게 하기 위하여) 없는 말을 꾸며서 하지 말 것. 말을 꾸며서 하면 결국 들통이 나게 되고 그러면 옮기는 자가 신의를 잃는다. 신의를 잃은 심부름꾼에게 돌아가는 것은 재앙뿐이다.

둘째, 말재간에 의지해서는 안 된다. 기교는 도가에서 가장 싫어하는 것들 가운데 하나다. 자연은 기교를 부리지 않는다. 공자도 교언영색(巧言令色)을 치지(恥之)라, 듣기 좋은 말을 납신거리는 것과 낯빛을 좋게 꾸미는 것을 부끄러워한다고 했다. 재간을 부리는 것이 곧 기교다. 기교로써 상대를 이기려는 자는 처음에는 그럴듯하게 시작하다가도 나중에 가서는 본색을 드러내어 속임수와 억지를 부리게 된다. 그 결과 상대를 성나게 할 따름이다.

그래서 법언에 이르기를 무천령(無遷令)이요 무권성(無勸成)이라, 옮기라고 주어진 말을 중간에서 함부로 바꾸지 말고 일을 이루기 위하여 억지를 부리지 말라고 했다. 왜 말을 바꾸고 억지를 부리는가? 어떻게든지 일을 성사시켜야 한다는 생각 때문이다. 그런데, 그것은 욕심 아닌가? 사신이 할 일은 말을 옮기는 것이다. 그것이 그에게 맡겨진 '일'이다. 이에서 지나친 것을 이루고자 꾀한다면 그것은 이미 욕심의 발동이다. 일이 성사되지 않음으로써 받게 될 벌을 피하려는 마음에서 나온 것이라 해도, 욕심은 욕심이다.

주어진 일을 하는 것, 하되 일의 성패에 집착하지 않고 태연히 소임(所任)을 감당하는 것, 이것이 무위자연의 도(道)에 따라서 살아가는 모습이다. 욕심이 발동하면 이 모습이 일그러진다. 일의 성패에 집착하면 성패는 그만두고 자신이 무너진다. 인생은 조작의 대상이 아니다. 살아가라는 하늘의 명〔天命〕을 순종하여 그대로 살아갈 따름이다.

장자는 공구(孔丘)의 입을 빌려 마지막 한마디로 결론짓는다. 승물이유심(乘物以遊心)하여 탁부득이이양중(託不得已以養中)이 지의(至矣)니라. 이 말 한마디 이끌어내려고 앞에서 말이 길었다. 승물(乘物)은 물(物)을 탄다는 말이니 물(物)에 자기를 붙들어매지 않고 얹어놓는다는 말이다. 아무 데도 얽매이지 않는 마음이 노니는 마음이다. 삶에도 집착하지 않고 죽음에도 집착하지 않는다. 하물며 성공과 명예 따위에 얽매일 것인가? 양중(養中)은 중(中)을 속에 기른다는 말인데 여기 중은 노자의 수중(守中)에서 가리키는 중과 같다. 도(道)로 읽어도 좋고 '하느님'으로 읽어도 무방하다. 이렇게 제 속에 중을 모셔 기름으로써 탁부득이(託不得已)하는 것이 제일이다. 탁부득이는 부득이에 몸을 맡긴다는 뜻이니 마지못할 일을 몸으로 감당한다는 말이다. 모든 일을 마지못해서 한다는 뜻도 된다.

그대는 어차피 사신이 되었다. 이에서 피할 길은 없다. 그렇다면 곧 떠나는 것이 좋겠다. 말을 꾸미거나 바꾸거나 억지로 관철시키려고 하지 말고 오직 옮기라는 말을 옮겨라. 아무 데도 집착하지 말고 모든 것에서 자유롭되 다만 속 깊은 곳에 하느님을 모셔라. 그분을 그대 속에서 자라시게 하라. 그러나 이 일이 말은 쉽지만 결코 쉬운 일이 아니다. 자기 자신을 다스리지 못하고는 이룰 수 없는 일이기 때문이다.

3. 안합(顏闔)과 거백옥(蘧伯玉)의 문답

▲▲▲

안합(顏闔)이 위(衛)나라 영공(靈公)의 태자(太子)를 보좌하게 되매 거백옥(蘧伯玉)에게 묻기를, 여기 한 사람이 있는데 태어나기를 덕(德)이 없는 사람이라, 그가 마음대로 하도록 버려두면 나라가 위태롭고 법도에 따라 보좌하면 제 몸이 위태롭습니다. 그의 지혜는 고작 남의 허물을 아는 것이요 그 허물의 까닭은 도무지 모르는 정도인데 이런 사람을 제가 어찌하면 좋겠는지요? 거백옥이 대답하뢰, 좋은 질문입니다. 삼가고 조심하고 자신의 몸을 바로 세워야 합니다. 겉모양으로 따라주는 것이 제일이요 속마음으로 맞추어주는 것이 제일입니다만 그러나 이 두 가지에는 탈 될 것이 있으니, 겉으로 따라주되 그와 한통속이 되지는 말 것이며 속으로 맞추어주되 두드러지게는 하지 말 것입니다. 겉으로 따르면서 한통속이 되면 뒤집히고 빠지고 무너지고 넘어질 것이요 속으로 맞추어주면서 두드러지게 하면 헛된 이름이 나서 드디어 재앙을 입을 것입니다. 그가 갓난아이가 되거든 또한 그와 더불어 갓난아이가 되고 그가 절도 없이 굴거든 또한 그와 더불어 절도 없이 굴고 그가 제멋대로 하면 또한 그와 더불어 제멋대로 굴되 마침내 그를 이끌어 허물 없는 경지에 들어가도록 하십시오.

顔闔이 將傳衛靈公太子에 而問於蘧伯玉하여 曰, 有人於此한대 其德이 天殺라, 與之爲無方이면 則危吾國이요 與之爲有方이면 則危吾身이니다. 其知는 適足以知人之過요 而不知其所以過니 若然者를 吾奈之何리까? 蘧伯玉 曰, 善哉問乎니다. 戒之愼之하여 正女身哉로다. 形莫若就요 心莫若和로되 雖然이나 之二者에 有患이니 就에 不欲入이요 和에 不欲出이어다. 形就而入이면 且爲顚爲滅하고 爲崩爲蹶하며 心和而出이면 且爲聲爲名하고 爲妖爲孼하니 彼且爲嬰兒어든 亦與之爲嬰兒하고 彼且爲無町畦어든 亦與之爲無町畦하고 彼且爲無崖어든 亦與之爲無崖하되 達之入於無疵이어다.

영공(靈公)이 위(衛)나라를 다스리던 때 태자(太子)인 괴외(蒯聵)가 내란을 일으킨 적이 있다. 태자는 영공의 첩인 남자(南子)를 미워하여 죽이려고 하다가 실패하자 국외로 달아났다. 그가 집권을 하려고 귀국할 때 공자의 제자인 자로(子路)가 막으려고 하다가 전사한 바 있다. 태자는 드디어 자기 아들인 출공(出公)을 내쫓고 장공(莊公)이 되었다. 안합은 노(魯)나라 현인(賢人)으로 알려져 있고 거백옥은 위나라 대부(大夫)로서 공자한테서 군자(君子)라는 평을 들은 인물이다.("군자로다, 거백옥이여! 나라에 도(道)가 있으면 벼슬을 하고 나라에 도가 없으며 재능을 거두어 간직해두는도다.":『논어』, '위령공편'〔衛靈公篇〕)

안합이 난처한 일을 당하여 거백옥에게 의논하러 왔다. 영공의 태자를 보필하게 되었는데 그의 천품이 박덕(薄德)하여 남의 허물만 알고 자기 허물은 모르며 모든 일을 제멋대로 한다. 그가 하는 대로 버려두면 나라가 위태롭고 법대로 보필을 하면(바른 소리로 그를 막거나 하면) 목숨이 위태롭다. 자, 어찌하면 좋은가? 만일 이 질문을 유가의 한 고지식한 선비에게 했더라면 한마디로 대답했을 것이다. 의(義)를 위해서라면 목숨을 티끌처럼 버려라!

그런데 거백옥의 대답은 그렇게 간단치 않다. 우선 그는, 삼가 조심하여 자기를 바로 세우라고 권한다. 자기를 바로 세운다는 것은 자신의 견해와 주장을 곧게 세우라는 말이 아니라 외부의 어떤 영향에도 어지러워지거나 꺼들리지 않는 '고요함'을 지니라는 말이다. '자기'를 바로 세우는 것은 보이고 만져지는 자기를 비워, 보이지도 않고 만져지지도 않는 자기를 채우는 것이다. 이렇게 '자기'를 바로 세우면, 겉으로는 상대와 어깨동무를 하고 속으로는 상대와 화(和)를 이룬다. 동화(同和)하다 또는 짝이 되어준다는 뜻이다. 그런데 여기에 함정이 있다. 상대와 짝을 이루고 어깨동무를 하는 행위는 먼저 자신의 '자기'를 바로 세운 결과인데 이 '결과'가 역작용을 해 그의 '자기'를 무너뜨릴 위험이 있는 것이다. 도둑을 선도코자 도둑과 동화를 이룬 것까지는 좋은데 오히려 그에게 되잡혀 도둑으로 되고 말 가능성이 있다는 얘기다. 하느님을 속에 모신 사람은 겉으로 보기에 자기-정체성이 없어 보인다. 그에게는 내세울 만한 '내 뜻'이나 '내 계획'이 없기 때문이다.

"나는 어느 누구에게도 매여 있지 않는 자유인이지만 되도록 많은 사람을 얻으려고 스스로 모든 사람의 종이 되었습니다. 내가 유다인들을 대할 때에는 그들을 얻으려고 유다인처럼 되었고, 율법의 지배를 받는 사람들을 대할 때에는 나 자신은 율법의 지배를 받지 않으면서도 그들을 얻으려고 율법의 지배를 받는 사람처럼 되었습니다. 나는 그리스도의 법의 지배를 받고 있으니 실상은 하느님의 율법을 떠난 사람이 아니지만 율법이 없는 사람들을 대할 때에는 그들을 얻으려고 율법이 없는 사람처럼 되었습니다. 그리고 내가 믿음이 약한 사람들을 대할 때에는 그들을 얻으려고 약한 사람이 되었습니다. 이와 같이 내가 어떤 사람을 대하든지 그들처럼 된 것은 어떻게 해서든지 그들 중에서 다만 몇 사람이라도 구원하려고 한 것입니다."(I고린토 9:19~22)

바울로는 모든 상대와 겉으로 어깨동무하고 속으로 동화했다. 그러나 그는 어느 무엇에도 매이지 않은 자유인이었다.

거백옥의 충고는 상대와 동화를 이루되 동화되지는 말라는 것이다. 그렇게 되면 뒤집히고 빠지고 무너지고 넘어진다. 나아가서 헛된 이름이 나고 마침내 재앙을 받게 된다.

모든 상대와 안팎으로 동화하라! 그러나 거기에서 멈추지 말고 상대를 그대와 같은 사람으로 만들어라. 군자(君子)는 화이부동(和而不同)이라, 동화하되 동화되지 않는 것이 배운 사람의 길이다.

"누가 흐린 것들과 어울리면서 고요함으로써 그것들을 천천히 맑힐 수 있을꼬?"〔孰能濁以靜之徐淸:『노자』15장〕

"그러므로 모든 일을 도(道)에 좇아서 하는 자는 도를 지닌 자하고는 도로 어울리고 덕(德)을 지닌 자하고는 덕으로 어울리며 잃은 자하고는 잃음으로 어울린다."〔故從事於道者, 道者同於道, 德者同於德, 失者同於失:『노자』23장〕

그러나, 상대와 어울리는 일 또한 함부로 해서는 안 된다. 적어도 세 가지 조심할 바가 있다.

당신은 저 사마귀를 모르십니까? 팔뚝을 휘두르며 수레에 맞서지만 제 힘으로 감당할 수 없음을 몰라서 그러는 것입니다. 이는 자기 재능이 뛰어난 줄 아는 것이니 삼가고 조심할 일입니다. 자기 재능을 자랑하여 상대를 거역하면 위험하지요. 당신은 저 호랑이 사육자를 아시지요? 살아 있는 동물을 먹이로 주지 않는 것은 그것을 죽이려는 사나움 때문이요 옹근 먹이를 통째로 주지 않는 것은 그것을 찢어발기는 사나움 때문입니다. 놈이 배가 부른 때와 고픈 때를 잘 알아서 사나운 기질이 드러나지 않도록 다스리는데, 호랑이가 사람하고 다른 종류지만 사육자를 잘 따르는 것은 그가 놈의 기질을 좇아서 기르기 때문이지요. 그러므로 호랑이가 사육자를 죽이는 것은 그가 호랑이의 기질을 거슬렀기 때문입니다. 말(馬)을 사랑하는 사람이 광주리로 똥을 담아내고 대합(大蛤)으로 오줌을 받아내다가 문득 모기나 등에가 그 몸에 붙어 있을 때 갑자기 거기를 때리면 그만 재갈을 물어 끊고 머리를 받고 가슴을 걷어찹니다. 사랑하는 마음은 지극하지만 사랑을 잃고 마니 어찌 삼가지 않을 수 있겠습니까?

汝不知夫螳蜋乎니까? 怒其臂以當車轍이나 不知其不勝任也니다. 是는 其才之美者也니 戒之愼之니다. 積伐而美者以犯之면 幾矣니다. 汝不知夫養虎者乎니까? 不敢以生物로 與之는 爲其殺之之怒也요 不敢以全物로 與之는 爲其決之之怒也니다. 時其飢飽하여 達其怒心이니 虎之與人異類나 而媚養己者는 順也니다. 故로 其殺者는 逆也니다. 夫愛馬者는 以筐盛矢하고 以蜄盛溺하다가 適有蚊虻僕緣에 而拊

之不時면 則缺銜毀首碎胸이니라. 意有所至나 而愛有所亡이니 可不慎邪리오?

첫째로 조심할 것은 자기 능력을 과신하는 일이다. 자신의 능력을 믿다가는 수레바퀴에 깔려 죽는 사마귀 신세가 되고 말 것이다.

다음으로 조심할 것은 상대방에게 맞는 수단을 지혜롭게 쓸 일이다. 같은 말을 해도 슬기롭게 해야 한다.

끝으로, 상대의 처지를 잘 헤아려 거기에 좇아주어야 한다. 자기 생각만 하고 자기 방식대로만 했다가는 말을 사랑하다가 말한테 걷어채이는 마부처럼 될 수 있다.

안합(顔闔)은 지금 태자를 보필하러 간다. 태자가 주(主)요 안합은 보(補)다. 누구를 누구에게 맞출 것인가?

4. 장석(匠石)과 역사(櫟社)의 문답

▲▲▲

장석(匠石)이 제(齊)나라로 가다가 곡원(曲轅)에 이르러 상수리 나무를 보았는데 크기는 소를 가릴 만하고 굵기는 백 아름이 되고 높이는 산을 내려다볼 만하고 열 길쯤 위에서부터 가지가 뻗었는데 배를 만들 수 있을 만한 것들이 수십 개 되었다. 구경꾼들이 모여 장 바닥처럼 되었는데 장석은 거들떠도 안 보고 그냥 지나쳐갔다. 제자가 한참 나무를 보다가 장석에게 달려와 이르기를, 제가 도끼를 잡고 선생님을 따라다니게 된 후로 아직까지 저토록 훌륭한 나무는 보지 못했습니다. 선생님께서 보지도 아니하시고 지나쳐가심은 어째서입니까? 대답하되, 관두어라. 그 나무에 대해서는 말할 것 없다. 쓸모없는 나무다. 배를 만들면 가라앉고 널을 짜면 쉬이 썩고 그릇을 만들면 금방 깨어지고 문을 만들면 이내 진이 흘러나오고 기둥을 만들면 벌레가 파먹으니 재목으로 쓸 나무가 아니다. 아무 데도 쓸 데가 없어서 저처럼 오래 사는 것이다.

匠石之齊다가 至乎曲轅하여 見櫟社樹한대 其大蔽牛요 絜之百圍요

其高臨山이요 十仞而後에 有枝하여 其可以爲舟者, 旁十數더라. 觀者如市거늘 匠伯不顧하고 遂行不輟하니라. 弟子厭觀之다가 走及匠石하여 曰, 自吾執斧斤以隨夫子에 未嘗見材如此其美니이다. 先生不肯視하고 行不輟은 何邪니까? 曰, 已矣로다. 勿言之矣하라. 散木也니라. 以爲舟면 則沈이요 以爲棺槨이면 則速腐요 以爲器면 則速毁요 以爲門戶면 則液樠이요 以爲柱면 則蠹니 是不材之木也로다. 無所可用하니 故로 能若是之壽니라.

뛰어난 목수〔匠〕인 석(石)은 한눈에 거대한 상수리나무의 '쓸모없음' 〔無用〕을 보았다. 사당 나무로 서서 거대하게 자란 상수리나무를 쳐다보며 군침을 돋우는 자들도 많이 있었지만 장석(匠石)은 달랐다. 배를 만들 수도 없고 널을 짤 수도 없고 그릇이나 문이나 기둥으로 쓸 수도 없다. 상수리나무는 바로 그 무용(無用) 덕분에 저토록 오래 산 것이다.

사람들이 사물을 자기의 '쓸모'라는 잣대로만 보는 것이 얼마나 터무니없고 또 실제로 '진짜 쓸모'를 모르게 하는지에 대해서는 소요유(逍遙遊) 편, 혜자와 장자의 문답에서 다루었다. 바로 그 인간의 편견 때문에 여기 상수리나무는 오히려 천수를 누리며 살고 있다. 역설이다. 세상이 어두울수록 빛은 밝다. 거꾸로 볼 줄 아는 자에게는 세상의 어둠이 곧 빛이다. 무용(無用)이 곧 대용(大用)이다. 세상의 지혜가 하늘의 어리석음이요 세상의 어리석음이 하늘의 지혜다.

▲▲▲

장석(匠石)이 돌아오매 역사(櫟社)가 꿈에 나타나 이르기를, 그대는 나를 무엇에 견주려는가? 나를 쓸모 있는 나무에 견주겠다는 것인가? 무릇 아가위, 배, 귤, 유자 따위 열매 맺는 것들은 열매가 익으면 곧 잡아뜯기고 욕을 당한다. 큰 가지는 꺾이고 작은 가지는 훑어내리니 이는 그 유능(有能) 때문에 삶이 고달파지는 것이다. 그러므로 천수(天壽)를 누리지 못하고 중간에 일찍 죽으니 스스로 세속의 타격을 입는 것이다. 사물이 모두 이러하다. 또한 나는 쓸모없기를 구한 지 오래였는데 몇 차례 죽을 뻔했더니 오늘에 이르러 마침내 그것을 얻어 나의 큰 쓸모로 삼았다. 만일 나에게 쓸모가 있었다면 어떻게 이토록 클 수 있었겠는가? 나나 그대나 모두 똑같은 물(物)인데 어떻게 서로 상대방을 물이라고 하는가? 그대도 죽음이 가까운 쓸모없는 인간인데 어찌 쓸모없는 나무를 알겠는가? 장석이 깨어나 꿈 이야기를 하니 제자가 묻기를, 그렇게 쓸모없기를 바랐다면 사당 나무가 된 것은 어째서일까요? 이르되, 쉬잇, 말하지 말아라. 저 나무 또한 겨우 사당에 자신을 맡겨 저를 알아보지 못하는 자들의 헐뜯음을 당하고 있는 것이다. 사당 나무가 되지 않았더라면 아마도 잘리웠을 것이다. 또한 저 나무가 제 몸 지키는 것이 세속의 무리와 다르니, 자네가 저 나무를 사당 나무라 해서 기린다면 이는 사실과 거리가 멀지 않는가?

匠石이 歸하니 櫟社見夢曰, 汝將惡乎比予哉인가? 若將比予於文木邪인가? 夫柤梨橘柚果蓏之屬은 實熟則剝이요 剝則辱이라 大枝는

折하고 小枝는 泄하니 此는 以其能으로 苦其生者也니라. 故로 不終其天年而中道에 夭하니 自掊擊於世俗者也로다. 物莫不若是니라. 且予求無所可用久矣에 幾死더니 乃今得之로 爲予大用이로다. 使予也而有用이면 且得有此大也邪리오? 且也若與予也皆物也거늘 奈何哉其相物也인가? 而幾死之散人으로 又惡知散木이리오? 匠石이 覺하고 而診其夢하니 弟子曰, 趣取無用으로 則爲社는 何邪니까? 曰, 密이라, 若無言하라. 彼亦直寄焉하여 以爲不知己者詬厲也니라. 不爲社者면 且幾有翦乎로다. 且也彼其所保는 與衆異하니 而以義譽之는 不亦遠乎인가?

사당(社堂)에 우뚝 선 상수리나무의 입을 빌려, 세상의 유용(有用)이 곧 무용(無用)이요 무용(無用)이 곧 대용(大用)임을 역설한다.

과일 나무는 과일을 맺는 바로 그 '쓸모' 때문에 가지가 찢기고 꺾이는 욕을 당한다. 세상 일이 모두 그렇다. 유능할수록 신세만 고달프다.

그러나 이런 말을 아무나 할 수 있는 건 아니다. 사람이 유능함으로써 얻을 수 있는 것들, 예컨대 재물이나 명성이나 권력 따위를 티끌처럼 여기는 사람만이, 이기능(以其能)으로 고기생(苦其生)이라, 유능해서 고생이라고 말할 수 있는 것이다. 어떤 고생을 무릅쓰고라도 재물과 명예와 권력 따위를 얻고자 하는 자에게는 이런 말들이 한낱 잠꼬대 같은 헛소리에 불과하리라.

어찌 장자의 말만 그러하랴? 예수, 노자, 공자, 석가, 소크라테스, 마호멧, 간디…… 이들의 말을 '참말'로 알아들어 그대로 따르는 자들보다는 그들의 말에 반대하여 코웃음 치는 무리가 훨씬 더 많았고 많으며 많을 것이다.

상수리나무가 말한다. 나는 오랫동안 무용지물(無用之物)로 평가받기를 바라왔는데 그 사이에 몇 번인가 '쓸모 있다'는 인간의 판단 때문에 죽을 뻔했으나 오늘 드디어 목수들의 꼭두인 그대 장백(匠伯)한테서 '쓸모없음!'이라는 판정을 받았으니 이제 비로소 무용지용(無用之用)을 얻었노라. 그런데, 그대나 나 결국은 같은 물(物)이거늘 같은 물이 누구를 향해 너는 물이라고 한단 말인가? 나아가서 쓸모없는 물이라고 한단 말인가? 그대 또한 죽음이 가까운 쓸모없는 사람으로서 어찌 나무의 쓸모없음을 판별할 수 있다는 것인가?

"무엇이 어디에 쓸모 있다"는 말은 주(主)와 객(客)을 떨어뜨려놓을 때 비로소 가능하다. 쓰는 자와 쓰임 받는 자가 별개일 때에 그런 말을 할 수 있다는 얘기다. 만일 둘이 한 몸이라면 그런 말을 할 수 없다. 상수리나무는 끝으로 목수와 나무의 불이(不二)를 깨우쳐준다.

이에 장석이 드디어 깨닫고 꿈 얘기를 하니 제자가 묻는다. 그 나무가 그토록 무용(無用)이기를 바랐다면 왜 사당 나무가 되었는가? 사당 나무 또한 인간에게 쓸모 있는 나무 아닌가?

선생이 대답한다. 쉬잇! 저 나무가 들을라. 말하지 말아라. 저 나무도 지금 겨우 사당에 제 몸을 맡겨 저를 알아보지 못하는 자들의 헐뜯음을 받고 있는 것이다. 만일 사당 나무가 아니었다면 잘리웠을지 모른다. 상수리나무가 바란 것은 '무용'(無用) 그 자체가 아니라 생존이었다. 이 점을 착각하니까 그런 질문이 나오는 것이다.

저 나무가 제 몸을 지키고자 쓰는 수단은 세속의 무리와 다르다. 스스로 사당 나무가 된 것은 사당 나무로서의 명예를 누리거나 칭송을 받고자 함이 아니었다. 사당 나무로 쓰임 받고자 함도 아니었다.

제4장 인간세(人間世) | 189

그래도 여전히 우리에게는 의문이 남는다.

그렇다면 장자는 공명부귀 모두 그만두고 아무쪼록 천수를 누리며 오래 살아남는 것을 지상 과제로 삼았단 말인가? 세상에는 오히려 쓸모가 없어서 베어지는 나무들도 얼마든지 있지 않은가?

5. 남백자기(南伯子綦)와 큰 나무

▲▲▲

남백자기(南伯子綦)가 상구(商丘)에서 노닐다가 큰 나무를 보았는데 보통 나무가 아닌 것이, 네 마리 말이 끄는 수레 천 대를 매어 놓아도 가려서 보이지 않을 만큼 컸다. 자기(子綦)가 이르기를, 이 나무는 무슨 나무일까? 훌륭한 재목이 틀림없구나. 고개 들어 잔가지를 올려다보니 구불구불해서 마룻대나 들보로 쓸 수가 없고 고개 숙여 밑둥을 내려다보니 속이 비어서 널로 만들 수 없고 잎을 핥아보니 입이 문드러져 헐고 냄새를 맡아보니 몹시 취해서 사흘이 되어도 깨어나지 않는다. 자기가 말하되, 이 나무야말로 과연 쓸모가 없는 나무라서 이토록 크게 자랄 수 있었구나. 그렇다! 신인(神人) 또한 이 나무처럼 쓸모없는 재목이렷다.

南伯子綦遊乎商之丘다가 見大木焉하니 有異라. 結駟千乘이 隱將芘其所藾더라. 子綦 曰, 此何木也哉인가? 此必有異材夫로다. 仰而視其細枝하니 則拳曲而不可以爲棟梁이요 俯而視其大根하니 則軸解而不可以爲棺槨이요 咶其葉하니 則口爛而爲傷이요 嗅之하니 則使人狂酲하여 三日而不已라. 子綦 曰, 此果不材之木也니, 以至於此其大

也로다. 嗟乎라, 神人以此不材렷다.

　　목(木)을 재(材)로 보는 존재는 지구상에 '연장을 만드는 동물' 인 사람뿐일 것이다. 모든 피조물 가운데 사람만이 남을 자기의 '쓸모' 라는 관점에서 볼 수 있다. 이것이야말로 인간을 다른 동물에 견주어 특이한 존재로 만든 요인이라 하겠다. 일컬어 인간의 위대함이라고 해도 좋다.
　　그러나, 세상만사 모두 그러하듯이, 여기서도 장(長)은 반드시 단(短)을 수반한다. 자기 아닌 남을 자신의 '쓸모' 로 보는 인간의 관점은 그 자신을 하나의 소모품으로 전락시키고 마는 역작용을 낳는다.
　　장자는 바로 이 '위대한 인간' 의 어두운 그늘에 대하여, 그 상처가 너무 크고 깊음에 대하여 근심하고 우울해하고 마침내 절망하고 있는 것 아닐까?
　　하느님이 참나무를 기르시는 것은 그 껍질로 병마개를 만들기 위해서가 아니다. 참나무가 봄에 새잎을 내고 가을에 도토리를 떨구는 것은 사람에게 묵을 만들어 먹이기 위해서가 아니다.
　　물론 참나무 껍질로 병마개를 만들고 그 열매로 묵을 만들어 먹는 것은 좋은 일이다. 그러나 참나무를 병마개와 묵의 재료로 '만' 보는 관점에 인간을 한낱 누군가의(자기 자신일 수도 있음) '소모품' 으로 전락시키는 함정이 숨어 있는 것이다.
　　하느님의 피조물 가운데는 아무리 하찮은 것이라도, 처음부터 다른 어느 피조물의 '쓸모' 가 되기 위해서 존재하는 것은 없다. 하나도 없다. 모두가 제 나름의 존재 이유를 지니고 있으며 저마다 하늘로부터 받은 천명을 누릴 권리가 있다. 인간이 무엇을 자신의 쓸모로 삼을 경우에도 이 대원칙을 허물지 않는다는 조건 안에서 그렇게 해야 한다.

그런데, 이른바 인지(人智)가 발달하면서 사람들은 두부를 만들어 먹기 위해 콩을 심고 젖과 고기를 먹기 위해 소를 기르기 시작했다. 그 결과로, 열매를 맺지 못하는 나무는 뽑혔고 젖을 내지 못하는 소는 도살되었다. 마침내 지구가 '인간'을 중심으로 돌아가기 시작했다. 이것을 인간은 '발전'이라는 말로 부른다. 그러나 이 '발전'은 인간 아닌 다른 모든 피조물을 '소모품'으로 전락시킨 대가로 이루어진 것이었다.

모든 것을 자기의 '쓸모'로만 보는 사람은 자기 자신까지도 '쓸모'라는 관점으로밖에는 보지 못한다. 바로 여기에, 노장(老莊)의 근심하는 바가 있는 것이다. 인간이 스스로 인간을 타락시키고 있는데, 어떻게 그것을 막을 것이며 타락 이전의 상태로 돌이킬 것인가?

자기를 '쓸모'라는 관점에서 보는 사람은 누군가에게 쓰여지지 않을 때 그것을 차마 견뎌내지 못한다. 그래서 오직 쓰임 받고자, 능력을 키운다는 명목으로 자신에게 이런저런 무리한 요구를 하게 되고 마침내 인생을 파멸로 몰아간다. 인간의 어리석음이 여기에까지 이르렀다!

남백자기(南伯子綦)가 보았다는 상구(商丘)의 큰 나무는 첫눈에 대단한 재목(材木)으로 보였지만, 뜯어보니 아무 데도 쓸모가 없다. 들보를 만들 수도 없고 널을 짤 수도 없고 열매를 먹을 수도 없고 냄새를 맡을 수도 없다. 인간의 '쓸모'에 자기를 한 치도 내어주지 않는 단호한 거부(拒否) 덩어리! 그것을 보는 순간, 자기(子綦)는 문득 눈을 뜬다. 이것이 무엇이냐? 모든 것을 '쓸모'로만 보는 인간의 눈과 손이 전혀 건드릴 수 없는 존재. 누군가의 쓸모로서 존재하기를 거부하고 그냥 스스로 있는 존재. 자기 밖의 손길에 의지해서가 아니라 내면의 법(法)을 좇아 자존(自存), 자유하는 존재.

마침내 자기(子綦)는 그 나무한테서 신인(神人)의 모습을 본다. 다른 누구에게 '쓸모'가 되려고 안달하지 않고 하늘이 마련해준 생존의 길〔道〕을 좇아 유유자적(悠悠自適)하는 참사람의 모습을 본다.

▲▲▲

송(宋)나라에 형씨(荊氏)라는 곳이 있는데 개오동나무와 잣나무와 뽕나무가 잘 자라는 땅이다. 나무 굵기가 한두 줌 이상 되면 원숭이 말뚝을 구하는 자가 베어가고 서너 아름쯤 되면 큰 집 마룻대를 찾는 자가 베어가고 일고 여덟 아름쯤 되면 귀인이나 부잣집 널감을 구하는 자가 베어간다. 그래서 하늘이 내린 수명을 다하지 못하고 중간에 도끼질을 당하고 마니 이는 쓸모가 있어서 겪는 탈이다. 그러므로 제사를 지낼 적에 이마가 흰 소와 코가 위로 젖혀진 돼지와 치질을 앓는 사람은 강물에 내려 제물로 바쳐질 수 없다. 이는 무당과 제관들이 쓸모없는 줄 알아서 상서롭지 않게 여기는 것이지만 또한 신인(神人)이 매우 상서롭게 여기는 것이기도 하다.

宋에 有荊氏者하니 宜楸柏桑이나 其拱把而上者면 求狙猴之杙者斬之하고 三圍四圍면 求高名之麗者斬之하고 七圍八圍면 貴人富商之家에 求樿傍者斬之라, 故로 未終其天年하고 而中道之夭於斧斤하니 此材之患也로다. 故로 解之에 以牛之白顙者와 與豚之亢鼻者와 與人有痔病者는 不可以適河니라. 此皆巫祝以知之矣하여 所以爲不祥也나 此乃神人之所以爲大祥也로다.

입신양명(立身揚名)을 생의 목적으로 삼는 사람들, 그것을 인간의 마땅한 처세로 가르치고 배우는 사람들, 그들의 고정관념에 대한 장자의 비판이 신랄하다.

밖으로(사람에게) 쓸모 있음(有用)이 안으로(하느님에게) 쓸모없음(無用)이요 밖으로(사람에게) 쓸모없음이 안으로(하느님에게) 쓸모 있음이다. 남을 이용하는 자는 남에게 이용당하고 아무도 이용하지 않는 자는 누구에게도 이용당하지 않는다.

신인(神人)이 대상(大祥)으로 여기는 것은 천수(天壽)를 누려 오래 사는 데 있지 않고, 스스로 누리며 살아가는 자존, 자유에 있다.

6. 꼽추 지리소(支離疏)

▲▲▲

지리소(支離疏)라고 하는 자는 아래턱이 배꼽에 묻히고 어깨는 꼭뒤보다 높고 상투는 하늘을 찌르고 내장은 위에 얹혀 있고 넓적다리는 옆구리에 붙어 있지만 바느질과 세탁으로 입에 풀칠을 너끈히 하고 작은 키로 곡식을 까불어 열 식구를 너끈히 먹일 수 있다. 위에서 군대를 뽑는 동안에 지리(支離)는 팔뚝을 걷고 다니며 위에서 큰 역사(役事)를 벌여 일꾼을 모을 때 지리는 고질병이 있는지라 제외되고 위에서 병자에게 곡식을 내릴 때에는 세 가지 곡식에 땔감 열 묶음을 받는다. 이처럼 몸뚱아리가 온전치 못한 자가 오히려 제 몸을 보양(保養)하여 천수를 누리거늘 그 마음의 덕(德)이 온전치 못한 자야 어떠하겠는가?

支離疏者는 頤隱於齊하고 肩高於頂하고 會撮指天하고 五管在上하고 兩髀爲脅이로되 挫鍼治繲로 足以餬口하고 鼓筴播精으로 足以食十人하고 上徵武士엔 則支離攘臂於其間하고 上有大役엔 則支離以有常疾로 不受功이요 上與病者粟엔 則受三種與十束薪이니라. 夫支離其形者, 猶足以養其身하여 終其天年이어늘 又況支離其德者乎리오?

지리(支離)는 지리멸렬(支離滅裂), 곧 이리저리 찢기고 나뉘어서 도무지 갈피를 잡을 수 없는 모습을 가리키고, 소(疏)는 어리석다는 뜻이다. 보기에도 흉측한 꼽추가 여기 있다. 사람들이 저마다 흠모하고 소망하는 눈, 코, 입, 귀 번듯한 미남 장부와 정반대 꼴 인간이다. 벼슬 자리는 아예 꿈도 꿀 수 없고 군대도 못 나간다. 병신이기 때문이다. 도무지 어디에도 쓸모가 없는, 말 그대로 쓰레기 같은 인간이다.

그런데 이름부터 뒤죽박죽인 그 지리소가 바로 그 흉측한 병신 몸 덕분에 너끈히 제 몸을 지키고 기른다. 성한 사람들이 군대에 끌려가서 죽어갈 때 지리소는 의기양양 팔뚝을 걷어붙이고 거리를 활보한다. 그런가 하면 나라에 큰 공사(工事)가 있어서 백성들 끌어다 부역시킬 때 지리소는 병신 몸인지라 열외(列外)로 남고 나라에서 구제사업을 펼 때에는 공짜로 곡물과 장작까지 타서 쓴다.

게다가, 바느질과 빨래질로 목구멍에 풀칠하는 것은 문제가 없고 키질로 곡식을 까불면(어느 농가의 머슴쯤 된 것일까?) 열 식구를 너끈히 먹여살릴 수 있다!

그가 이토록 전쟁의 위협과 부역의 고달픔에서 멀리 벗어나 태평하게 자신의 생명을 지켜 누릴 수 있었던 것은 다만 그 육신이 지리멸렬하여 도무지 아무 데도 '쓸모'가 없었기 때문이다. 다른 사람에게 '쓸모없음'(無用)이 자신에게는 긴요한 '쓸모'로 되었다.

육신의 지리가 이와 같은 결과를 가져다준다면, 덕(德)의 지리가 가져다주는 유익은 어떠하겠는가? 덕이 지리하다는 말은 정신이 총명하지 않고 오히려 어리숙하다는 말이다. 이른바 입신출세 따위에 조금도 집착하지 않는다는 뜻이다. 남들이 다 좋다고 하는 것(예, 명성, 재물, 칭찬, 학위, 고위직…… 따위)을 좋아할 줄 모르고 남들이 다 싫다고 하는 것(예, 남의 심부름이나 치다꺼리를 하는 것, 힘들고 불결한 노동…… 따위)을 싫어할 줄 모르는 사람을, 그 덕이 지리하다고 한다. 뭇 사람이 싫어하는 바에 마음이 가 있기 때문이다.

한마디로 세속의 관점에서 볼 때 어리석은 사람이다. 제 밥도 찾아먹지 못하는 사람, 도무지 손익(損益)을 헤아리지 못하는 사람.

심산(心山) 김창숙(金昌淑)은 해방 후 백범(白凡)도 두려워했던 대쪽 같은 선비요 그 고절(高節)이 유명했던 독립 투사다. 초대 성균관대학 총장으로 추대되었으나 이승만(李承晩)과 뜻이 맞지 않아서 물러나 일정 때 받은 고문의 후유증으로 앉은뱅이처럼 지내다가 죽었다.

육당 최남선(崔南善)이 죽었을 때 이승만이 그를 조상(弔喪)하며 칭찬하자 "어허, 우남(雩南) 늙은 박사여, 당신 원수가 되어 무슨 짓을 하는가?…… 어허, 나라의 영원한 수치로다. 나, 박사를 위하여 한 번 곡(哭)을 하노라"는 시를 써서 경무대에 던진 일(대구 『매일신문』에 실림)은 세간에 널리 알려졌다. 심산이 남긴 시에 다음과 같은 것이 있다.

> 세상은 나를 어리석다고 욕하지만
> 나는 세상에 지혜로운 자 많음을 한탄한다.
> 지혜로운 자들은 어찌 그리 간교하고
> 간교한 자들은 어찌 그리 거짓되었는가.
> 지혜로운 자들은 모두 높은 자리에 앉고
> 어리숙한 자들은 죄다 천한 자리에 앉지만
> 천한 자리는 본디 달게 여기는 바요
> 높은 자리는 거들떠보지도 않는 바다.
> 내 어리석음을 내가 스스로 아노니

의(義)에 죽는 자, 그 무엇에 상(傷)하리?

심산은 스스로 자기 이름을 만들어 '절름발이 늙은이'〔躄翁〕라 불렀다. 그의 화상(畫像)에 스스로 붙인 찬(贊)은 이렇다.

>네 얼굴은 어찌 그리 추하며
>네 마음은 어찌 그리 어리석으냐?
>그 추함은 그림으로 옮길 수 있으나
>그 어리석음은 그림으로 그릴 수 없구나.

7. 접여(接輿)의 노래

▲▲▲

공자가 초(楚)나라에 갔을 때 초나라 미치광이 접여(接輿)가 문 앞을 오락가락하며 노래하기를, 봉황이여 봉황이여 시들어가는 덕(德)을 어찌 하겠느냐? 앞날은 기대할 수 없고 지난날은 돌이킬 수 없도다. 천하에 도(道)가 있으면 성인(聖人)이 그것을 이루고 천하에 도가 없으면 성인은 자기 목숨 살아갈 따름이니 시방은 겨우 형벌이나 면하는 게 고작인 세상. 복(福)은 깃털보다 가벼워도 잡을 줄을 모르고 화(禍)는 땅보다 무거워도 피할 줄을 모르네. 말아라, 말아라, 덕(德)으로써 사람을 다스리려는 짓거리. 위태롭구나, 위태롭구나, 땅에 금 긋고 그 안에서 허둥대는 짓거리. 가시나무여, 가시나무여, 내 가는 길 네가 못 막으리. 이리 굽고 저리 굽어 돌아서 가면 내 발을 네가 헐지 못하리. 산에 나무는 제 몸 제가 베어넘기고 등잔불은 제 몸 제가 사르니, 계수나무는 먹을 수 있어서 잘리우고 옻나무는 쓸 데가 있어서 베어지네. 사람이 저마다 쓸모 있음의 쓸모는 알면서 쓸모없음의 쓸모는 모르는구나.

孔子適楚한대 楚狂接輿遊其門曰, 鳳兮여 鳳兮여 何如德之衰也인가? 來世는 不可待요 往世는 不可追也로다. 天下有道엔 聖人成焉이요 天下無道엔 聖人生焉이니 方今之時는 僅免刑焉이로다. 福輕乎羽니 莫之知載요 禍重乎地나 莫之知避라. 已乎라, 已乎라, 臨人以德이여 殆乎라 殆乎라, 畫地而趨여. 迷陽迷陽이여 無傷吾行이니 吾行卻曲이면 無傷吾足이니라. 山木은 自寇하고 膏火는 自煎也라. 桂可食으로 故伐之요 漆可用으로 故割之라. 人皆知有用之用이나 而莫知無用之用也로다.

공자가 초(楚)나라 광인(狂人) 접여(接輿)를 만난 일화는 『논어』에도 기록되어 있다.

"초나라 광접여(狂接輿)가 노래를 부르며 공자 곁을 지나갔다. 봉황이여, 봉황이여, 어찌하여 덕(德)이 시들었는가. 지난 일은 어쩔 수 없고 다가오는 일은 아직 손쓸 수 있는 것. 말아라, 말아라, 오늘에 정치를 좇는 자는 위태로울 따름이라네. 공자가 수레에서 내려 그와 말을 나누고자 했으나 피해서 달아나는 바람에 말을 나눌 수 없었다."(『논어』'미자편'〔微子篇〕)

어느 쪽이 더 원본인지는 알 수 없으나 덕(德)이 무너진 시대에 굳이 정치를 바로잡아 보려는 공자의 뜻을 비판하는 내용에서는 일치한다.

접여의 노래는 그 시대 상황을 감안하고 들어야 한다. 지금은 형벌이나 면하면 다행인 그런 시절이다. 의(義)가 있으나 통할 틈이 없고 인(仁)이 있으나 뿌리내릴 곳이 없다. 성인조차 어쩔 수 없는, 위아래 할 것 없이 모두 썩고 미치고 무너져버린 세상이다. 그런데도 사람들은 열

제4장 인간세(人間世) | 201

심히 출세를 향해 달려간다. 그 길이 파멸로 이어지는 줄 모르고. 이런 시대일수록 복(福)은 오히려 깃털처럼 가벼워 마음 하나 먹으면 얼마든지 누릴 수 있는 것인데 그것을 하지 못한다. 세상에 '쓸모' 있는 존재가 되고자 하는 마음을 버리면 되는데 그걸 못하는 것이다. 화(禍)는 땅덩이처럼 무거워 누구나 쉽게 알아보고 피할 수 있는데 그러지를 못한다. 이름이 나면 그것이 곧 화근(禍根)이요 높은 자리에 오르면 그것이 곧 재앙인데 사람들이 유명해지고 높은 자리에 앉기를 끝내 피할 줄 모르는 것이다.

이런 판국에 누구를 덕(德)으로써 다스리고자 하는가? 아서라 말아라, 시비(是非)의 금을 땅에 긋고 그 안에서 이리저리 허둥대는가? 위태로운 일이다. 아슬아슬한 일이다.

나, 미치광이 접여를 보아라. 길에 무성한 가시나무가 어찌 내 발을 다치게 하겠는가? 내 발이 가시나무를 피하여 굽이굽이 돌아서 가거늘. 산에 나무는 남에게 '쓸모' 있고자 하여 제 몸 제가 찍어넘기고, 등잔불은 남에게 '쓸모' 있기 위하여 제 몸 제가 사른다. 계수나무는 사람이 먹을 수 있어서 도끼질을 당하고 옻나무도 사람한테 쓸모가 있어서 베어진다.

어찌 계수나무와 옻나무뿐이랴? '남'에게 쓸모 있고자 하여 '자기'를 베어넘기는 자들이.

"……바로 이 대목은 장자가 자신의 간과 쓸개를 드러내놓고 진정(眞精)을 피력한 부분으로 처세가 이토록 어려움을 말한 것이다. 그러므로 우주 밖으로 벗어나서 도(道)와 더불어 스스로를 온전히 하고, 가난하고 비천한 곳에 머무름으로써 세상과는 무관하게 아무 근심 없이 살면서 글을 남겨 자기 뜻을 펼친다는 것이 바로 장자 사상의 핵심이다.

따라서 이 '인간세' 편의 끝 부분을 공자와 광접여 이야기로 맺은 것은 참으로 장자 자신이 자기 이야기를 스스로 기록한 셈이다."(감산덕청〔憨山德淸〕)

제5장
덕충부(德充符)

1. 상계(常季)와 중니(仲尼)의 문답

▲▲

노(魯)나라에 벌을 받아 한쪽 발꿈치가 잘린 왕태(王駘)라는 사람이 있었는데 그를 따르며 배우고자 하는 자의 수가 중니(仲尼)의 제자만큼 되었다. 상계(常季)가 중니에게 묻기를, 왕태는 장애인인데도 그를 따르며 배우고자 하는 자의 수가 선생님의 제자들만큼 되어 노나라를 절반쯤 가를 정도입니다. 그는 서서 가르치지도 않고 앉아서 따로 말하는 법도 없는데 텅 비어서 갔던 자들이 가득 차서 돌아오니 참으로 말하지 않고 가르치며 겉으로 나타내지 않고 그 마음을 이루어주는 그런 사람인가요? 그는 대체 어떤 사람입니까? 중니 말하되, 그분은 성인(聖人)이실세. 나는 다만 머뭇거리다가 그분을 가 뵙지 못했을 뿐이라네. 나도 앞으로 그분을 스승으로 모실까 하는데 나보다 못한 사람들이야 말할 게 있겠나? 어찌 노나라 사람들만이겠는가? 나는 장차 온 세상 사람을 이끌고 가서 그분을 따르고자 하네.

魯에 有兀者王駘한대 從之遊者, 與仲尼相若이더라. 常季問於仲尼曰, 王駘는 兀者也거늘 從之遊者, 與夫子로 中分魯라. 立不敎하고

坐不議로되 虛而往하여 實而歸하니 固有不言之敎에 無形而心成者
邪니까? 是何人也니까? 仲尼曰, 夫子는 聖人也라. 丘也直後而未往
耳로다. 丘將以爲師거늘 而況不若丘者乎인가? 奚假魯國이리오? 丘
將引天下而與從之니라.

덕충부(德充符)란, 덕(德)이 속에 가득하면 겉으로 드러난다는 뜻이
다. 속에 있는 것은 반드시 드러나게 되어 있다.
"선한 사람은 선한 마음의 창고에서 선한 것을 내놓고 악한 사람은
그 악한 창고에서 악한 것을 내놓는다. 마음속에 가득 찬 것이 입 밖으
로 나오게 마련이다."(루가복음 6:45)
"속에 성(誠)을 지니면 겉으로 모습이 나타난다. 그러므로 군자는 반
드시 혼자 있을 때를 삼간다."〔誠於中, 形於外, 故君子必愼其獨也:『대학』
6장〕
그런데 여기서 조심할 것은, 속에 있는 덕(德)이나 성(誠)을 스스로 드
러내고자 작위(作爲) 하지 않는다는 점이다. 덕이란 스스로 드러나는 것
이지 드러내는 게 아니다. 그래서 군자의 도(道)는 비이은(費而隱)이라,
그 쓰이지 않는 데가 없이 편만하지만 숨어 있다고 했다.(『중용』 12장)
또, 성인은 도(道)를 속에 품어 세상의 법이 되는데, 자기 자신을 드
러내지 않아서 드러나고 스스로 빛내지 않아서 빛나고 스스로 뽐내지
않아서 머리가 된다고 했다.(『노자』 22장)

조개껍질 속에 진주가 숨어 있고
돌 속에 푸른 옥이 잠겨 있다.

사향 있으매 절로 향이 풍기거늘

구태여 바람맞이에 서 있을 까닭이 무엇이리오.(야보〔冶父〕)

〔蚌腹隱明珠, 石中藏碧玉. 有麝自然香, 何用當風立.〕

장자는 이 장에서 일부러(?) 장애인을 등장시켜 그들 속에 충만한 덕(德)을 드러냄으로써 외모에 속고 외모로 속이는 세속의 어리석은 무리를 부끄럽게 한다.

노나라는 공자의 모국이다. 그곳에 왕태(王駘)라는 사람이 있는데 나라에서 벌을 받아 한쪽 발이 성하지 못하다. 그런데 그에게 가서 제자가 되고자 하는 무리가 공자의 제자만큼 불어나 노나라 인구의 절반을 차지할 정도다. 이는 사실(史實)이 아니다. 장자가 지어낸 상상 속의 인물로 봐야 할 것이다.

상계(常季)라는 자가 나타나 공자에게 묻는다. 몸도 성치 못한 왕태의 제자가 저렇게 늘어나고 또 듣자니 특별히 가르치는 바도 없다던데, 텅 빈 몸으로 갔던 자들이 잔뜩 배워 가득 차서 나온다니 그가 도대체 어떤 인물인가? 말 그대로, 말없이 가르치고 겉으로 나타내지 않으면서 그 마음을 이루어주는 그런 사람인가?

상계(常季)라는 인물에 대해서도, 노나라의 현자(賢者)라는 성현영(成玄英)이라는 설이 있지만 근거가 없다. 역시 가상 인물로 보는 게 무난하다.

중니가 대답한다. 그분은 성인(聖人)일세. 나도 진작에 찾아가서 뵙고자 했으나 아직 기회가 없었네. 나는 장차 모든 사람을 이끌고 그분께 가서 스승으로 모실 생각이라네.

절름발이 병신이 말도 없이 가르치는데 많은 제자들이 모여들고 마침내 당대의 스승인 공자께서도 그의 제자가 되겠다고 한다. 도대체 그는 어떤 사람인가?

▲▲▲

상계(常季)가 이르기를, 그 사람은 절름발이인데도 선생님보다 훌륭하다시니 보통 사람하고는 거리가 먼 분이로군요. 그런 사람의 마음 씀은 대체 어떠할까요? 중니가 말하되, 죽고 사는 것이 큰일이지만 그 때문에 마음을 바꾸는 일이 없고 하늘이 무너지고 땅이 꺼져도 따라서 무너지는 일이 없으며 물(物)의 정체를 꿰뚫어 알기에 물(物)을 좇아서 옮겨다니지 않고 물(物)의 변화를 좇아 살되 그 근본을 지킨다네. 상계가 다시 묻기를, 어째서 그렇게 말씀하시는지요? 중니가 대답하되, 서로 다른 것을 보기로 한다면 간과 쓸개가 초(楚)나라와 월(越)나라요 서로 같을 것을 보기로 한다면 만물이 하나일세. 무릇 그런 분으로 말할 것 같으면, 눈과 귀의 즐기는 바를 모르고 마음은 덕(德)의 조화가 이루어진 경지에서 노닐며 만물이 하나임을 보고 그 잃는 것을 따지지 않는다네. 발 하나 잃는 것쯤 흙덩이가 떨어진 것으로 여기지.

常季曰, 彼는 兀者也로되 而王先生이라 하니 其與庸亦遠矣니다. 若然者는 其用心也, 獨若之何니까? 仲尼曰, 死生亦大矣나 而不得與之變이요 雖天地覆墜라도 亦將不與之遺요 審乎無假하여 而不與物遷하고 命物之化하되 而守其宗也니라. 常季曰, 何謂也니까? 仲

尼曰. 自其異者로 視之면 肝膽이 楚越也요 自其同者로 視之면 萬物이 皆一也니라. 夫若然者는 且不知耳目之所宜하여 而遊心乎德之和하고 物視其所一하여 而不見其所喪하니라. 視喪其足을 猶遺土也로다.

상계(常季)가 놀라서 말한다. 그는 절름발이인데도 선생님보다 훌륭하다고 하시니 우리 같은 보통 사람하고는 거리가 먼 사람이군요? 그런 분은 도대체 마음을 어떻게 쓰실까요?

상계는 아직 왕태의 외모밖에 보지 못한다. 그러나 공자가 본 것은 그의 절름발이 아니다. 꿰뚫어 중심을 보는 눈에는 사람의 외모가 아무런 걸림이 되지 않는다.

중니가 말한다. 그 사람은 어떤 사람이냐? 죽고 사는 데 얽매여 이랬다저랬다 하지 않는다. 죽음도 삶도 그를 바꿔놓을 수 없다. "사느냐 죽느냐, 그것이 문제가 되지 않는 경지에 들기까지는 아직 참으로 산 게 아니다."(안소니 드 멜로) 하늘이 무너지고 땅이 꺼지는 일이 생겨도 그와 더불어 무너지지 않는다. 환경의 변화가 그를 바꿔놓을 수 없다.

심호무가(審乎無假)하여, 여기 심(審)은 꿰뚫어 안다는 뜻이고 무가(無假)는 거짓이 없다는 말인데 있는 그대로의 실속을 뜻한다고 보아 '물(物)의 정체'로 옮긴다. 물(物)의 실상(實相) 또는 진상(眞相)을 제대로 아는 것이 '깨달음'이다.

그는 '물'(物)이 어떤 것인지를 알기 때문에, 이불여물천(而不與物遷)하고, 물을 좇아서 이리저리 옮겨다니는 일이 없고 물의 변화를 거스르지 않으면서 살되 자신의 뿌리를 지킨다. 수기종(守其宗)은 노자의 수중(守中)과 같고 앞에서 말한 양중(養中)과도 통하는 말이다. 중심에 도(道)를 모신다, 하느님을 모신다, 또는 뒤에 나오는 상심(常心)을 모신다는 뜻이다.

상계는 선생의 말을 잘 알아들을 수 없어서 다시 묻는다. 좀더 자세히 말씀해주십시오. 무슨 말씀이십니까?

중니의 대답.

보는 관점이 문제다. 다른 것을 보기로 하면 간과 쓸개가 초나라와 월나라처럼 멀고 같은 것을 보기로 하면 만물이 모두 하나다. 사물을 그렇게 보는 사람은(하나로 보는 사람은) 눈과 귀를 즐겁게 하는 것 따위에 오히려 초연하여 그 마음이 덕(德)의 조화가 이루어지는 지경을 노닌다. 그런 사람을 우리는 '눈이 열린' 사람이라고 한다. 노자는 오색(五色)이 사람 눈을 멀게 하고 오음(五音)이 사람 귀를 먹게 한다고 했다. 눈에 보이는 것으로 현혹되지 않는 사람이 참으로 보는 눈을 지닌 사람이다.

그런 눈을 지닌 사람에게는 긴 것과 짧은 것, 높은 것과 낮은 것, 큰 것과 작은 것, 둥근 것과 모난 것, 거룩한 것과 속된 것, 하늘의 것과 땅의 것, 얻는 것과 잃는 것을 나누는 '경계'가 없다. 모든 것을 '하나'로 본다. 원융무애(圓融無碍), 도무지 어디 걸리는 데가 없어, 모든 것과 통하여 모든 것에 드나들어 모든 것을 얻고 모든 것을 잃는다. 그러니 따로, '잃는 것'이 있을 리 없다. 발 하나 잃는 것쯤, 바짓가랑이에 묻었던 흙덩이가 떨어진 것으로 여긴다.

상계(常季)가 이르기를, 그 사람은 자기를 위했을 뿐입니다. 그 아는 바로써 마음을 얻고 그 마음으로써 한결같은 마음을 얻었거늘, 사람들이 그에게로 모여드는 것은 어째서입니까? 중니가 대답하되, 사람들은 흐르는 물에 제 모습을 비춰보지 않고 고요한 물에 자기 모습을 비춰본다네. 스스로 고요해야 뭇 사람을 고요하게 할 수 있지. 땅에서 목숨을 얻은 것들 가운데 오직 소나무와 잣나무가 홀로 정심(正心)을 지녀 여름과 겨울에 늘 푸르고 하늘에서 목숨을 얻은 사람들 가운데 오직 순(舜)임금만이 홀로 정심을 지녀 바르게 삶으로써 요행으로 사람들을 바르게 할 수 있었다네. 무릇 덕(德)의 근본을 속에 모신 자의 겉으로 나타나는 모습은 도무지 두려운 일이 없는 것이라. 용감한 병사 하나가 적의 대군 속으로 뛰어들매 자신의 이름을 내고자 하여 반드시 이를 이루려는 자도 이와 같거늘 하물며 하늘과 땅을 뜻대로 다루고 만물을 품에 품고 몸뚱이를 잠시 머물 곳으로 삼고 보고 듣는 것에 사로잡히지 않고 알고 있는 바를 모두 하나로 통일시키고 마음으로 일찍이 죽음을 넘어선 사람이야 말할 게 있겠는가? 그분은 날을 받아 하늘로 오르실 것일세. 사람들이 그를 따르기는 하지만, 어찌 그분이 사람들을 모으려고야 하셨겠나?

常季曰, 彼는 爲己니다. 以其知로 得其心하고 以其心으로 得其常心이거늘 物何爲最之哉니까? 仲尼曰, 人莫鑑於流水요 而鑑於止水니 唯止라야 能止衆止니라. 受命於地에 唯松柏이 獨也正하여 冬夏青青이요 受命於天에 唯舜이 獨也正하여 幸能正生으로 以正衆生이니라.

夫保始之徵은 不懼之實이라. 勇士一人이 雄入於九軍에 將求名而能自要者라도 而猶若是거늘 而況官天地하고 府萬物하고 直寓六骸하고 象耳目하고 一知之所知하여 而心未嘗死者乎리오? 彼且擇日而登이로다. 假人則從是也나 彼且何肯以物爲事乎리오?

상계(常季)가 반문한다. 그는 '위기'(爲己)를 했을 뿐입니다. 자기의 아는 바로 마음을 얻고 그 마음으로 한결같은 마음을 얻은 것인데 그게 뭐 대단하다고 사람들이 저토록 모여드는 것일까요?

'위기'(爲己)는 저를 위한다는 말이다. 『논어』에, "공자 이르시되, 옛적의 배우는 사람은 자기를 위했는데 요즘의 배우는 사람은 남을 위한다〔古之學者爲己, 今之學者爲人〕고 하셨다."('헌문편'〔憲問篇〕)

정자(程子)는 이 대목에 덧붙여 말한다.

"옛날의 배우는 사람은 자기를 위하여 마침내 남을 이루어주었고〔古之學者爲己, 其終至於成物〕 요즘의 배우는 사람은 남을 위하다가 마침내 자기를 잃어버리고 만다〔今之學者爲人, 其終至於喪己〕."

'남을 위한다'는 것이 듣기에는 그럴 듯하나 결국은 자기를 남보다 위에 또는 앞에 놓겠다는 속셈에서 나온 것이라는 사실을 꿰뚫어보고 경계한 말씀이요, '자기를 위한다'는 것이 듣기에는 이기적인 듯하나 사실은 그것이 남을 위하여 그를 이루어주는〔成物〕 유일한 길이라는 얘기다.

오직 자기를 갈고 닦는 것이 예부터 수도자의 길이었다. 예수는 한평생 당신을 보내신 분의 뜻을 이루고 완성하는 것으로 양식(糧食)을 삼으셨다. 그분의 뜻을 이루는 일이란 당신의 몸과 마음을 몽땅 그분께 드리는 것이었고 그것은 또한 몸과 마음으로 사람들에게 당신을 내어주는 것이었다. 그분이 십자가를 지신 것도, 뒷날 사람들이 해석한 것처럼 죄인을 대속하기 '위하여' 지신 것이라기보다 그 전날 밤의 마지막 기도에서 보여주셨듯이 당신을 보내신 아버지의 뜻에 복종한 것이었다. 이 순서를 뒤집어서는 안 된다. 그분은 어제도 오늘도 내일도 '당신의 길'을 가신다.

대학 교수가 되기 위해 박사과정을 밟는 것과 진리를 탐구하고 자신의 인격을 좀더 닦기 위해 박사과정을 밟는 것은 질적으로 다르다. 민족을 위하여, 나라를 위하여, 이런 말을 깃발에 새겨들고 앞에서 설치는 자들일수록 경계할 일이다. 장자는 시방 예리한 창칼로 그런 자들의 깊은 속에 감추어져 있는 이기욕 보따리를 찔러대고 있는 것이다.

왕태의 위기지학(爲己之學)을 알아본 상계의 눈이 밝다. 왕태는 지(知)로 심(心)을, 심(心)으로 상심(常心)을 얻었다. 동양식 학문의 정도를 걸은 것이다. 지(知)는 격물(格物)에서 온다. 물(物)의 궁극 이치를 캐어 아는 것이 격물이다. 모든 물(物)은 그 속에 천지자연의 이치를 담고 있다. 그것을 궁구(窮究)하여 하늘 이치에 통하면 마음이 바로잡힌다. 물격(物格)에서 지지(知至)로, 지지에서 의성(意誠)으로, 의성에서 심정(心正)으로 발전하는 것이다. 여기까지는 『대학』의 순서와 동행하는데 그 뒤부터 장자는 곧장 상심(常心)을 얻는 것으로 끝내버리고, 『대학』은 신수(身修), 가제(家齊), 국치(國治), 천하평(天下平)으로 이어간다. 그러나 이는 관점의 차이에서 오는 결과일 뿐, 얘기하는 내용은 동일하다. 장자는 보이지 않는 쪽을 말했고, 『대학』은 겉으로 드러나보이는 쪽을 말한 것일 따름이다.

상심(常心)이란 말 그대로 한결같은 마음이다. 외부의 상황 변화에 따라 이랬다저랬다 옮겨다니는 뜨내기 마음이 아니라 언제나 거울처럼 맑고 고요한 마음이다. 고요한 마음! 모든 사욕을 여읜 마음! 만물이 거기에서 나오고 거기로 돌아가는 마음. 이 마음을 지닌 사람을 일컬어 불가(佛家)에서는 '깨달은 사람'이라 하고, 기독교에서는 '거듭난 사람'이라고 한다. 그는 일부러 무엇을 조작하지 않는다. 그냥 고요히 있을 뿐이다. 그런데 바로 그 고요함이 사람들로 하여금 그에게로 모여들게 하는 것이다.

중니가 친절하게 설명한다. 사람들은 고요한 물에 제 모습을 비춰본다. 흐르는 물은 사물을 비춰주지 못한다. 자기의 모습을 보게 된 자는 스스로 조용해진다. 고요한 마음만이 흔들리는 마음을 고요하게 해줄 수 있는 것이다. 사람들은 모두 착하다. 저마다 여래(如來)의 씨앗을 잉태하고 있다. 하느님의 형상을 모시고 있다. 바로 그 착한 씨앗을 싹틔워주어야 하는데 그러려면 우선 멈추어 고요해야 한다. 왕태는 흔들리지 않는 한결같은 마음을 지녔기에 사람들의 요동하는 마음을 멈추게 해줄 수 있었다. 소나무와 잣나무가 여름 겨울 한결같이 푸른 것은 그 속에 정심(正心)을 지니고 있기 때문이며, 순(舜)임금이 그나마 사람들의 삶을 바로잡아 줄 수 있었던 것도 속에 정심을 담고 있었기 때문이다. 부보시지징(夫保始之徵)은 불구지실(不懼之實)이라, 여기 '시'(始)는 '덕(德)의 처음'으로 읽는다. 덕의 근본이다. 사람이 덕의 근본 곧 도(道)를 속에 모시고 있으면 어떤 조짐[徵]이 나타나는가? 도무지 두려워하는 바가 없다. 두려워하지 않음이 가득 찬다.〔不懼之實〕

한 시자(侍者)가 스승에게 말한다.

"스승님, 살아가는 일이 두렵습니다."

스승이 웃으며 반문한다.

"모두 네 집안일인데 무엇이 두려우냐?"

아버지를 모시고 사는 사람은 동시에 아버지 품안에서 살아간다. 일어나는 모든 일이 아버지 품안의 일이요 만나는 모든 사물이 아버지 품안의 것이거늘 무엇을 두려워한단 말인가? 두려움은 아버지를 등진 데서 오는 환각일 따름, 빛을 등진 자가 제 그림자를 두려워하는 것이다. 믿음의 반대말은 불신이 아니라 두려움이다.

겁 없는 병사 하나가 어떻게든 용맹을 떨쳐 이름을 내리라 각오하고 적진에 뛰어드는 일도 있거늘, 하물며 천지를 마음대로 다루고 만물을 품에 안고(만물과 하나되고) 몸뚱이를 잠시 머무는 여관처럼 여기며 보이고 들리는 것들이 겉으로 나타나는 하나의 상(象)에 불과함을 알아보고(그래서 거기에 집착하여 얽매이지 않고) 자기의 아는 바를 모두 하나로 통일시켜(긴 것과 짧은 것, 높은 것과 낮은 것 따위를 따로 보지 않고 하나로 보아) 마침내 그 마음이 죽음과 상관없이 된 사람이라면 도대체 무엇을 두려워하겠는가? 틀림없이 그분은 날을 잡아(자기 때를 알아) 하늘로 오를 것이다.(우화등선[羽化登仙]은 도가[道家]의 이상이다.) 사람들이 그를 따르고 그에게 모여들기는 하지만 그것은 그들이 스스로 몰려간 것이다. 어찌 그분이 일부러 사람을 자기에게로 모으려고야 했겠느냐?

도봉(道峰)은 다만 깨끗하고 수려한 산수(山水)를 품고 있을 따름이다. 사람들이 그리로 모여드는 것은 그들이 그러는 것일 뿐, 도봉이 사람들을 끌어모으는 것은 아니다.

2. 신도가(申徒嘉)와 자산(子産)의 대화

▲▲▲

신도가(申徒嘉)는 형벌을 받아 발 하나를 잃은 사람인데 정(鄭)나라 자산(子産)과 함께 백혼무인(伯昏無人)을 스승으로 모시고 배웠다. 자산이 신도가에게 말하기를, 내가 먼저 나가면 자네가 남게. 자네가 먼저 나가면 내가 남겠네. 이튿날 다시 한자리에 앉게 되자 자산이 신도가에게 이르되, 내가 먼저 나가면 자네가 남게. 자네가 먼저 나가면 내가 남겠네. 이제 내가 나갈까 하는데 자네는 뒤에 남아 있어주겠나? 아니면 먼저 나가겠나? 자네는 대신(大臣)을 보고 비켜서지 않으니 자네가 대신하고 맞먹겠다는 건가? 신도가가 말하기를, 우리 선생님 문하(門下)에 대신이라는 자리가 따로 있던가? 자네는 스스로 대신이라는 직책을 좋아해서 남을 업신여기는 사람이로군. 듣자니, 거울이 맑으면 먼지와 때가 앉지 못하고 먼지와 때가 앉으면 거울이 맑지 못하며 어진 분 곁에 오래 있으면 허물이 없어지는 법이라던데, 이제 자네가 소중히 여길 바는 선생님이거늘 오히려 그와 같이 말하는 것은 또한 잘못이 아니겠는가? 자산이 말하되, 자네는 이미 그런 꼴을 하고도 오히려 요(堯)임금과 선(善)을 다투려는가? 자네의 덕(德)을 헤아려 스스로 반성할 수는 없단 말인가? 신도가가 이르기를, 자기 허물을 스스로 말하면서 발을 잘리운 게 억울하다는 자들은 많고 자기 허물을 말하면서 발을 그냥 두는 게 옳지 않다고 말하는 자는 적지. 자기 힘으로 어쩔 수 없는 것이 있음을 알아 그 일에 평안히 대처하고 천명을 좇는 일은 오직 덕 있는 사람만이 할 수 있다네. 예(羿)의 화살이 날아가서 닿을 수 있는 거리 안에 노닐면 그 복판은 화살에 맞는 자리지. 그런데도 화살에 맞지 않는다면 그것은 운명일세. 자기 발이 성하다고 해서 성하지 못한 내 발을 비웃는 자들이 많은데 나는 성이 발끈 났다가도 선생님 계신 곳에 나아가면 모든 감정이 사라져서 다시 평상심으로 돌아온다네. 내가 선생님 모시고 배운 지 오래 되었으나 아직도 선생님은 내가 발 하나 없는 사람인 줄 모르시지. 자네는 나와 더불어 마음공부를 한다면서 내 몸뚱이만 살피고 있으니 이 또한 잘못 아닌가? 자산이 얼굴색을 고치면서 말하기를, 자네는 그만 말하시게.

申徒嘉는 兀者也라. 而與鄭子産으로 同師於伯昏無人이더니 子産이 謂申徒嘉曰, 我先出이면 則子止요 子先出이면 則我止로다. 其明日에 于與合堂同席而坐한대 子産이 謂申徒嘉曰, 我先出이면 則子止요 子先出이면 則我止로다. 今我將出이니 子可以止乎인가? 其未邪인가? 且子見執政而不違는 子齊執政乎인가? 申徒嘉曰, 先生之門에 固有執政焉이 如此哉인가? 子而說子之執政而後人者也로다. 聞之에 曰, 鑑明則塵垢不止요 止則不明也요, 久與賢人處면 則無過라 하거니와 今子之所取大者는 先生也거늘 而猶出言若是는 不亦過乎인가? 子産曰, 子旣若是矣로 猶與堯爭善이로다. 計子之德하여 不

제5장 덕충부(德充符) | 219

足以自反邪인가? 申徒嘉曰, 自狀其過에 以不當亡者衆이요 不狀其過에 以不當存者寡니 知不可奈何하여 而安之若命은 唯有德者라야 能之니라. 遊於羿之彀中이면 中央者는 中地也라, 然而不中者는 命也니라. 人以其全足으로 笑吾不全足者衆矣라, 我怫然而怒로되 而適先生之所면 則廢然而反하니 不知先生之洗我以善邪로다. 吾與夫子遊, 十九年矣나 而未嘗知吾兀者也니라. 今에 子與我遊於形骸之內로되 而子索我於形骸之外하니 不亦過乎인가? 子産蹴然改容更貌曰, 子無乃稱이어다.

 빛에 드러난 것은 밝고 눈부시고 뚜렷하다. 그러나 빛 자체는 결코 그 모습을 드러낸 바 없어 우리의 감각으로 잡을 수 없고 그래서 어둡고 검고 아득하다.

 신도가와 자산의 대화를 통해서 장자는, 빛에 드러난 사물만을 보는 자와 사물을 드러내는 빛까지 아울러 보는 자의 모습을 대조하고 있다.
 신도가는, '신'(申)을 같은 발음인 '사'(司)의 음전(音轉) 문자로 읽어서 사도(司徒)의 직책을 맡았던 가(嘉)라는 인물로 본다. 사도(司徒)는 토지와 인민을 관장하는 벼슬로서 육경(六卿) 가운데 하나다. 가(嘉)는 높은 관직에 있다가 무슨 일로 벌을 받아 발 하나를 잃은 사람으로, 장자가 지어낸 인물로 보는 게 무난하다. 이에 견주어 정(鄭)나라 대신 자산은 실존 인물이었다. 춘추 시대에 활약한 정나라의 재상(宰相)으로 공자한테서 현인(賢人)이라는 평을 들은 사람이었다. 성은 공손(公孫)이요 이름은 교(僑)라 했다. 역사에 등장하는 이른바 '뛰어난 인물'을 데려다가 장애인인 신도가 앞에 세우고 그의 '유식한 무지'를 비판하는 장자의 붓끝이 역시 그답게 맵고 담대하다.

신도가와 자산은 함께 백혼무인(伯昏無人)의 문하에서 공부를 하고 있다. '백'(伯)은 장(長)이고 '혼'(昏)은 암(暗)이다. '무인'(無人)은 '너'가 없다는 뜻(물아(物我)의 구별이 없음)이다. 따라서 백혼무인(伯昏無人)이란, 매우 어둡고 아무 것도 겉으로 드러내지 않아 너와 나로 나뉘지 않는 사람을 가리킨다고 본다. 물론 장자가 지어낸 인물이다.『장자』'잡편'(雜篇)에는 '없을 무'(無)가 '흐릴 무'(瞀)로 되어 있어서 매우 어둡고 흐릿한 사람이라는 뜻으로 읽을 수 있다.

이 대화에서 백혼무인은 이름이 암시하는 대로, 배경에 숨어서 자기 모습을 드러내지 않는다. 말도 한마디 하지 않는다. 그냥 없는 듯이 있을 뿐이다. 그런데 그 없는 듯 있는 백혼무인의 존재가 신도가와 자산을 드러내어 보이게 하고 나아가 그 됨됨이를 심판하고 있는 것이다.

자산은 재상이다. 위로 임금 하나 있을 뿐 나머지를 모두 내려다보는 자리에 있다. 그런데 그가 백혼무인 문하에 몸을 낮추어 지금 공부를 하고 있는 것이다. 이것 하나만 봐도 그가 대단한 인물이라는 사실을 알 수 있다. 적어도 겉으로 보이는 모습만 보면 그렇다는 얘기다. 그리고 사람들은 대개 겉모습으로 판단하게 마련인지라, 그가 훌륭한 인물로 보이고 나아가 그렇게 행세하는 것이 그다지 억지스럽거나 어려운 일도 아니었으리라. 그런데, 장자는 그에게 화살 같은 물음을 던지고 있는 것이다. 자산아, 공부하는 자산아, 너는 스승의 문하를 드나들면서 무엇을 배우고 있느냐? 아니, 과연 공부라는 게 뭔지 알고는 있느냐?

장자가 생각하는 '공부'란 감각과 인식에 사로잡히지 않고(그것은 수갑이요 차꼬일 따름이니까) 세속의 굴레를 벗은 자유인으로 세속 한복판을 오히려 당당하고 의연하게 걷는 길(道)을 찾는 것이다. 그런데 지금 자산의 모습은 어떠한가? 나라에서 벌을 받아 장애인이 된 도반(道伴)이 자기와 한자리에 앉는 것 자체를 창피하게 생각하며 모독감을 느끼고 있다. 감히 죄인의 몸으로 대신(大臣)과 나란히 앉으려 하다니? 그는 신도가의 행실이 아니꼽고 마뜩찮다. 도저히 그대로 용납할 수가 없다. 네가 좌(左)하면 나는 우(右)하리라! 내가 지금 나가고자 하는데 너는 뒤에 머물러 있어라. 그게 싫거든 먼저 나가거라. 내가 뒤에 가리라. 차라리 너에게 선행(先行)을 양보할지언정 동행만큼은, 합석만큼은 용납할 수 없다.

자산의 잘못[過]은 크게 두 가지로 나누어 설명 가능하다. 하나는 자신에 대한 잘못이요 하나는 남에 대한 잘못이다.

우선 그는 '나'라는 아상(我相)에서 헤어나지 못하고 있다. "나는 나라의 재상이다." 이 한마디로 요약될 수 있는 자의식에서 한 치도 벗어나지 못했다. 내가 나에게 사로잡히는 것이야말로 내가 나에게 저지를 수 있는 가장 큰 잘못이다.

'나'에 대하여 눈이 멀면 어쩔 수 없이 '남'에 대해서도 눈이 멀게 된다. 그는 신도가의 참모습을 바로 보지 못했다. 그가 본 것은 다만 절름거리는 발뿐이었다. 그러나, 절름거리는 발과 절름거리지 않는 발은 그 본질에서 다를 바가 전혀 없다. 게다가 신도가의 절름발은 결코 신도가가 아니다. 사람은 외모만으로는 사람일 수 없다. 보이지 않는 무엇, 편의상 '인격'이란 말로 부르자, 그 보이지 않는 '인격' 때문에 사람은 비로소 사람일 수 있는 것이다. 자산은 신도가의 발만 보았지 그의 사람됨을 보는 눈이 없었다.

죄인이자 불구인 신도가의 입을 빌려, 장자는 바야흐로 자산의 위선을 벗긴다. 예수가 사마리아인의 행실을 빌려 제사장과 레위인의 위선을 벗겼듯이.

장애가 있는 몸으로 감히 재상과 합석을 하느냐고 불평하는 자산에게 신도가는 말한다. 우리 선생님은 참 거울처럼 맑으신 분이지. 옛말에 어진 분 곁에 오래 있으면 허물이 사라진다고 했는데, 우리가 선생님 문하를 어지럽히며 드나드는 것은 스스로 허물을 씻어내기 위해서가 아닌가? 도대체 자네는 선생님한테서 시방 무엇을 배우고 있는 건가?

이 말에 자산은 화를 낸다. 아픈 곳을 찌르면 군자는 겸허히 무릎을 꿇고 소인은 펄쩍 뛰며 성을 낸다. 자산이 드디어 명색이 도반(道伴)인데 차마 입에 담지 못할 말을 한다. '병신 몸으로 주제도 모르고 네가 감히 한 나라의 재상을 능멸하려는 거냐?'

신도가가 말한다. "자상기과(自狀其過)에 이부당망자중(以不當亡者衆)이요 불상기과(不狀其過)에 이부당존자과(以不當存者寡)라", 이 문장에서 불상(不狀)은 이상(而狀)으로 읽어야 뜻이 통한다고 옛 사람들은 설명했다. 고문헌에는 이(而)가 불(不)로 잘못 베껴진 예가 자주 있었다고 한다. 이렇게 바꿔서 읽으면, "자기 잘못을 스스로 말하면서 발을 잘리운 게 억울하다는 자는 많으나 자기 허물을 말하면서 발을 그냥 두는 게 억울하다는(옳지 않다는) 자는 적다"는 뜻이 된다. 그런데 신도가가 말하려는 바는, 그러한 세상 형편이 아니라 그 다음 문장이다. "지불가내하(知不可奈何)하여 이안지약명(而安之若命)은 유유덕자(唯有德者)라야 능지(能之)니라." 사람의 힘으로 어찌할 수 없는 일이 있음을 알아 그 일에 평안히 처하고[安之] 명을 좇아서[若命] 사는 삶은 오직 덕(德)을 지닌 자만이 할 수 있는데, 자기가 바로 그렇게 살아간다는 이야기다. 시방 이 세상으로 말할 것 같으면 이래도 당하고 저래도 당하는, 법도 질서도 없는 무법천지라, 마치 활 잘 쏘는 예(羿)의 사정거리 안에서

제5장 덕충부(德充符) | 223

그것도 과녁의 한가운데를 오락가락하는 것과 같아 살에 맞지 않는 것이 오히려 운명이라고 할 수 있는 세상이다. 관리의 몸으로 올자(兀者, 형벌로 발뒤꿈치가 잘린 사람) 되지 않은 게 차라리 천행(天幸)인데, 이런 세상을 살면서 과연 몸 성한 자가 성치 못한 자를 비웃을 수 있는가? 자네 두 발이 아직 성한 것은 자네의 덕(德)이 아니라 명(命)이다. 하늘이 그렇게 한 것이다. 자네가 그 일로 우쭐거리거나 남을 업신여길 이유는 어디에도 없네!

신도가는 이렇게 상대방의 정체를 벗기면서 아울러 자신을 절대화하는 잘못도 피하고 있다. 나 또한 자네처럼, 아상(我相)에서 벗어나지 못했네. 그래서 터무니없는 멸시나 비난을 당하면 발끈 성이 나지. 그러나 그랬다가도 선생님을 만나뵈면 모든 감정이 사라지고 다시 맑은 거울 같은 마음으로 돌아온다네. 자네와 조금 다른 점이 있다면 바로 이 점이겠지. 자네나 나나 선생님한테서 무엇을 배우고자 하는가? 말없이 가르치고 만물을 이루되 그 어느 것을 가려서 물리치지 않고 낳되 그 낳은 것을 가지지 않고 하되 그 한 것을 뽐내지 않고 공(功)을 이루되 그 자리에 머무르지 않는[行不言之教, 萬物作焉而不辭, 生而不有, 爲而不恃, 功成而不居: 『노자』 2장], 그런 삶의 길을 배우려고 선생님 문하를 드나드는 것 아닌가? 그런데 자네는 시방, 마음공부를 한다면서 고작 내 병신 발만 보고 있으니 이래서야 되겠는가?

자산이 얼굴색을 고쳤다고 했는데 부끄러워서 그랬는지 아니면 화가 나서 그랬는지 그것은 알 수가 없다. 신도가에게 더 말하지 말라고 했다는데 듣기가 쑥스러워서 그랬는지 아니면 듣기 싫어서 그랬는지 그것도 알 수 없다.

이 글을 쓰려고 그 꿈을 꿨던가? 누구와 전화를 하는데 중간에 합선이 되더니 갑자기 지난 여름 돌아가신 무위당(无爲堂) 장일순(張壹淳) 선생이 전화선 저쪽에서 "여보세요?" 하신다.

반가워서, "접니다, 선생님. 현줍니다" 하니, "누구?" 하신다.

"저 현주예요. 이현줍니다."

그러자 선생의 음성이 아주 먼 감으로 들리는데, "공부?" 하신다. 공부하는 이현주냐고, 그렇게 묻는 말씀 같았다.

"예, 공부하는 현줍니다."

"응…… 어이 해여(어서 해)."

그러면서, 꿈이 너무 벅차선가? 어렴풋이 잠이 깨었다. 그러나 이어서 다시 잠결에 들리는 선생의 말씀.

"곧장 들어가. 곧장……"

"예."

"문자로는 안 돼. 문자에 빠지지 말어."

"예."

"마음을 잡어. 마음을 항복시키라구."

"예."

이번에는 잠에서 또렷이 깨어났다. 깨어나면서 마치 산사태처럼 기침이 터져나오는데 숨쉴 짬도 주지 않고 쏟아진다. 시간은 새벽 3시.

3. 중니(仲尼)와 숙산무지(叔山無趾)의 대화

▲▲▲

노(魯)나라에 형벌을 받아 발 하나를 잃은 숙산무지(叔山無趾)라는 사람이 있는데 중니를 찾아와 만났다. 중니가 이르기를, 그대는 일찍이 몸을 삼가지 않아 이미 죄를 지어서 이 꼴이 되었네. 이제 나에게 왔으나 어찌 돌이킬 수 있겠나? 무지(無趾)가 이르되, 나는 힘써야 할 바를 모르고 몸을 함부로 굴려서 이렇게 발 하나를 잃었소. 이제 내가 온 것은 발보다 더 소중한 것이 있기에 그것을 힘써 온전케 하려는 뜻이 있어서였소. 무릇 하늘은 덮지 않는 것이 없고 땅은 싣지 않는 것이 없거니와, 선생을 나의 하늘과 땅으로 삼고자 했더니 선생이 이 정도의 사람인 줄은 몰랐구려. 공자 말하기를, 내가 속이 좁았네. 그대는 어서 들어오시게. 내가 들은 것을 일러주리다.

무지가 나가버리니 공자 이르되, 너희는 힘써 배워라. 저 무지는 발 한쪽이 없는 자로서 오히려 배움에 힘써서 지난날의 잘못을 갚고자 하거늘 하물며 온 몸이 성한 사람이야 말할 것 있겠느냐?

무지가 노담(老聃)에게 이르기를, 공구가 아직 지인(至人)이 못 되었군요. 그러면서 어째서 자꾸만 가르치려 드는 걸까요? 그는 또 이상야릇한 짓으로 명성을 얻고자 하나, 지인은 그런 것들을 수갑과 차꼬로 여기는 줄 모릅다. 노담이 말하되, 어째서 삶과 죽음을 하나로 꿰고 되는 일 안 되는 일을 하나로 뚫어 그 수갑과 차꼬를 풀어버리게 하지 않느냐? 그러면 되지 않는가? 무지가 이르기를, 그는 하늘이 내린 벌을 받고 있습니다. 어떻게 풀어줄 수 있겠어요?

魯에 有兀者叔山無趾한대 踵見仲尼더라. 仲尼曰, 子不謹前하여 旣犯患若是矣로다. 雖今來나 何及矣리오? 無趾曰, 吾唯不知務而輕用吾身으로 吾是以亡足이라. 今吾來也는 猶有尊足者存하여 吾是以務全之이니다. 夫天無不覆이요 地無不載라, 吾以夫子로 爲天地한대 安知夫子之猶若是也니까? 孔子曰, 丘則陋矣로다. 夫子胡不入乎니까? 請講以所聞이외다.
無趾出하니 孔子曰, 弟子는 勉之하라. 夫無趾는 兀者也로 猶務學以復補前行之惡이거늘 而況全德之人乎리오?
無趾語老聃曰, 孔丘之於至人은 其未邪니다. 彼何賓賓以學子爲니까? 彼且蘄以諔詭幻怪之名聞이거니와 不知至人之以是로 爲己桎梏邪니다. 老聃曰, 胡不直使彼以死生爲一條하고 以可不可爲一貫者하여 解其桎梏인가? 其可乎인가? 無趾曰, 天刑之니다. 安可解리오?

숙산(叔山)은 땅 이름이고 무지(無趾)는 절름발이라는 뜻인데 사람 이름이 되었다. 역시 실존 인물로 보기 어렵다.
앞의 이야기와 동일한 주제인데, 자산 대신에 그를 현인으로 추켜세운 바 있는 공자를 직접 등장시킨다. 그리고 이번에는 그를 스승 삼고자 찾아간 무지가 오히려 인(仁)과 의(義)라는 차꼬에서 벗어나지 못한 공자를, 아직 지인(至人) 되기에 갈 길이 먼 사람으로 평가한다.

이 대화에서 공자는, 도반(道伴)의 불구만을 보았던 자산의 역할을 그대로 맡는다. 그의 안목이 자산한테서 조금도 나아가지 못했다. 절름거리며 찾아온 무지의 발을 보고, 과거에 저지른 잘못을 이제 어찌 돌이켜 성한 발을 회복하겠느냐고 묻는다.

진짜 공자였다면 그렇게 했을 리가 없다. 다만, 그런 정도는 알고 있었을 장자가 짐짓 큰 스승의 이름을 함부로 쓰며 그가 아직 지인 되려면 멀었다고 비판하는, 그 속셈을 우리는 헤아릴 필요가 있다. 그만큼, 참에 대한, 진실에 대한, 그리고 인간에 대한 장자의 사랑이 뜨거웠다는 반증 아닐까? 도(道)가 무너진 마당에 인(仁)과 의(義)를 되뇐다는 것이 구체적인 민중의 삶을 위해 무슨 뜻을 지닌다는 것이냐? 아마도 그는 이렇게 묻고 싶었을 것이다. 무엇을 딱히 잘못해서가 아니라 재수 나쁘게 붙잡혀가서 코 베고 발 자르는 형벌을 받는다. 그런 일을 안 당하는 것은 바르게 잘 살기 때문이 아니라 그저 요행일 뿐이다. 이런 놈의 미쳐버린 세상에서 의를 이야기하고 인을 가르친다는 게 도대체 무슨 의미가 있는가? 오히려 인간을 더욱 괴롭힐 따름 아닌가? 그렇게 해서 생기는 게 있다면, 공자는 훌륭한 스승이라는 명성일 것이다. 그러나 그것은 '숙궤환괴'(諔詭幻怪)로 얻어내는 명성일 따름이다. '숙궤'(諔詭)는 조궤(弔詭)다. 매우 괴상한 짓을 뜻한다. 환(幻)은 거짓 속임수요 괴(怪)는 범상(凡常)을 벗어난 것이다. 그가 보기에 공자가 주장하는 인과 의는 도가 무너진 결과로 나타난 괴물일 따름이다. "큰 길이 무너지니 인의가 있게 되었다."〔大道廢, 有仁義:『노자』18장〕 보라, 세상의 독재자,

포학한 군주치고 인의를 앞세우지 아니한 자 있는가? 그런 것들을 공자는 지녀 마땅한 덕목으로 가르치지만, 어디에도 매이지 않는 마음으로 온갖 대상과 하나되며〔乘物以遊心〕 속에 하늘을 모시고 모든 일을 마지 못해서 하는〔託於不得已以養中〕 지인은 오히려 그것을 자기 몸 묶는 수갑과 차꼬로 여기는 것이다.

노자가, 어째서 삶과 죽음을 하나로 꿰고 되는 일 안 되는 일을(또는, 옳은 일 그른 일을) 하나로 뚫는 당신의 도(道)로 공자를 자유롭게 만들어주지 않았느냐고 묻자 무지(無趾)의 대답인즉,

"천형지(天刑之)로다. 안가해(安可解)리오?"

하늘이 그를 벌 주고 있는데 어찌(누가) 그를 풀어줄 수 있겠느냐는 것이었다. 자기의 의에 사로잡혀 있는 바리사이를 향하여 예수도 그렇게 절망했던 것일까? 잃어버린 아버지를 되찾지 않는 한, 떠났던 그에게로 돌아가지 않는 한, 저들의 의는 오히려 저들의 손발을 묶는 수갑이요 차꼬였다.(장자의 주장이 절실해지면서 말도 많이 거칠어졌다. 조심해서 읽어야 할 대목이다. 말은 어디까지나 말일 뿐, 말에 갇히거나 발목을 잡히지는 말 일이다. 천하에 무서움을 모르는 장자지만, 그의 말도 진실의 한쪽만을 옮길 따름이다.)

4. 애공(哀公)과 중니(仲尼)의 문답

▲▲▲

노(魯)나라 애공(哀公)이 중니(仲尼)에게 묻기를, 위(衛)나라에 흉하게 생긴 사람이 있는데 이름이 애태타(哀駘它)라 하오. 그와 함께 지내본 남자들은 그를 그리워하여 떠나려 하지 않고 여자들은 그를 보면 어버이에게 청하기를 다른 사람의 아내가 되느니 차라리 저분의 첩이 되겠다고 하는데 그런 여자들이 수십 명도 더 된답디다. 그가 자기 주장하는 것을 일찍이 들어본 사람이 없고 언제나 남에게 맞추어줄 따름이지요. 임금 자리에 앉아서 죽어가는 자들을 살려주는 것도 아니요 재산이 많아서 사람들의 배를 채워주는 것도 아니며 오히려 그 흉한 모습이 세상을 깜짝 놀라게 하고 남에게 맞추어주되 자기 주장은 하는 법이 없고 그 지닌 지식도 사방에 널리 미치지 않거니와 그런데도 많은 남녀가 그에게로 모여드는 것은 반드시 어딘가 다른 데가 있어서 일 것이오. 내가 그를 불러 만나보니 과연 그 흉한 모습이 천하를 놀라게 할 만했으나 그와 함께 머물기를 몇 달 되지 않아서 그의 사람됨에 마음이 끌렸고 일 년이 못 되어 그를 믿게 되었소. 나라에 재상이 없기로 그에게 나라를 부탁하려 하자 심드렁하니 응하긴 하는데 멍한 기색이 사양하는 것 같았소. 나는 부끄러운 생각이 들었으나 마침내 그에게 나라를 맡겼더니 얼마 안 있어 나를 두고 떠나버렸지요. 내 마음 언짢기가 뭔가를 잃은 듯하고 나라 다스리는 즐거움을 함께 나눌 사람이 없어진 듯하오. 대체 이 사람은 어떤 사람일까요?

魯哀公이 問於仲尼曰, 衛에 有惡人焉이니 曰哀駘它라. 丈夫與之處者는 思而不能去也요 婦人見之면 請於父母曰, 與人爲妻인댄 寧爲夫子妾者라 하니 十數而未止也니다. 未嘗有聞其唱者也요 常和人而已矣니다. 無君人之位以濟乎人之死요 無聚祿以望人之腹이요 又以惡으로 駭天下하고 和而不唱하며 知不出乎四域이로되 且而雌雄合乎前은 是必有異乎人者也니다. 寡人이 召而觀之하니 果以惡駭天下려니와 與寡人處에 不至以月數하여 而寡人有意乎其爲人也요 不至乎期年하여 而寡人信之니다. 國無宰거늘 而寡人傳國焉하니 悶然而後應이나 氾而若辭라. 寡人이 醜乎로되 卒授之國이더니 無幾何也에 去寡人而行하더이다. 寡人恤焉이 若有亡也하고 若無與樂是國也니다. 是何人者也오?

애공(哀公)은 춘추 시대 말 노나라를 다스린 군주였다. 공자는 그가 다스리던 노나라에 와서 말년을 보내다가 거기서 죽었다. 그래서 그런지 공자와 애공 사이의 문답 형식을 띤 설화가 많이 지어졌다. 『예기』(禮記)와 『순자』(荀子) 등에 '애공편'(哀公篇)이 있다.

그가 하루는 공자를 만나 묻는다. 위나라에 애태타(哀駘它)라는 못생긴 남자가 있는데 그의 사람됨에 대하여 묻는 것이다. 애(哀)를 성으로 보면 태(駘)는 어리석다는 뜻을 지닌 말이고 타(它)는 낙타의 등을 가리키는 말이니까 어리석은 꼽추쯤 되겠다. 아무튼 그 몰골이 하도 흉하여 첫눈에 고개를 돌리게 되는 인물이었다.

그런데 이상한 일이다. 누구든지 한번 그와 사귄 다음에는, 남자들 같으면 도무지 헤어지려고 하지를 않고 처녀들은 다른 남자의 아내가 되느니 차라리 저 사람의 첩이 되겠다고 부모에게 떼를 쓴다. 그렇다면 뭔가 그에게 남다른 매력이 있다는 얘긴데, 그것이 무엇일까?

그에 관해서 떠도는 얘기를 들어보면, 한 번도 자기 주장을 내세운 적이 없고, "상화인이이의(常和人而已矣)로다." 언제나 남에게 자기를 맞추어줄 따름이다. 누구를 만나든 그의 짝이 되어서 어울려준다는 얘기다. 임금 자리에 앉아 죽어가는 자들을 살려주는 것도 아니요 재물이 많아서 굶주린 자들을 배불리 먹여주는 것도 아니다. 자기 주장을 변변히 내세우기는커녕 고작 한다는 짓이 남한테 맞장구나 쳐주는 것이요 그 아는 바 지식이라는 것도 저 있는 곳 사방을 벗어나지 못한다. 보통 사람들이 아는 것만큼 밖에는 모른다는 뜻이다. 그런데도 사람들이 남녀노소 가리잖고 그에게 모여드는 것은 남다른 뭔가를 지니고 있어서 그러지 않겠는가?

애공은 직접 그를 만나보기로 한다. 그 결과, 과연 모습이 흉하여 놀라긴 했지만 몇 달쯤 함께 있어보니 그의 사람됨에 이끌리게 되었고 일 년이 못 되어 그를 신뢰하게 되었다. 이런 사람이라면 국정을 맡길 만하겠다는 생각이 들었고 마침 재상 자리가 비어 있는지라 나라 일을 부탁하자 시큰둥하게 대답을 하긴 하는데 아무래도 생각이 다른 데 있는 듯 사양하는 눈치다. 제의한 쪽에서 오히려 부끄러움을 느낄 정도였지만 그래도 나라 일을 맡겼더니 얼마 안 있어 온다간다 말도 없이 떠나버렸다. 지금 심정은 뭔가 중요한 것을 잃은 듯, 임금 노릇하는 즐거움을 나눌 벗이 없어진 듯, 언짢기만 하다. 도대체 이 애태타라는 자의 정체가 무엇인가? 그는 어떤 사람인가?

사실, 이 질문 속에 이미 답이 들어 있다고 하겠다.(모든 질문은 답을 포함한다.) 애태타가 무엇을 했는지 또는 하지 않았는지가 언급되어 있는 것이다. 그가 남에게(또는 자신에게) 한 것은 '모든' 상대한테 짝이 되어 어울려주는 것이었다〔和人〕. 이것이 가능하려면 한 가지 조건이 완벽하게 갖추어져 있어야 한다. 자아 부정이 그것이다. 완벽한 자기 비움 없이는 '모든' 상대의 짝이 될 수가 없다. 어딘가에 '나(ego)'라는 것이 조금이라도 남아 있으면 그것이 상대와 충돌을 일으키게 되어 있기 때문이다. 애태타는 언제나 남에게 어울려주기만 했다. 그뿐이다. 착한 사람을 만나면 착한 사람의 짝이 되어 어울려주고 살인강도를 만나면 살인강도의 짝이 되어 어울려준다. 따라서 그가 하지 않는(또는 할 수 없는) 유일한 행위가 있으니 '자기를 주장하는 일'〔唱〕이 그것이다. 이미 '자기'가 없거늘 어떻게 '자기 주장'을 할 수 있으랴?

세상 사람들이 바라는 것은 저마다 자기를 알아달라는 것이다. 자기를 편들어달라는 것이다. 애태타는 바로 그 욕구를 채워주는 존재였다. 누구든지 그를 사귀고 보면 그가 자기를 편들어주고 있다는 사실을 알게 된다. 그러한즉 누가 그를 등지고 떠날 것인가? 어떤 여자가 그와 함께 살고 싶어하지 않겠는가?

요컨대, 애태타의 완벽한 '자기 비움'이 모든 상대한테 짝이 되어 어울려줄 수 있게 했고 그래서 거꾸로 남녀노소 모든 사람으로 하여금 그에게 모여들도록 했다는 얘기다. 그런데 이쯤 해서 사람들은 마땅히 물을 것이다. 아무하고도 어울려준다고? 좋다! 그러면 살인강도하고도 짝이 되어 어울렸을 터인즉 그와 함께 사람을 죽이고 물건을 약탈했다는 말인가?

이와 같은 '뒤틀린' 질문에 대한 답이 바로 뒤에 이어지는 이야기 속에 함축되어 있다. 그것은 그렇지 않다는 것이 장자의 대답이다. 강도와 '화'(和)를 이룬다고 해서 그와 함께 강도질을 하는 게 아니라는 얘기다. 그것은 덕(德) 있는 사람의 길이 아니다.

환(幻)을 깨고 실체를 보는 사람은 사물과 어울리되 그 겉모습이 아니라 속에 감추어진 진실과 어울린다. 상대를 사랑하되 그 겉모양을 사랑하는 게 아니라 겉모양을 그렇게 있게끔 한 무엇을 사랑한다.〔非愛其形也 愛使其形者也〕 어떤 사람이 굶주린 끝에 도둑질을 했다. 그 경우 '도둑질한 아무개'는 '굶주린 아무개'의 겉모습이다. 도둑질한 아무개는 하나의 현상이요 굶주린 아무개는 그 현상의 진실이다. 굶주림이 도둑질의 진짜 모습인 것이다. 애태타가 도둑놈 아무개와 짝이 되어 어울렸다면 그것은 그의 '도둑질'이 아니라 '굶주림'을 나누었다는 얘기다. 그와 더불어 함께 굶었다는 얘기다.

아무개와 짝이 되어 어울린다는 말은 그의 요구에 부화뇌동(附和雷同)하는 것이 아니다. 하느님은 우리의 기도에 응답하시되 그러나 우리가 바라는 대로는 아니하신다. 만일 그분이 우리의 요구를 우리가 바라는 대로 응답하셨다면 우리는 벌써 파멸하고 말았으리라. 바울로가 병을 고쳐달라고 빌었을 때 하느님은 '병 고쳐주지 않는 것'으로 그 기도에 응답하셨다.

애공이 국정을 맡기자 애태타는 도망을 치고 만다. 그의 청을 거절한 셈이다. 기계론적 삼단논법으로 말하면 애태타가 자신의 '나'를 살렸고 그래서 애공한테 '짝이 되어주지' 못한 것이다. 그러나, 애태타가 애공의 청을 거절한 것이야말로 가장 옳은 방식으로 그에게 짝이 되어준 것 아닐까? 그가 도망치는 모습은, 사람들이 당신을 왕으로 세우고자 했을 때 혼자서 산으로 몸을 피하는 예수를 생각나게 한다.

애태타가 애공을 두고 떠난 것, 사실은 그것이 애공한테 제대로 화이불창(和而不唱)한 것이었다는 얘기다. 예수가 당신을 왕으로 세우려던 사람들을 등지고 떠난 것이 그들에게 진정으로 자신을 내어주신 것이었듯이.

▲▲▲

중니(仲尼)가 말하기를, 구(丘)가 일찍이 초(楚)나라에 사자(使者)로 간 적이 있었는데 새끼 돼지가 죽은 어미젖 빨고 있는 것을 우연히 보았습니다. 조금 뒤에 새끼가 놀란 표정으로 어미를 버리고 달아나더군요. 어미가 저를 돌보지 않고 저와 다른 모습이 되어 있기 때문이었습니다. 새끼가 어미를 사랑하는 것은 어미의 겉모양을 사랑하는 게 아니라 겉모양을 그렇게 있게끔 한 무엇을 사랑하는 것입니다. 싸우다가 죽은 자는 장사를 지낼 때에 장식 달린 관(棺)을 쓰지 않고 형벌을 받아 발이 잘린 자의 신은 소중하게 여기지 않거니와 이는 모두 그 본(本)이 없기 때문이지요. 천자(天子)의 첩이 된 여자들은 손톱도 깎지 않고 귀에 구멍을 내지도 않습니다. 금방 장가 든 남자는 집에서 쉬면서 부역에 나가지 않아도 됩니다. 겉모양이 온전한 것만 가지고도 이렇게 대접을 받는데 하물며 덕(德)이 온전한 사람이야 어떠하겠습니까? 이제 애태타는 말하지 않고도 신임을 얻고 공을 이루지 않고도 사람들이 가까이 하며 남이 자기 나라를 맡기려 하면서 받지 않을까 봐 걱정을 하니, 그 사람은 틀림없이 재(才)가 온전하고 덕(德)을 밖으로 드러내지 않는 사람이군요.

仲尼曰, 丘也嘗使於楚矣에 適見豚子食於其死母者한대 少焉眴若하여 皆棄之而走하니 不見己焉爾요 不得類焉爾니다. 所愛其母者는 非愛其形也요 愛使其形者也니다. 戰而死者는 其人之葬也에 不以翣資하고 刖者之屨는 無爲愛之니 皆無其本矣라. 爲天子之諸御는 不瓜翦하고 不穿耳하며 取妻者는 止於外하고 不得復使니다. 形全猶足以爲爾어늘 而況全德之人乎리오? 今哀駘它는 未言而信하고 無功而親하고 使人授己國에 唯恐其不受也니 是必才全而德不形者也니다.

애공(哀公)의 질문에 중니(仲尼)가 대답한다. 먼저, 우리의 눈에 들어오는 사물의 겉모양이 중요한 게 아니라 그 겉모습의 본(本)이 되는 것, 우리 눈에 보이지 않으면서 보이는 모든 것들을 존재하게 하는 '무엇'이 중요하다는 점을 몇 가지 예를 들어 말한다. 그 '무엇'을 여기서 장자는 '재'(才)라는 말로 표현한다. '재'(才)는 사람이 태어날 때 이미 하늘로부터 받은 것이다. '제물론'(齊物論)에서 말한 '진재'(眞宰)가 그것이다. 인간의 작위로 말미암아 손상되지 않은, 하늘이 내린 바 그대로의 천품(天稟)이다. 예수가 말한 '어린이'다. 아담에 의해 더럽혀지기 전의 아담(사람)이다.

그런데 애태타(哀駘它)는 바로 그 '재'를 온전하게 모시고 있다는 것이다. 어디 한군데 일그러지거나 때묻거나 하지 않은 '온전함'이 얼마나 값진 것인지를 천자의 후궁과 금방 장가 든 남자를 예로 들어 설명한 다음, 애태타는 하늘이 주신 몸을 그렇게 온전히 모시고 있기에 말하지 않아도 신임을 얻고 공을 이루지 않아도 사람들이 가까이 하며 임금이 나라를 맡기려고 애를 쓰게 된다고 한다. 그리고 드디어 이 대목에서 가장 중요한 말 한마디로 결론을 짓는다. "시필재전이덕불형자야(是必才全而德不形者也)니다", 그 사람은 틀림없이 재(才)가 온전하고 덕을 밖으로 드러내지 않는 사람입니다.

"위도일손(爲道日損)이나 손지우손(損之又損)하여 이지무위(以至無爲)니라", 도(道) 닦는 일은 날마다 덜어냄이니 덜고 또 덜어 마침내 하는 바 없음(無爲)에 이른다고 했다.(『노자』 48장) '공부' 란 무엇인가? 우리의 몸과 마음을 닦아내는 것이다. 수천만 년 전부터 묻어온 내 몸의 때를 벗기고 또 벗겨 더럽혀지기 전의 깨끗함을 회복하는 것이다. "대학지도(大學之道)는 재명명덕(在明明德)이라", 대학(大學)의 길이란 하늘이 주신 맑은 덕을 맑게 하는 것이라고 했다.(『대학』 1장)

애태타는 '재전'(才全)이요 또한 '덕불형'(德不形) 하였다. 덕(德)을 밖으로 드러내지 않는다는 말이다. 덕이 모양을 갖추고 드러나지 않는다는 말로 읽어도 되지만(대부분 그렇게들 읽고 있지만), 여기서는 스스로 덕을 드러내지 않는다는 뜻으로 읽어두자. "상덕(上德)은 부덕(不德)이라 시이(是以)로 유덕(有德)이요 하덕(下德)은 불실덕(不失德)이라 시이(是以)로 무덕(無德)이니라", 높은 덕은 덕을 베푸는 바가 없어서 그래서 덕이 있고 낮은 덕은 덕을 잃지 않아서 그래서 덕이 없다(『노자』 38장)고 했다. 애태타는 상덕(上德)이었다.

애공(哀公)이 묻되, 재(才)가 온전하다 함은 무엇을 말하는 것이오? 중니가 이르기를, 삶과 죽음, 가난과 부귀, 슬기로움과 어리석음, 헐뜯음과 떠받듦, 굶주림과 목마름, 추위와 더위, 이런 것들은 일〔事〕의 변화요 명(命)의 운행입니다. 밤낮으로 번갈아 우리 앞에 나타나지만 우리의 지력(知力)으로는 그 시원(始原)을 엿볼 수가 없지요. 그러므로 화(和)를 어지럽히지 못하고 마음속에 들어올 수도 없는 것입니다. 그것들을 잘 조화시켜 즐거워하면 모든 것에 통하여 기쁨을 잃지 아니하고 밤낮으로 틈을 내주지 않으면 모든 사물과 더불어 봄〔春〕을 이루게 되니, 이것이야말로 모든 것을 만나 그 마음에 봄을 이루는 것이요, 이를 일컬어 재의 온전함이라 합니다.

덕(德)을 밖으로 드러내지 않는다 함은 무엇을 말하오? 이르되, 평(平)이라고 하는 것은 물이 멈추어 지극히 고요한 상태에 있는 것입니다. 그것이 법으로 될 수 있는 까닭은 안으로 고요함을 지니고 밖으로 출렁거리지 않기 때문이지요. 덕이란 화(和)가 잘 이루어진 상태이니, 덕을 겉으로 드러내지 않으면 사람들이 그를 떠날 수 없는 것입니다.

哀公曰, 何謂才全오? 仲尼曰, 死生存亡과 窮達貧富와 賢與不肖와 毁譽饑渴寒暑는 是事之變이요 命之行也라. 日夜로 相代乎前이로되 而知不能規乎其始者也니다. 故로 不足以滑和하고 不可入於靈府니다. 使之和豫면 通而不失於兌하고 使日夜無郤이면 而與物爲春이니 是接而生時於心者也니 是之謂才全이니다.

何謂德不形이니까? 曰, 平者는 水停之盛也라 其可以爲法也는 內保之而外不蕩也니다. 德者는 成和之修也라 德不形者면 物不能離也니다.

애공(哀公)이 묻는다. 시방 "애태타(哀駘它)는 재전(才全)이라"고 했는데 무엇이 재전인가? 하늘이 내린 '재'(才)를 온전히 모시고 있다는 말이 무슨 뜻인가?

중니(仲尼)가 대답한다. 살고 죽고 가난하고 넉넉하고 슬기롭고 어리석고 헐뜯고 떠받들고 굶주리고 목마르고 춥고 덥고, 이게 모두 우리가 살아가면서 경험하는 것들인데 알고 보면 그것들의 실체가 따로 있는 게 아니라 모두가 일의 변화〔事之變〕요 천명의 운행〔命之行〕일 뿐이다. 삶에서 죽음이 나오고 죽음에서 삶이 나온다. 가난하기에 부자가 되고 부유하기에 가난해진다. 만사가 그러하다. "유무상생(有無相生)이요 난이상성(難易相成)이요 장단상형(長短相形)이요 고하상경(高下相傾)이요 음성상화(音聲相和)요 전후상수(前後相隨)니라."(『노자』2장) 여기에 삶이 있고 저기에 죽음이 따로 있는 것이 아니다. 여기서 저기로 가기는 건널 수 없는 구렁이 가운데 있어서 불가능하지만(루가복음 16:26) 그렇다고 해서 여기와 저기가 동떨어진 곳에 '따로' 있는 것은 아니다. 하느님 나라와 인간의 왕국도 마찬가지다. 우주에 '별개의 존재'는 없다. 하느님이 한 분이신 까닭이다.

낮과 밤이 번갈아 우리 눈앞에 나타나지만 어디가 낮의 시작인지 어디가 밤의 시작인지 우리의 지혜로는 알 수가 없다. 그러므로 한낱 현상(現象, image)일 따름인 그런 것들이(살고 죽고 가난하고 넉넉하고……

따위) 애태타의 '화'(和) 곧 자기 비움으로 이루는 자기 충족을 어지럽힐 수 없고 그 마음에 틈을 내어 침범할 수는 없는 것이다. 살면 사는 대로 죽으면 죽는 대로 헐뜯기면 헐뜯기는 대로 떠받들리면 떠받들리는 대로 그것들을 잘 조화시켜 즐거워하며 모든 것에 막힘이 없어 기쁨을 잃지 않게 되고, 혹시라도 그것들이 들어와서 점령하는 일이 없도록 언제나 마음을 지켜 틈이 없게 하면 모든 사물과 더불어 봄[春]을 이루게 되니 이야말로 모든 것과 만나 그 마음에서 봄(의 조화)을 이루는 것이요, 이를 일컬어 '재전'(才全)이라 한다. 여기, "봄을 이룬다"[爲春]는 말은 "화(和)를 이룬다"는 말로 푼다. 봄은 화창한 기운을 대변한다.

"성인(聖人)은 자기 마음을 따로 지니지 않고 백성의 마음을 자기 마음으로 삼는다"[聖人無常心, 以百姓心爲心]고 했다.(『노자』 49장) 그러므로 어떤 것에 대해서도 "마음에 들지 않는다"는 말을 할 수가 없다. 정해진 바 자기의 마음[常心]이라는 게 따로 없기 때문이다. 따라서 세상의 무엇도 그를 속상하게 하거나 괴롭힐 수가 없다. 어느 날카로운 칼이 허공을 벨 것인가?

> 붓으로 허공에 칠을 하나 허공은 물들지 아니하고
> 날카로운 칼로 물을 베지만 물에는 자취가 남지 않는다.
> 사람 마음 고요하기가 허공과 물 같기만 하다면
> 온갖 사물 만나되 원수도 은인도 따로 없겠지.
> 〔彩筆描空空不染, 利刀割水水無痕. 人心安靜如空水, 與物自然無怨恩..〕

조선 시대 묵암선사(默庵禪師, 1722~1795)의 게(偈)다.

다시, 애공이 묻는다. 그러면 '덕불형'(德不形)이란 무엇을 말하는가? 대답하기를, 덕(德)을 밖으로 드러내지 않는다는 말은 비유컨대 물이 그 고요함을 완벽하게 이루어 조금도 흔들리지 않아 모든 평면 가운데 가장 완전한 평면인 수평을 이루고 그래서 다른 모든 것의 기울기를 측정하는 기준이 될 수 있는 것과 같다. 만일 물이 출렁거려 겉으로 움직인다면 수평을 이루지 못할 것이다. 겉으로 덕의 모양이 드러나지 않는다는 말은 속으로 고요함 또는 멈춤의 극치를 이루고 있음을 뜻한다. '자기'를 내세우거나 주장하지 않고 모든 대상과 '화'(和)를 이룬다. 그래서 스스로 평정(平靜)을 얻는 것이다. 만나는 대상에게 남김없이 자기를 내어준다. 그래서 상대와 하나로 되고 더불어 짝을 이룬다. 덕을 밖으로 나타내지 않는다는 말은, '화'(和)를 이루되 완벽하게 이룬 상태를 달리 표현한 것이다.

▲▲▲

애공(哀公)이 뒷날 민자(閔子)에게 이 이야기를 들려주면서 이르기를, 처음에 나는 남면(南面)하여 천하의 임금 노릇을 하되 백성 다스리는 기강(紀綱)을 굳게 세우고 그들이 죽지 않도록 힘쓰는 것으로써 스스로 다스림의 도(道)에 통달했다고 여겼더니 지인(至人)의 말을 듣고 나서는 아무 알맹이도 없으면서 몸을 가볍게 놀려 나라까지 망치는 게 아닌가 두려워하게 되었네. 나와 공구(孔丘)는 임금과 신하 사이가 아니라 덕(德)으로써 사귀는 벗이었다네.

哀公이 異日에 以告閔子曰, 始也에 吾以南面而君天下하되 執民之紀

而憂其死로 吾自以爲至通矣러니 今吾聞至人之言하되 恐吾無其實로 輕用吾身하여 而亡吾國이로다. 吾與孔丘로 非君臣也요 德友而已矣니라.

뒷날 애공(哀公)이 민자(閔子)에게 말한다. 민자는 공자의 문인(門人)으로 덕행이 뛰어난 사람이었다. 애공이 그에게 이르기를, 내가 남면(南面)하여 백성 다스리는 기강을 세우고 그들로 하여금 비명(非命)에 죽는 일이 없도록 힘쓰는 것으로써 정치의 도(道)를 통달했다고 생각했는데 지인(至人)의 말을 듣고 보니 오히려 내가 알맹이도 없으면서 몸을 함부로 움직여 자신은 말할 것도 없고 나라까지 망치고 있는 게 아닌가 두려운 생각이 들었다. 나에게 이런 두려움을 안겨준 공자는 나의 신하가 아니라 덕(德)으로써 사귀는 벗이었다.

법을 굳게 세우고 유위(有爲)로 나라 다스리는 것을 일컬어 노자는 '나라의 적(賊)'이라고 했다. 먼저 자신이 눈 뜨지 않고 누구를 이끌겠다는 건가? 제 눈의 대들보를 그냥 두고 누구 눈에서 티를 뽑아주겠다는 건가?

참된 스승의 말은 거울과 같아, 제자로 하여금 자신의 모습을 바로 보게 한다. 그러므로 참된 스승 앞에 선 자는 먼저 두려움을 느끼지 않을 수 없다. 바로 그 두려움이, 그 외경이, 사람을 사람 되게 하는 황금 계단의 첫 번째 칸이다.

5. 사람한테 본디 정이 없는가?

▲▲▲

인기지리무신(闉跂支離無脤)이 위(衛)나라 영공(靈公)에게 의견을 말하니 영공이 듣고 기뻐하였는데 그 뒤로 멀쩡한 사람을 보면 오히려 목이 가늘다 싶었다. 옹앙대영(甕盎大癭)이 제(齊)나라 환공(桓公)에게 의견을 말하니 환공이 듣고 기뻐하였는데 그 뒤로 멀쩡한 사람을 보면 오히려 그 목이 가늘다 싶었다. 그러므로 어떤 사람의 덕(德)이 뛰어나면 그 겉모습은 잊게 된다. 사람들이 잊어도 될 만한 것은 잊지 않고 잊어서는 안 되는 것을 잊는데 이를 일컬어 '제대로 잊었다'〔誠忘〕고 한다. 그러므로 성인(聖人)은 어디에도 얽매이지 않고 노니는지라 지(知)를 재앙으로, 약(約)을 아교풀로, 덕(德)을 교제 수단으로, 공(工)을 장사 솜씨로 여긴다. 성인(聖人)은 일을 꾀하지 않거늘 어찌 지(知)를 쓰며 깎고 다듬지 않거늘 어찌 아교풀을 쓰며 잃는 것이 없거늘 어찌 덕(德)을 쓰며 사고파는 게 없거늘 어찌 장사를 하겠는가? 위의 네 가지는 하늘이 기르는 것이다. 하늘이 기른다 함은 하늘이 먹여살린다는 말이다. 이미 하늘이 먹여살리는데 또 무슨 사람을 쓰랴? 사람의 모양은 있으나 사람의 정(情)은 없다. 사람의 모양을 갖춘 까닭에 사람들과 한 무리 이루어 살고 있지만 사람의 정(情)이 없으므로 그 한테서 시비(是非)를 얻어낼 수는 없다. 작고 작도다, 사람들 가운데 있음이요, 크고 크도다, 홀로 하늘을 이룸이로다.

闉跂支離無脈이 說衛靈公하니 靈公이 悅之하여 而視全人에 其脰肩肩이더라. 甕㼜大癭이 說齊桓公하니 桓公이 悅之하여 而視全人에 其脰肩肩이더라. 故로 德有所長이면 而形有所忘이니라. 人不忘其所忘하고 而忘其所不忘을 此謂誠忘이라 하니라. 故로 聖人은 有所遊하여 而知爲孼하고 約爲膠하고 德爲接하고 工爲商하니라. 聖人은 不謀거늘 惡用知하며 不斲이거늘 惡用膠하며 無喪이거늘 惡用德하며 不貨거늘 惡用商이리오? 四者는 天鬻也니 天鬻也者는 天食也니라. 旣受食於天이거늘 又惡用人이리오? 有人之形이나 無人之情이라. 有人之形故로 群於人이나 無人之情故로 是非不得於身이라. 眇乎라 小哉여 所以屬於人也요 警乎라 大哉여 獨成其天이로다.

장자의 '추물(醜物) 시리즈'(?)가 한 번 더 나온다. 눈에 보이는 것만 보고 그것이 전부인 것처럼 착각하는 사람들의 편견과 고집을 깨부수는 일련의 작업을 이로써 일단 마무리하는 것이다.

인기지리무신(闉跂支離無脈)은 안짱다리 꼽추에 언청이라는 뜻으로 읽는다. 골고루 못생긴 인간이다. 꼽추니까 목이 가슴에 묻혀서 따로 목이라고 할 부분이 보이지 않는다. 그런데 그가 위(衛)나라 영공(靈公)한테 유세(遊說)를 했다. 무슨 내용의 의견을 말했는지 알 수 없지만(여러 주석가들이, 그가 도(道)를 말했다고 본다) 아무튼 영공이 그 말을 듣고 감탄하며 기뻐했다. 그런 다음에 꼽추 아닌 사람을 보고는 오히려 저 사람 목이 길구먼, 하는 느낌이 들더라는 얘기다. '인기지리무신'이 높은 덕을 지니고 있었기에 영공의 눈에는 오히려 그 꼽추의 '없는 목'이 보통 사람의 '있는 목'을 판단하는 기준으로 작용했던 것이다.

옹앙대영(甕盎大癭)과 제(齊)나라 환공(桓公) 사이에서도 같은 일이 벌어졌다. 덕(德)은 속에 감추어져 있어서 얼굴이나 팔다리처럼 쉽게 눈에 띄지 않는다. 그러나 덕이 높으면 그로 말미암아 얼굴이나 팔다리는 오히려 잘 보이지 않게 된다. 사람이 마땅히 보아야 할 것은 얼굴이나 팔다리가 아니라 그 속에 감추어져 있는 덕이다. 왜냐하면 얼굴이나 팔다리는 시간과 더불어 사라지고 말 일시적 현상이지만 덕은 시공간의 벽을 초월하여 영원의 세계에 뿌리내린 것이기 때문이다. 그런데 많은 사람들이 덕을 보는 대신 얼굴을 본다. 잊어도 좋은 것, 잊어야 할 것은 잊지 않고 잊어서는 안 되는 것을 잊는다. 이것이야말로 참 제대로 잊는 것〔誠忘〕이다. 여기 '성망'(誠忘)이란 말 속에는 비아냥거리는 기분이 섞여 있다고 하겠다.

내친 김에 세상에서 사람들이 갖추면 좋다고 여기는 네 가지, 지(知)와 약(約)과 덕(德)과 공(工)을 성인(聖人)은 오히려 군더더기로 여긴다고 말한다. 지(知)는 흔히 말하는 지식으로 읽는다. 남보다 많이 아는 것을 사람들은 자랑으로 여기나 성인은 그것을 재앙으로 여긴다. 내가 남보다 많이 알면 그 때문에 남을 업신여기고 스스로 으스대게 되는데 이것이야말로 모든 재난의 씨앗이기 때문이다. 성인은 부적(不積)이라, 도무지 쌓아두는 것이 없거니와 물론 지식도 쌓아두지 않는다. 그래서 성인은 알면서 모른다고 하는 것이다. 약(約)이란 인의(仁義)로써 인심(人心)을 구속하는 것이다.(감산) 예의범절에 흐트러짐이 없고 행동거지에 어긋남이 없으면 괜찮은 사람이라고 한다. 그런데 성인은 영락없는 예의범절과 행동거지를 요구하는 모든 것을 아교풀(約)로 여긴다. 행동거지만 제약하는 게 아니라 그 생명력까지 고착시켜 마치 거미줄에 걸린 나비처럼 만든다고 보는 것이다. 바리사이파의 엄격함이 생명 자체를 억압할 때 예수는 그것을 그냥 두고 볼 수가 없었다. 그들의 철저한 율법주의야말로 닥치는 대로 모든 것에 들러붙어 고착시키는 아교풀이었기 때문이다.

덕(德)을 접(接)으로 여긴다(德爲接)고 했는데 여기서 말하는 '덕'이란 "조금 베풀어 인심을 사는 것"(以小惠要買人心: 감산)을 뜻한다. 접(接)은 사람들과 교제하는 것이다. 뭘 조금 베풀어주는 행위를 사람들과 사귀기 위한 수단으로 여겨서 요컨대 그런 따위의 덕을 지니지 않는다는 얘기다. 끝으로 공(工)은 교(巧)라고 했다. 잔재주를 부리는 것이다. 잔재주 부리는 것을 성인은 장사 솜씨로 여긴다. 장사는 원칙상 이득을 목표로 한다. 성인의 길이 아니다. 어떤 꿍꿍이속을 감추고 말을 에둘러 퉁겨보는 예수, 얄팍한 속임수로 상대를 넘어뜨리려는 석가, 자신의 이익을 노려 잔재주 피우는 공자, 그 모습을 상상이나마 할 수 있을까? 없다. 재주 많은 게 보통 사람들한테는 자랑거리가 되겠지만 성인은 오히려 재주 많은 것을 꺼린다. 진리의 길에는 결코 잔재주가 통하지 않을 뿐 아니라 도리어 장애가 되기 때문이다.

성인(聖人)은 무슨 일을 꾀하는 법이 없다. 만사를 마지못해서 응하는 사람이 무엇을 스스로 꾀할 것인가? 있을 수 없는 일이다. 그러니 남보다 많이 안들 그 아는 바를 써먹을 데가 없다. 성인은 무엇을 깎고 다듬고 하는 법이 없다. 자연 그대로 두고 그와 더불어 살며 자기를 대상에 '화'(和)한다. 그러니 아교풀이 무슨 소용인가? 태양 아래 살면서 촛

불을 밝힐 까닭이 없다. 아무리 밝은 촛불도 태양을 더 밝게 할 수 없다. 대도(大道)와 더불어 노니는데 인의(仁義)가 무엇인가? 하느님과 동행하는데 모세의 법이 무엇인가? 걸치적거릴 뿐이다. 성인은 아무 것도 집착하지 않는다. 그러므로 잃는 게 없다. 잃는 게 없는데 무엇을 새삼스레 교제 수단으로 삼아 인심을 사려고 할 것인가? 성인은 사고파는 일이 없다. 내 것이 따로 없거늘 무엇을 사서 소유할 것인가? 그러니 이득을 노려 장사할 까닭이 없다. 이것이 성인의 모습이다.

이상 네 가지는 하늘이 기르는 것이다.〔四者, 天鬻也〕여기서 말하는 '네 가지'란 꾀하지 않음〔不謀〕, 깎지 않음〔不斲〕, 잃지 않음〔不喪〕, 사고팔지 않음〔不貨〕이다. 이 네 가지는 모두 하늘이 그렇게 기르는 것이다. 하늘이 무슨 일을 꾀하거나 깎아내거나 무엇을 잃거나 사고팔지는 않지 않는가? 하늘이 기른다는 것은 하늘이 먹여살린다는 뜻이다.

"너희는 무엇을 먹고 무엇을 마시며 살아갈까 또 몸에는 무엇을 걸칠까 하고 걱정하지 말아라.…… 너희는 어찌하여 그렇게도 믿음이 약하냐? 오늘 피었다가 내일 아궁이에 던져질 들꽃도 하느님께서 이처럼 입히시거든 하물며 너희야 얼마나 더 잘 입히시겠느냐? 하늘에 계신 아버지께서는 이 모든 것이 너희에게 있어야 할 것을 잘 알고 계신다.…… 너희는 먼저 하느님의 나라와 하느님께서 의롭게 여기시는 것을 구하여라. 그러면 이 모든 것도 곁들여 받게 될 것이다." (마태오복음 6:25~33)

하늘이 먹여주시는데 굳이 사람을 따로 쓸 일이 무엇인가? 여기, '사람을 쓴다'〔用人〕는 말은 인위(人爲)를 부린다는 뜻을 포함한다. 살려고 애를 쓰면 쓰는 만큼 그것이 재앙으로 돌아올 따름이다.

성인은 우리와 똑같은 사람의 모습을 지니고 있다. 예수도 석가도 육신으로 보면 우리와 다를 바 없다. 그러나 그 속에 '사람의 정(情)'이 없다. 이건 무슨 말인가? 정이 없다니? 예수가 나자로의 무덤 앞에서 눈물을 흘린 것은 인정 때문이 아니었던가? 문둥이 몸에 손을 댄 것은 불쌍한 마음이 들어서가 아니었던가? 이 질문은 뒤에 나오는 '혜자와 나눈 문답'에서 따로 다루어질 것이므로 여기서는 그냥 넘어간다.

사람의 모습을 지니고 있기에 성인은 사람들과 섞여서 살아가지만 사람의 정(情)을 지니고 있지 않기에 그한테서 시비(是非)를 얻어낼 수 없다. 그가 시비 분별하는 모습을 볼 수 없다는 말이다.

성인의 모습이야말로 작고 작도다, 사람들 틈에 섞여 있음이여! 아무도 그에게 눈길을 주지 않는다. 겉으로만 판단하는 자에게 그의 모습은 보이지 않는다.

그러나 성인의 모습이야말로 크고 크도다, 홀로 하늘을 이룸이여! 하늘을 이룬다[成其天]는 말은 하늘 뜻을 이룬다는 말로 새긴다. 하늘 뜻을 이루는 자는 이미 하늘과 한 몸이니, 세상에 하늘보다 더 큰 것이 무엇이냐? 크고 크구나, 성인이여.

▲▲▲

혜자(惠子)가 장자(莊子)에게 이르기를, 사람한테 본디 정(情)이 없는가? 장자 말하되, 그러하다. 혜자 이르기를, 사람한테 정이 없을진대 어떻게 그를 사람이라 하겠는가? 장자 말하되, 도(道)가 그에게 얼굴을 주고 하늘이 그에게 꼴을 주었거늘 어찌 사람이라고 아니할 것인가? 혜자 이르기를, 이미 사람이라고 했을진대 어찌 정이 없다고 하겠는가? 장자 말하되, 그것은 내가 말하는 정이 아니다. 내가 정이 없다고 말하는 것은, 사람이 좋은 것 싫은 것으로 자신의 몸을 상하게 하지 않고 언제나 자연을 좇아 일부러 살려고 애쓰지 않는 것을 뜻한다. 혜자 이르기를, 살려고 애쓰지 않는데 어떻게 그 몸을 유지하는가? 장자 말하되, 도(道)가 얼굴을 주었고 하늘이 꼴을 주었으니 좋고 싫은 것으로 제 몸을 상하게 하지 말 것이다. 시방 그대는 그대의 정신을 밖으로 쏟아 그대의 정기(精氣)를 고단하게 만들고 나무에 기대여 헛소리를 읊으며 책상을 의지하여 졸고 있으니, 하늘이 그대의 꼴을 골라서 주었거늘 그대는 궤변만 늘어놓고 있구나.

惠子 謂莊子曰, 人故無情乎인가? 莊子曰, 然하다. 惠子曰, 人而無情인댄 何以謂之人인가? 莊子曰, 道與之貌요 天與之形이거늘 惡得不謂之人이리오? 惠子曰, 旣謂之人인댄 惡得無情인가? 莊子曰, 是는 非吾所謂情也니 吾所謂無情者는 言人之不以好惡로 內傷其身하고 常因自然하여 而不益生也니라. 惠子曰, 不益生인댄 何以有其身인가? 莊子曰, 道與之貌요 天與之形이니 無以好惡로 內傷其身일지라. 今에 子는 外乎子之神하여 勞乎子之精하고 倚樹而吟하며 據槁梧而瞑하니 天選子之形이거늘 子以堅白鳴이로다.

앞에서 말한 바, 성인(聖人)은 사람의 정(情)이 없다〔無人之情〕는 구절로 따로 떼어내어 혜자와 문답을 나누는 형식으로 따져본다.
"사람한테 본디 정(情)이 없는가?"
"그렇다."

제5장 덕충부(德充符) | 249

"정이 없다면 그를 어찌 사람이라 하겠는가?"

"하늘이 사람의 꼴을 갖추어주었는데 어떻게 사람이 아니란 말인가?"

"사람이라면서 어떻게 정이 없다고 하는가?"

"그대가 말하는 정은 내가 뜻하는 정이 아니다."

여기서부터 장자의 본론이 시작된다. 성인(聖人)에게 사람의 정이 없다는 말은 그가 싫은 것 좋은 것 따위에 사로잡혀 안으로 자기 몸을 상하게 하는 일이 없다는 뜻이다. 아울러 언제나 자연의 도리를 좇아서 살아가되 스스로 살겠다는 욕심에 사로잡혀 이른바 익생(益生)의 화(禍)를 입지 않는다는 말이다.

세상에 믿기 어려운 것이 있다면 그것은 인간의 감정이다. 인간의 감정이야말로 칠면조의 깃털보다 더 변덕스러운 물건이다. 그것에 휘말리기 시작하면 인생 행로가 어지러워지지 않을 수 없다. 사람은 감정 때문에 상처를 입고 상처를 준다. 좋은 감정이든 싫은 감정이든 결과는 마찬가지다. 좋은 감정에서 집착이 생기고 싫은 감정에서 미움이 생기거니와 집착도 미움도 사람을 망치는 독이라는 점에서 다를 바가 없다.

목석처럼 되라는 게 아니라 자기 감정에 스스로 부림 받지 말라는 것이다. 맑은 거울이 만상을 비추듯, 찬 것은 차게 더운 것은 덥게 아름다운 것은 아름답게 이그러진 것은 이그러지게 오면 오는 대로 가면 가는 대로 응하되 대상을 붙잡지도 않고 대상에 붙잡히지도 않는다. 그렇게 살아갈 수 있는가?

무엇을 가리켜 거짓이라 하고 무엇을 가리켜 참이라 하는가?
참이고 거짓이고 모두 헛것에서 왔거늘

노을 비낀 하늘에 낙엽 지는 가을 맑은 날
한결같이 푸른 산, 참의 얼굴 마주보네.
〔摘何爲妄摘何眞, 眞妄由來摠不眞, 霞飛葉落秋容潔, 依舊靑山對面眞.〕

경허(鏡虛) 스님이 영명당(永明堂) 스님과 함께 불령(佛靈)으로 가는 길에 읊었다는 칠언절구(七言絶句)다.

이렇게 사는 사람이라면 언제나 자연의 도리를 좇아서 살아감은 말할 것도 없고 따라서 삶을 애써 도모하지 않는다. 익생왈상(益生曰祥)이라, 살고자 애쓰는 것 자체가 재앙이라고 했다.(『노자』 55장) 천지소이장차구자(天地所以長且久者)는 이기부자생(以其付不自生)이라, 하늘과 땅이 영원한 까닭은 그것들이 스스로 삶을 도모하지 않기 때문이라고도 했다.(『노자』 7장) 예수는 같은 내용을 훨씬 더 노골적으로 말했다. "누구든지 살고자 하는 자는 죽는다."

어떻게 해서든지 살아야겠다는 마음, 그 욕심 하나 버리지 못해서 매국노도 되고 변절자도 되고 짐승만도 못한 존재로 전락하기도 하는 것이다. 성인(聖人)에게 사람의 정이 없다는 말은 이런 마음, 이런 욕심이 없다는 말과 같다. 그래도 무슨 말인지 알아듣지 못해서였을까? 아니면 말꼬리를 잡고 늘어지는 것이 습관이어서였을까? 혜자가 다시 묻는다.

"살려고 애쓰지 않는다면서 어떻게 그 몸뚱이는 유지하고 있는가?"

장자가 같은 말을 한 번 더 반복한다.

"도(道)가 그에게 인간의 얼굴을 주었고 하늘이 그에게 인간의 꼴을 주었다!"

그런데 어찌 인간이 아니란 말인가! 돌은 돌이니까 돌이요 꽃은 꽃이니까 꽃이다. 부서져서 흙으로 될 때까지 돌이요 썩어서 흙으로 될 때까지 꽃이다. 사람은 사람이니까 사람이요 죽어서 다른 몸으로 바뀔 때까지 사람이다. 다만 자신의 변덕스런 감정에 사로잡혀 제 몸에 상처를 입히지 말 일이다.

 끝으로 장자는 말로써 말만 많고 되는 일 하나 없는 이 땅의 모든 혜자에게 아픈 말 한마디 던진다. "시방 자네는 자네 몸 바깥에 정신을 쏟아 정기(精氣)를 고단하게 하고 그 결과 나무에 기대어 헛소리나 중얼거리다가 책상에 기대어 졸고 있으니, 하늘이 그대를 사람으로 지으셨거늘 어찌 궤변 따위나 늘어놓고 있단 말인가?"

제6장
대종사(大宗師)

1. 진인론(眞人論)

▲▲▲

하늘이 하는 일을 알고 사람이 하는 일을 알아야 그 앎이 지극하다. 하늘이 아는 바를 아는 자는 하늘로써 살아가고 사람이 하는 바를 아는 자는 그 지력(知力)으로 아는 바를 가지고 지력으로 알지 못하는 바를 기른다. 하늘이 내린 수명을 다하기까지 중간에서 이를 그만두지 않으면 이야말로 훌륭한 앎[知]이다. 그렇긴 하나 결함이 있으니 무릇 안다는 것은 어떤 기준이 있어서 성립되는데 그 기준이 아직 확실하게 세워져 있지 않거늘 어떻게 내가 하늘이라고 말한 것이 사람이 아니요, 사람이라고 말한 것이 하늘이 아니라는 사실을 알겠는가? 참된 사람이 있어야 참된 앎이 있는 것이다.

知天之所爲하고 知人之所爲者라야 至矣니라. 知天之所爲者는 天而生也요 知人之所爲者는 以其知之所知로 以養其知之所不知니라. 終其天年而不中道夭者면 是知之盛也로다. 雖然이나 有患이니 夫知有所待而後에 當이라, 其所待者가 特未定也인댄 庸詎知吾所謂天之非人乎요 所謂人之非天乎리오? 且有眞人而後에 有眞知니라.

대종사(大宗師)란 '가장 높은 머리로 모실 스승'이라는 뜻이다. 스승 가운데 스승이라 할까? 장자는 여기서 지인(至人), 신인(神人), 성인(聖人)이라는 여러 이름으로 불리는 참된 사람[眞人]이 어떤 사람인지를 이야기한다. 그 참사람이야말로 우리가 마음 놓고 자신을 맡겨 삶의 길을 배울 수 있는 스승 가운데 스승 곧 대종사라는 것이다.

인생이란 무엇일까? 사람이 태어나서 죽기까지 한순간도 쉬지 않고 움직이면서 도대체 그 하는 바가 무엇일까? 이 육신 하나 간수하느라고 고생만 실컷 하다가 멈추고 마는 게 인생이라면 그 뒤에 남는 허탈함을 어떻게 감당할 것인가? 염세주의 철학자로 알려진 아무개 씨의 말대로, 늙어서 죽는 것보다 젊어서 죽는 것이 더 좋고 젊어서 죽는 것보다 어려서 죽는 게 더 좋고 어려서 죽는 것보다 아예 태어나지 않는 게 더 좋은 것이 '인생'인가? 그렇게 말했다는 아무개 씨도 집에 불이 나자 먼저 몸을 피했고 아주 늙은 몸으로 죽었다던데.

사람이 태어나서 살아가는 동안 자기가 해야 할 바를 제대로 안다면 그보다 다행한 일이 없으리라. 얼마나 많은 사람들이 자기가 왜 사는지도 모르면서 그냥 벌거숭이 육신을 허둥거리다가 사라져가는가? 그런가 하면 "이것이 내 삶의 목표다!" 하고 팔뚝을 내두르며 용맹무쌍 달려가는 사람들도 많은데 그가 정한 삶의 목표라는 것이 결국에 가서는 저와 남을 파멸로 몰아가버린 경우 또한 얼마든지 있다. 몰라도 탈이요 알아도 안심되지 않는다. 그것이 인생이다.

장자는 여기 이 대목에 이르러 우리에게 '지'(知)라는 문자를 불쑥 내민다. 인생에 목적이 있다면, 사람이 살아가는 동안 마땅히 해야 할 바가 있다면, 무엇인가를 끊임없이 배워서 알아가는 일이 바로 그것이라는 이야기다. '앎'이야말로 사람을 사람 되게 하는 바탕이요 사람으로 태어나 한번 추구해볼 만한 것이다. 여기서 장자가 말하는 '지'(知)는 물론 머리로 아는 이른바 지식이 아니다. 그것도 포함되지만, 우리가 배워서 알고 쌓아두기도 하고 팔아먹기도 하는 지식이 그가 말하는 '앎'은 아니다. 흔히 '깨달음'(awareness)이라는 말로 표현하는 어떤 변화라 할까, 기독교 용어로 '거듭남'〔重生〕이라 할까 아니면 불교 용어로 '해탈'이라 할까, 그것이 인생의 목적이라는 얘기를 시방 하고 있는 것이다.

그와 같은 참된 앎에 이른 사람은 하늘이 하는 일(예, 나고 죽는 일)과 사람이 하는 일(예, 배우고 가르치고 인의예지〔仁義禮智〕를 분간하는 등)을 두루 꿰뚫어 알고 있다. 하늘이 하는 일을 아는 사람은 하늘 길〔天道〕을 좇아서 살아간다. 사람이 하는 일을 아는 사람은 머리로 여러 가지 지식을 배워 익힘으로써 머리로는 알 수 없는 세계를 이루어간다. 인식 가능한 몸〔小我〕을 가지고 인식 불가능한 몸〔大我, 眞我〕을 살리는 것이다. 죽게 되어 있는 몸으로 죽지 않는 몸을 얻는다.

"아버지께서는 내가 목숨을 바치기 때문에 나를 사랑하신다. 그러나 결국 나는 다시 그 목숨을 얻게 될 것이다."(요한복음 10:17)

"자기 목숨을 얻으려는 사람은 잃을 것이며 나를 위하여 자기 목숨을 잃는 사람은 (목숨을) 얻을 것이다."(마태복음 10:39)

앞부분의 목숨과 뒷부분의 목숨은 단어는 같지만 속에 담긴 내용은 다르다. 앞의 것은 유한하지만 뒤의 것은 무한하다. 앞의 것은 시공간을 벗어나지 못하지만 뒤의 것은 때도 없고 곳도 없다. 인생이란, 이 두 '목숨' 사이에 있는 것 아닐까? 그러나 그 두 '목숨'은 동떨어진 별개의 것이 아니다. 앞의 목숨도 '나'요 뒤의 목숨도 '나'다.

인생이란, 말〔言語〕을 타고서〔乘〕 말로 설명될 수 없는 나라로 건너가는 것이다. 사상이 필요 없는 저 언덕에 사상이라는 배를 타고 건너간다. 무한-절대이신 사랑한테로 유한-상대인 사랑의 날개를 타고 올라간다. 이 일을 죽는 날까지 쉬지 않고 계속하면 그것이 곧 더할 나위 없이 훌륭한 앎[知之盛]이다.

우리는 이 세상에 '삶' 이 무엇인지 '사랑' 이 무엇인지 배우러 왔다. 배움에는 스승이 있어야 한다. 우리의 아는 바는 최후 순간에 이르기까지 아직 미완이다. 왜냐하면 우리가 "이것은 이것이다" 하고 아는 것은 그 '이것' 을 '이것' 으로 존재하게 하는 '무엇' 이 전제되기에 가능한데 그 '무엇' 이라는 게 도무지 확실하게 정해져 있지 않기 때문이다. 다른 말로 하면, 모든 보이는 것이 보이지 않는 데서 나왔기 때문이다. 모든 고정된 것이 끊임없는 유동(流動)에서 나왔기 때문이다.

앎의 근거가 흔들리고 있거늘 어찌 그 앎이 든든할 수 있으랴?

그래서 장자는 말한다. 지(知)의 근거가 분명하지 않을진대 내가 방금 '하늘' 이라고 말한 것이 그것이 '사람' 이 아님을 어떻게 알 것이며 방금 '사람' 이라고 말한 것이 그것이 '하늘' 이 아님을 어떻게 알 것인가? 내가 꿈속에서 나비로 된 것인지 나비가 꿈속에서 사람으로 된 것인지를 어떻게 알 것인가?

모든 사물에는 그것을 구성하는 '알갱이' 가 있다고 보고 그 최후의 알갱이[微粒子]를 찾아나선 것이 양자물리학인데 그 분야의 대선배 격인 하이젠베르크가 발견한 것이 '불확실성의 원리' 였다. 정확할수록 부정확하다는 역설이었다. 무엇을 측량하는데 아주 정확하게(세밀하게) 측량하려다 보니까 측량하고 있는 자신이 흔들리고 있으며 그 때문에 정확하고자 할수록 겨우 확률로만 짐작할 수 있을 뿐임을 알게 된 것이다. 지(知)의 한계에 드디어 도달한 것이다.

이제 어떻게 할 것인가? 이 궁지에서 진인(眞人)이 출현한다. 지(知)

의 결함〔患〕을 치유하는 사람 곧 참된 사람이 등장한다. 참된 사람한테서 참된 앎〔眞知〕이 나온다. 그러면 참된 사람이란 어떤 사람인가?

▲▲▲

누구를 일컬어 참사람이라고 하는가? 옛적의 참사람은 보잘것없는 사람이라고 해서 꺾지 않았고 무엇을 이루었다 해서 뽐내지 않았으며 아무 일도 꾀하는 바가 없었다. 이런 사람은 잘못을 했어도 뉘우치지 않고 일이 제대로 되어간다고 해서 스스로 흐뭇해하지도 않는다. 이런 사람은 높은 데 올라가도 떨지 않고 물에 들어가도 젖지 않으며 불에 들어가도 뜨겁지 않으니 이는 그 앎이 도(道)에 이르렀기에 그런 것이다.
옛적의 참사람은 잠을 자되 꿈꾸지 않았고 깨어 있되 근심하지 않았으며 음식을 먹되 맛있는 것을 찾지 않았고 숨을 쉬되 아주 깊고 깊게 쉬었다. 참사람은 발꿈치로 숨을 쉬고 보통 사람은 목구멍으로 숨을 쉰다. 제 몸을 굽히는 자는 말하는 것이 목구멍에서 무엇을 게워내는 것 같고 욕심이 두터운 자는 그 마음 씀이 얕다.

何謂眞人인가? 古之眞人은 不逆寡하고 不雄成하고 不謨士하느니라. 若然者는 過而弗悔하고 當而不自得이니라. 若然者는 登高不慄하고 入水不濡하고 入火不熱하니 是는 知之能登假於道也로 若此니라.
古之眞人은 其寢不夢하고 其覺無憂하고 其食不甘하고 其息深深하느니라. 眞人之息은 以踵이요 衆人之息은 以喉로다. 屈服者는 其嗌言若哇하고 其耆欲深者는 其天機淺이니라.

자, 그러면 어떤 사람을 두고 '참사람'〔眞人〕이라고 하는가? 그의 '앎'(知)이 도(道)에 이르러 일체로 된 사람을 참사람이라고 한다. 그가 세상에서 사람들과 어울려 살아가는 모습을 볼 것 같으면 하찮은 사람이라고 해서 따돌리거나 그 뜻을 함부로 꺾지 않는다. 하늘이 사람을 대하는 것과 같다. 하늘은 못되게 구는 자라고 해서 골라가며 벼락을 치지 않는다. 아무리 보잘것없는 자라도 그를 존재케 하는 도가 그에게 있으매 꺼져가는 그의 등불을 미리 끄지 않는 것이다. 다 썩은 갈대도 일부러는 꺾지 않는다.

무엇을 이루었다 해서 우쭐거리지 않는다. 일을 이루었지만 일을 이룬 주인공이 없으니 우쭐거릴 '나' 또한 없다. 속으로 자만하면서 겉으로 겸손한 것과는 전혀 다른 얘기다. 그것은 오히려 구역질 나는 위선이다. 정말로 그는 우쭐거릴 이유도 거리도 없어서 우쭐거리지 않는 것이다. 그리고 모든 일을 마지못해서 하기 때문에 무슨 일을 스스로 꾀한다는 것은 생각조차 못할 일이다.

이러하기에 그는 설혹 잘못을 저질렀다 해도 후회하지 않는다. 무슨 말인가? 어떤 일을 하든지 철저한 무아(無我)로써 했기 때문에 그 일의 성패에 책임을 지거나 칭찬을 들을 '나'가 없다는 얘기다. 내가 처음부터 없는데 누가 뉘우친단 말인가? 똑같이 예수를 배반했지만 유다는 그것을 뉘우치는 '나'가 있었고(그 '나'가 자신을 자결로 이끌었다) 베드로는 뉘우침이 있을 뿐 그것을 수습할 '나'가 없었다. 그는 정말로 자기가 아무 것도 아님(nothingness)을 깊이 깨달았다. (그가 잘못을 뉘우쳐 무엇을 어떻게 했다는 기록을 우리는 모른다.)

바히야여, 봄(見)에 있어서는

오직 봄이 있을 따름이어야 하며

바히야여, 들음에 있어서는
오직 들음이 있을 따름이어야 하며

바히야여, 느낌에 있어서는
오직 느낌이 있을 따름이어야 하며

바히야여, 앎에 있어서는
오직 앎이 있을 따름이어야 한다.

『아함경』에 수록된 「감흥어」(感興語)의 이 구절에 다음 문장을 덧붙여도 좋을 것이다.

바히야여, 뉘우침에 있어서는
오직 뉘우침이 있을 따름이어야 한다.

잘못을 했어도 뉘우치지 않는다〔過而弗悔〕는 말은 모든 일을 그만큼 철두철미 무아(無我)로써, 무기(無己)로써 했다는 말이다. 따라서 어떤 일이 제대로 잘 이루어진다 해서 스스로 흡족할 것도 없다. 흐뭇하게 여길 '나'가 없는 것이다. 바야흐로 장자의 말투가 급진적이면서 날카로워진다.

참사람은 높은 데 올라가도 떨어질까봐 몸을 떨지 않고 물에 들어가도 젖지 않고 불에 들어가도 뜨겁지 않다. 그 앎이 도(道)에 이르러 이미 하나로 되었기 때문이다. 도로 더불어 하나 되었다 함은 천지만물로 더불어 하나 되었다는 말이다. 도(道) 안에서는 '남'이 없기 때문이다.

높은 자리에 올라도 그 몸이 높은 자리와 하나로 되었으니 떨어질 곳이 따로 없다. 그에게는 높은 자리가 처음부터 낮은 자리인데 무엇이 두려워 떨 것인가? 총리 자리도 헌 신 벗듯 벗고 돌아서면 그뿐이다. 아무 것도 잡지를 않았으니[無著] 잃을 것이 없고 잃을 것이 없으니 잃을까 봐 전전긍긍할 까닭이 없다.

물에 들어가는 것과 동시에 이미 물과 하나로 되었으니 물이 어떻게 물을 적실 것이며 불에 들어가는 순간 이미 불로 되었으니 불이 어떻게 불을 뜨겁게 할 것인가? 만물과 더불어 일체로 되면서 그러나 자기의 본질을 잃지 않는다. 인간의 말로는 더 이상 설명할 수가 없다.

비를 만나면 비가 되고
바위를 만나면 바위가 되고

개를 만나면 개가 되고
천사를 만나면 천사가 되고

모든 것을 만나 모든 것이 되면서
그 어느 것에도 묶이지를 않는구나

도둑을 만나면 도둑이 되고
칼을 만나면 칼이 되고

민들레를 만나면 민들레 되고
나비를 만나면 나비가 되고

그 어느 것에도 갇히지 않으면서
모든 것을 만나 모든 것 되어

오늘도 온갖 모양 온갖 색깔로
피어나는 그대, 하늘 꽃이여

또, 옛적의 참사람은 잠을 자되 꿈을 꾸지 않았다. 평소에 무엇을 바라는 바가 없고 아무 의욕이 없기 때문이다. 깨어 있을 때에는 아무 것도 근심하지 않는다. 근심할 거리가 없기 때문이다. 음식을 먹되 맛있는 것을 찾지 않는다. 맛은 감각에서 오는데 사람이 감각에 사로잡히면 되는 일이 없다. 참사람은 결코 자신의 감각에 휘둘리지 않는다. 그것이 얼마나 변덕스럽고 위험한 것인지를 잘 알고 있기 때문이다. 일부러 맛있는 것을 찾지 않는다는 말은 일부러 맛없는 것을 찾지 않는다는 말을 내포한다. 전자와 후자가 그 본질에서 같기 때문이다.

그리고 참사람은 숨을 쉬되 아주 깊게 쉰다. 얼마나 깊게 쉬느냐 하면 숨을 발꿈치로 쉰다. 코로는 양기를, 발바닥으로는 음기를 마신다고 옛 사람들은 생각했다. 발꿈치로 숨을 쉰다는 말은 양과 음이 온 몸에서 조화를 이룬다는 말이다. 그런데 보통 사람들은 목구멍으로 숨을 쉰다. 숨은 하늘이요 땅이다. 몸의 일부만으로 천지(天地)와 만나는 것이 보통 사람이라면 온 몸으로 천지와 하나 되어 살아가는 것이 참사람이다. 이미 천지와 하나 되었으매 달리 무엇을 구할 것도 없고 객체로서 상대할 것도 없다. 천지여기(天地如己)인댄 하사구의(何事求矣)리오? 하늘과 땅과 거기 있는 모든 것이 이미 나와 한 몸인데 밖에서 구하여 찾을 것이 어디 따로 있겠는가?

그런데 참사람에 아직 이르지 못한 중생은 그렇지 못하여 눈에 보이고 귀에 들리고 손에 만져지는 대상〔六境〕 앞에 자기를 굽힌다. 오색(五色)에 사로잡혀 무너진다. 이신관신(以身觀身), 이가관가(以家觀家)를 하지 못한다. 내가 몸을 보고 내가 집을 본다. 보는 '나'와 보이는 '그것'이 엄격하게 분리되어 있다. 아직 몸이 되어(몸으로) 몸을 보고 집이 되어(집으로) 집을 보지 못하는 것이다. 그러기에 그가 말하는 것을 들어볼작시면 마치 목구멍에 막혀 있는 것을 캑캑거리며 토해내는 것 같다. 말의 진원지가 저 발바닥이 아니라 목구멍인 것이다. 그래서 그의 말은 티끌처럼 가볍고 세상을 성가시게 할 따름이다.

"예수께서 이 말씀을 마치시자 군중은 그의 가르치심을 듣고 놀랐다. 그 가르치시는 것이 율법학자들과는 달리 권위가 있기 때문이었다."(마태오복음 7:28, 29)

똑같은 말을 해도 저 가슴 깊은 데서 하는 말과 목구멍만 울려서 하는 말은 같을 수 없다. 군중은 어리석어 보여도 이미 알고 있다.

참사람은 모든 것과 일체인 상태에 이르러 있으므로 자기 몸 밖에서 따로 무엇을 구할 바가 없다. 그러니 무슨 욕심을 부릴 건더기가 없는 것이다. 그러나 중생은 그렇지 않으니 눈에 띄는 것마다 가지고 싶다. 그것이 아직 내 몸 밖에 '따로' 있기 때문이다. 이미 '나의 것'이 된 물건을 두고 새삼 욕심을 내는 사람은 없다. 욕심이 두터울수록 그만큼 하늘이 주신 마음〔天機〕이 그를 통해서 일을 할 수가 없다. 스스로 자기를 비우는 만큼, 자기를 투명하게 하는 만큼, 하늘 마음이 그에게서 일을 하고 하늘 빛이 그에게서 빛난다.

"그리스도와 함께 산다. 이는 매 순간 주님 안에 좀더 깊이 들어가기 위해서 자신에게서 떠나고 자신을 잊어버리는 것이다."(삼위일체의 복녀 엘리사벳)

참사람이란, 자기를 텅 비워서 천기(天機)와 더불어 일체가 된 사람이다. '나'를 죽여 아버지와 한 몸이 된 아들이다.

▲▲

옛적의 참사람은 삶을 좋아할 줄 모르고 죽음을 싫어할 줄 몰랐다. 태어남을 기뻐하지 않았고 죽음을 마다하지 아니하여 무심으로 왔다가 무심으로 갔을 따름이다. 그 비롯된 곳을 잊지 아니하되 마치는 자리를 얻고자 아니하여 얻으면 그것으로 기뻐하고 잃으면 제자리로 돌아갔다. 이를 일컬어 제 마음으로 도(道)를 버리지 아니하고 인위(人爲)로 하늘을 돕지 않는다 하였으니, 이런 사람을 일러 참사람이라 한다. 이와 같은 사람은 그 마음이 모든 것을 잊고 그 얼굴이 고요하고 이마는 넓직하니 서늘한 모습은 가을 날씨 같고 따스한 모습은 봄 날씨 같다. 기뻐함과 노여워함이 사철에 통하고 모든 사물과 조화를 이루니 그 끝을 알 수 없다. 그러므로 성인(聖人)은 군대를 일으켜 나라를 무너뜨려도 인심을 잃지 않고 그 은혜가 만세에 미쳐도 사람을 사랑하지 않으니 따라서 사물이 자기 뜻대로 되기를 바라는 자는 성인이 아니요 어떤 것을 가려서 가까이 하는 자는 사랑하는 사람이 아니요 때를 계산하는 자는 슬기로운 사람이 아니요 이(利)와 해(害)를 나누어 분별하는 자는 군자(君子)가 아니요 명예를 좇느라고 자기를 잃는 자는 선비가 아니요 제 몸을 망치면서 참되지 못한 자는 남을 부리지 못한다. 호불해(狐不偕), 무광(務光), 백이(伯夷), 숙제(叔齊), 기자(箕子), 서여(胥餘), 기타(紀他), 신도적(申徒狄) 같은 사람들은 부리는 자에게 부림을 받고 즐기는 자의 즐거움이 되어 스스로 제 즐거움을 즐기지 못한 자들이다.

古之眞人은 不知悅生하고 不知惡死니라. 其出不訢하고 其入不距하여 翛然而往하고 翛然而來而已矣로다. 不忘其所始로되 不求其所終하여 受而喜之하고 忘而復之니라. 是之謂不以心捐道요 不以人助天이니 是之謂眞人이로다. 若然者는 其心志하고 其容寂하고 其顙頯하니 凄然似秋요 煖然似春이로다. 喜怒通四時하고 與物有宜하니 而莫知其極이니라. 故로 聖人之用兵也에 亡國而不失人心이요 利澤施乎萬世에 不爲愛人이니 故로 樂通物은 非聖人也요 有親은 非仁也요 天時는 非賢也요 利害不通은 非君子也요 行名失己는 非士也요 亡身不眞은 非役人也로다. 若狐不偕, 務光, 伯夷, 叔齊, 箕子, 胥餘, 紀他, 申徒狄은 是役人之役이요 適人之適하여 而不自適其適者也니라.

보통 사람은 집착에서 해방되지 못했다. 그래서 삶을 좋아하고 죽음을 싫어한다. 죽음은 지금 있는 모든 것과 떨어지는 것을 뜻한다. 그런데 지금 있는 모든 것에 집착해 있으니 저절로 죽음을 싫어하게 된다. 참사람은 어디에도 매이지 않는다. 삶을 좋아하고 죽음을 싫어할 까닭이 없다. 그에게는 삶과 죽음이 별개의 것이 아니기 때문이다. 좋아하는 것과 싫어하는 것은 동전의 양면과 같다. 좋아하는 게 있으니까 싫어하는 게 있고 싫어하는 게 있으니까 좋아하는 게 있다. 이 모두가 집착에서 나온다. 집착을 여의면 좋고 싫고가 사라진다. 그런데 어떻게 집착을 여읠 것인가? 좋아하기와 싫어하기를 그만두는 훈련 없이는 불가능한 일이다. 식욕을 절제하기 위해서 금식을 하는 것과 같다.

삼위일체의 복녀 엘리사벳은 "교만을 굶겨서 죽인다"고 말한다.

"가장 자유로운 사람이란 아주 완전히 자기를 잊은 사람이라고 생각됩니다. 만일 누군가가 내 행복의 비결을 묻는다면 나는 자신을 온전히 생각하지 않는 것, 끊임없이 자기를 부정하는 것이라고 대답할 것입니다. 이것이 바로 교만을 죽이는 방법이랍니다. 교만을 굶겨서 죽게 하는 것이지요. 교만은 자신에 대한 사랑이 아니겠어요? 그렇다면 하느님께 대한 사랑은 우리에게서 다른 모든 사랑을 지워버릴 만큼 강력한 것이어야 하지 않을까요?"

예수는 사람들이 자기를 좋아하고 따른다 해서 기뻐한 바 없고 사람들이 자기를 등진다 해서 당신 길을 머뭇거린 바 없다. 끊임없이 사물에 응하되 그것에 사로잡히지 않는다.

삶에 집착이 없으니 죽음에도 집착이 있을 리 없다. 태어났다고 해서 크게 좋아할 것도 없고 죽는 게 싫어서 안 죽으려고 애쓸 것도 없다. 무심으로 왔다가 무심으로 간다.

자기가 어디서 왔는지 그 뿌리를 잊지는 아니하되 일부러 그리로 돌아가려고 하지도 않는다. 목숨을 받았으니 기뻐하나 잃으면 자연으로 돌아갈 뿐이다. 이 대목을 어떻게 풀어야 하나? 방금 앞에서 태어남을 기뻐하지 않는다[其出不訢]고 했는데, 여기서는 목숨을 얻으면 기뻐한다[受而喜之]고 했다. 흔(訢)과 희(喜)의 문자 뜻이 다른 것일까? 아니,

그런 식으로 해서 장자의 역설을 해명할 수는 없을 것이다. 기뻐하면서 기뻐하지 않는다고 읽는 게 오히려 그가 말하려는 뜻에 가까우리라. 기쁨을 여읜다는 말을 문자적으로 알아들으면 목석이 된다는 말인데 사람을 목석으로 만들려는 것이 그의 의도였다고는 볼 수 없다. 기뻐하되 기쁨에 사로잡히지 않기! 기쁨에 집착하지 않으면서 기뻐하기! 그것을 장자는 말하고 싶었던 것 아닐까?

이를 일컬어 "불이심연도(不以心捐道)요 불이인조천(不以人助天)이라", 인간의 좋아하고 싫어하는 마음[分別心]으로 도(道)를 버리지 않고 인간의 행위[人爲]로 하늘을 돕지 않는다고 한다. 이건 이렇고 저건 저렇다고 헤아려 계산하는 마음이 앞서면 하늘의 도를 좇아서 살아갈 수가 없다. 자기를 부정하지 않고서는 아무도 예수의 제자가 될 수 없다. 자기 하고 싶은 대로 하면서 천명에 순(順)할 수는 없는 일이다. 인간의 행위로써 하늘을 돕겠다는 것도 참사람의 길이 아니다. 횃불로 태양을 더 밝게 할 수는 없기 때문이다. 사람이 자연을 보호한답시고 이런저런 궁리를 하는데 그 발상부터가 잘못된 것이다. 뱃속 아기가 어떻게 어미를 보호한단 말인가? 사람이 자연을 보호할 만큼 능력 있는 존재가 아니라는 사실을 곧장 깨닫고 자연 앞에서 자신을 겸허하게 낮추어 그 한 부분으로 존재하기를 배우는 일부터 시작해야 한다. 이런 사람이라야 일컬어 참사람이라고 할 수 있다.

이런 사람은 그 마음이 모든 것을 잊는다. 본문에 '기심지'(其心志)로 되어 있는데 지(志)를 망(忘)의 오기(誤記)로 봐야 한다는 것이 여러 주석가의 의견이다. 여기서도 목석이 되라는 게 아니라 사사로운 욕(欲)을 품지 않는다는 뜻으로 읽는다. 속으로 욕심이 없으니 겉으로 얼굴이 고요할 수밖에 없다. 이마가 널찍함은 옛날부터 제왕(帝王)의 상(相)이라고 하여 길상(吉相)의 대표적인 모습으로 통했다. 품이 넉넉하다는 말이다. 그런 사람은 가을 날씨 같은 서늘함과 봄 날씨 같은 따스함을 함께 지니고 있다. 기뻐함과 노여워함이 사철에 통한다〔喜怒通四時〕는 말은 사철이 자연스레 바뀌듯이 감정의 표현이 자연스럽다는 뜻으로 읽는다. 여기 통(通)을 사(似)로 읽는 이도 있다. 봄은 봄이요 여름은 여름이다. 그러나 이 두 계절이 어디서 어떻게 구분되는지 알 수는 없다. 기쁨은 기쁨이요 노여움은 노여움이다. 그러나 이 두 감정이 어디에서 어떻게 다른 것인지를 알 수가 없다. 모두 하나인 마음에서 나오는 것이기 때문이다.

 그런 까닭에 성인은 때로 불가피하여 군대를 이끌고 나아가 어떤 나라를 무너뜨리기도 하지만 백성의 마음을 잃지 않는다. 왜냐하면 그가 그렇게 한 것이 오직 백성을 위해서였기 때문이다. 은택이 만세에 미치나 따로 사람을 사랑하지는 않는다. 여기 애인(愛人)이란 어떤 특별한 사람을 구별하여 귀여워하거나 애착하는 것을 뜻한다. 은혜를 베풀되 베푸는 바가 없으니 일부러 기억해둘 사람을 따로 둘 것도 없다.

 "낙통물(樂通物)은 비성인야(非聖人也)요", 사물이 자기 뜻대로 되기를 즐기는 것은 성인이 아니다. 사물은 사물대로 제 길이 있다. 그것을 자기 마음대로 하려는 것은 성인의 모습이 아니라는 얘기다. 어떤 상대를 따로 구별하여 가까이 하는 것은 어진 이가 아니다. 참된 사랑은 대상을 구별하지 않는다. 한 송이 장미는 상대에 따라서 향기를 뿜거나 거두거나 하지 않는다. 온전하신 하느님은 사랑이신 까닭에 선한 자에게나 악한 자에게나 한결같이 햇빛과 비를 내리신다.

 '천시'(天時)는 '시천'(時天)으로 읽는다. 하늘 길〔天道〕을 자기 마음에 좇아서 헤아려 계산하는 것이다. 그런 사람은 현인(賢人)이 아니다.

이른바 시류(時流)에 좇아서 살아가는 사람은 약삭빠른 행보를 옮길 수 있겠지만 참사람은 될 수 없다. 이(利)와 해(害)는 서로 통하게 되어 있다. 본디 그 체(體)가 하나인 까닭이다. 그런데 이 둘을 나누어놓으면 그것이 곧 이해불통(利害不通)이요, 그런 사람은 군자가 아니다. 해(害)를 버리고 이(利)를 좇는 삶에서 벗어날 수 없겠기 때문이다.

명예를 좇느라고 자기를 잃어버리는 자들[行名失己]이 있다. 그런 사람은 배운 사람[士]이 아니다. 이렇게 자기를 망치면서 참됨을 잃는 자는 결국 남한테 부림을 받을 뿐 남을 부리는 자리에 설 수 없다. 명예를 좇아 사느라고 자기를 잃는다! 장자의 날카로움만이 파헤칠 수 있는 함정이다. 무위자연(無爲自然)의 도(道)에 선 자만이 헤아릴 수 있는, 본말(本末)의 뒤바뀜이다. 장자는 이렇게 행명실기(行名失己)한 자들의 반열에 당시 사람들한테서 현인으로 기림을 받는 자들의 이름을 겁도 없이 올려놓는다. 호불해(狐不偕)는 요(堯)임금 때의 현자(賢者)로서 임금 자리를 주겠다고 하자 강에 빠져 죽었다. 명예[名]를 위하여 목숨을 잃은 것이다. 무광(務光) 또한 은(殷)나라 탕왕(湯王)이 왕위를 물려주려 하자 돌을 지고 여수(廬水)에 빠져 죽었다. 백이(伯夷)와 숙제(叔齊)는 은나라 고죽군(孤竹君)의 아들로서 서로 왕위를 양보하다가 문왕(文王)의 덕을 흠모하여 주(周)나라로 갔다. 문왕이 죽고 무왕(武王)이 주왕(紂王)을 치려고 할 때 말렸으나 받아들여지지 않자 수양산(首陽山)에 들어가 굶어 죽었다. 기자(箕子)는 은나라 주왕의 신하로 주왕의 횡포를 피해 광인(狂人)이 되어 숨어 살았다. 서여(胥餘)는 춘추 시대 오(吳)나라 부차(夫差)를 섬긴 오자서(伍子胥)로 알려져 있다. 부차에게 간하다가 살해되었다. 기타(紀他)는 은나라 탕왕(湯王) 때의 은자(隱者)로 무광이 왕위를 거절하고 죽자 다음에는 자기 차례라고 생각하고 관

수(濊水)에 투신자살했다. 신도적(申徒狄)은 기타(紀他)와 같은 시대 사람으로 기타의 죽음을 전해 듣고 역시 강에 빠져 죽었다.

이들 모두 명예를 위해 목숨을 버렸다. 명예란 무엇인가? 이름은 나의 것이지만 쓰기는 남들이 쓰는 것. 결국 이들은 누군가 다른 사람의 부림을 받고 즐거움의 대상이 되었을 뿐 자신의 즐거움을 누리지는 못했다는 것이다. 무위자연(無爲自然)에서 떠난 자의 숙명이다. 사람이 천하를 얻고 제 목숨을 잃으면 무슨 소용이랴?

슬며시 던지는 질문 하나.

하늘의 명(命)을 좇는다는 명분(名分)으로 시방 우리는 하늘인 자기 자신을 망치고 있는 건 아닐까?

▲▲▲

옛적의 참사람은 그 모습이 우뚝하여 무너지지 아니하고 모자란 듯하나 밖에서 받아들여 담아두지 않았다. 한가로이 홀로 있으면서 완고하지 않았고 드넓게 텅 비어 있으면서 겉치레로 꾸미지 않았고 그 기뻐하는 모습에 티가 없었으며 일이 닥치면 마지못해서 했고 덕(德)이 몸에 가득하여 얼굴빛에 나타났으며 한가로이 자신의 덕에 머물렀고 너그러워 세상과 같은 듯했으며 초연하여 어디에도 얽매이지 않았고 언제나 문을 닫고 있기를 좋아하는 듯했으며 무심하게 말을 잊고 살았다. 형(刑)으로 몸을 삼고 예(禮)로 날개를 삼고 지(知)로 때를 삼고 덕(德)으로 좇음을 삼았다. 형(刑)으로 몸을 삼았다 함은 여유 있게 살생을 했다 함이요 예(禮)로 날개를 삼았다 함은 그렇게 해서 세상에 널리 행했다 함이요 지(知)로 때를 삼았다 함은 만사를 마지못해서 했다 함이요 덕(德)으로 좇음을 삼았다 함은 발을 가진 자와 함께 언덕에 이르렀다 함이니 사람들은 참사람이 부지런함을 일삼는다 하였다. 그러므로 그 좋아하는 바가 하나요 좋아하지 않는 바도 하나다. 그 하나도 하나지만 하나 아님도 하나니 하나로 하늘과 한 무리 되고 하나 아님으로 사람과 한 무리 된다. 하늘과 사람이 한 몸에서 다투지 않으니 이런 사람을 두고 참사람이라고 말한다.

古之眞人은 其狀義而不朋하고 若不足而不承이니라. 與乎로다 其觚而不堅也요 張乎로다 其虛而不華也요 邴邴乎로다 其似喜乎요 崔乎로다 其不得已乎요 滀乎로다 進我色也요 與乎로다 止我德也요 厲乎로다 其似世乎요 謷乎로다 其未可制也요 連乎로다 其似好閉也요 悗乎로다 忘其言也니라. 以刑爲體하고 以禮爲翼하고 以知爲時하고 以德爲循하니라. 以刑爲體者는 綽乎其殺也요 以禮爲翼者는 所以行於世也요 以知爲時者는 不得已於事也요 以德爲循者는 言其與有足者至於丘也니 而人眞以爲勤行者也로다. 故로 其好之也一이요 其弗好之也一이니라. 其一也一이로되 其不一也一이니 其一로 與天爲徒요 其不一로 與人爲徒니라. 天與人不相勝也니 是之謂眞人이로다.

옛적의 참사람은 태산처럼 우뚝 솟아 무너질 것 같지 않았고 언제나 모자란 듯했으나 무엇을 밖에서 보충하여 간직하는 법이 없었다. 모든 것이 자기 속에 있기 때문이었다. 한가롭게 고독을 즐기면서도 그 고독을 고집하지 않았고 드넓게 텅 비어 있으면서 그 비어 있음을 꾸미려고 하지 않았으며 기쁜 일에는 그냥 기뻐할 따름이었고 일이 닥치면 마지 못해서 했으며 덕(德)을 물이 가득 찬 연못처럼 속에 지니고 있어서 그것이 절로 얼굴색에 나타났고 한가로이 자기의 덕에 머물러 있어서 그것을 밖으로 자랑하려 하지 않았으며 통이 크고 넓은 것이 마치 이 세상 모두가 자기와 하나인 것 같았고(세상과 자기가 따로 구별되지 않았고) 모든 일에 초연하여 어디에도 얽매이지 않았으며 언제나 보면 문을 닫고 있는 것을 좋아하는 것 같았고(바깥 사물에 집착하거나 휘둘리지 않았고) 무심하여 늘 말이 없었다.

그는 형(刑)으로 몸을 삼았다. 여기 형을 보통 형벌로 읽는데 도(道)와 합치되는 다스림으로 읽는 게 좋겠다. 그러면 자신의 생각이나 판단으로 다스림의 체(體)를 삼지 않고 도에 합치되는 다스림으로 체(體)를 삼는다는 말이 된다. 예(禮)로 날개를 삼는다는 말은 사회의 규범에 좇아서 자신의 도를 펼친다는 뜻이고, 지(知)로 때를 삼는다는 말은 자기가 움직일 때를 잘 안다는 뜻이다. 덕(德)으로 좇음을 삼는다는 말은 자연의 길을 좇아서 살아감으로써 덕을 드러낸다는 뜻으로 읽는다.

형(刑)으로 다스림의 몸을 삼으니 사람을 죽여도 도무지 거리끼는 바가 없으며 예(禮)로 날개를 삼으니 세상 끝까지 도(道)를 펼치게 되고 지(知)로 때를 삼으니 만사에 마지못해서 손을 대고 덕(德)으로 좇음을 삼으니 발 달린 자들과 더불어 저 언덕에 오른다. 발 달린 자들과 더불어 언덕에 이른다는 말은 세상의 어리석은 자들을 데리고 언덕에 오른다는 뜻이다. 자신은 날개를 지니고 있지만 날개를 접어두고 발 달린 자들과 함께 걷는다. 날개도 없는 자들에게 날아가라고 요구함은 자연의 길이 아니다. 사람들은 그가 부지런함을 일삼는다고 생각하는데, 이는 오해다. 참사람에게는 도무지 일삼아서 할 일이 없기 때문이다.

그러므로 참사람에게는 좋아하는 것도 하나요 좋아하지 않는 것도 하나다. 여기서 좋아하는 것을 하늘로 보고 좋아하지 않는 것을 사람으로 보는 견해도 있다.(감산) 참고할 만하다. 그러나 장자의 뜻은 그 둘을 갈라놓는 데 있지 않고 하나로 통일시키는 데 있음을 유념할 필요가 있다.

하나는 물론 하나지만 하나 아님(다양함)도 하나다. 하늘은 물론 하나지만 천지만물 또한 하나라는 뜻이다. 그 한결같음으로는 하늘과 한 몸이 되고 한결같지 않음(사람은 모두 제각각이다)으로는 사람들과 한 몸이 된다. 참사람은 하늘과 한 몸이요 동시에 사람들과도 한 몸이다. 참사람이요 동시에 참하느님이다. 그 몸에서 하늘과 사람이 서로 다투지를 않으니 이런 사람을 일컬어 참사람이라고 한다.

사물과 하나 되었으면서 사물을 초탈한 사람, 사물을 떠나 있으면서 사물과 더불어 있는 사람, 땅에 발 딛고 서서 하늘을 걷는 사람, 그에게서 우리는 '초연한 참여'라는 모순의 통일을 보는 것이다.

▲▲▲

죽고 사는 것은 명(命)이요 밤과 낮이 한결같음은 하늘이 이루는 바요, 사람이 어떻게 할 수 없는 것이 모든 사물의 진상(眞相)이다. 사람이 하늘을 아버지 삼아 그 몸으로 하늘을 사랑할진대 하물며 하늘보다 더 높은 이에게야 말할 게 있으랴? 사람들이 임금을 모시고 자기보다 낫게 여겨 오히려 자기 몸을 바쳐 죽기까지 하는데 하물며 그보다 더 참된 이에게야 말할 게 있으랴? 샘이 말라서 고기들이 마른 땅에 모여 서로 물기를 뿜어주고 물방울로 몸을 적셔주는 것은 강과 호수에서 서로를 잊고 사느니만 못하고 요

(堯)를 떠받들고 걸(桀)을 헐뜯는 것은 양쪽을 다 잊고 도(道)와 하나 되느니만 못하다.

천지는 우리에게 모습을 주어 지니게 하고 삶을 주어 고달프게 하고 늙음을 주어 편안하게 하고 죽음을 주어 쉬게 한다. 그러므로 우리가 삶을 좋아하는 것은 곧장 죽음을 좋아하는 까닭이기도 하다. 배를 골짜기에 감추고 그물을 못에 감추면서 든든하다고 하나 밤중에 힘센 자가 와서 그것을 지고 도망치니 눈 먼 자는 알지 못하는구나, 작은 것을 큰 것에 감춤이 마땅하기는 하나 오히려 가져다가 숨길 곳이 있음을. 만약에 천하를 천하에 감춘다면 가져다가 숨겨둘 곳이 없으니 이야말로 만물의 참모습이다. 다만 사람의 모습으로 태어난 것을 오히려 기뻐하나 사람의 형상이라는 것이 한없이 바뀌어 끝이 없으니 어찌 그 즐거움을 하나 둘 헤아려볼 수 있으랴? 그러므로 성인(聖人)은 사물을 가져다가 숨겨둘 곳이 따로 없는 데서 노닐어, 만물을 있는 그대로 둔다. 일찍 죽어도 좋고 늙어도 좋다. 태어남도 좋고 죽음도 좋다. 사람이 이를 본받으려 할진대 하물며 만물이 거기 딸리고 온갖 변화가 거기 기대는 바, 도(道)에게야 말할 것이 있으랴?

死生은 命也요 其有夜旦之常은 天也요 人之有所不得與는 皆物之情也니라. 彼特以天으로 爲父하여 而身猶愛之인댄 而況其卓乎리오? 人特以有君으로 爲愈乎己하여 而身猶死之인댄 而況其眞乎리오? 泉涸으로 魚相與處於陸하여 相呴以濕하고 相濡以沫은 不如相忘於江湖요 與其譽堯而非桀也는 不如兩忘而化其道로다.
夫大塊載我以形하고 勞我以生하고 佚我以老하고 息我以死하니 故

로 善吾生者는 乃所以善吾死也니라. 夫藏舟於壑하고 藏山於澤하여 謂之固矣로되 然而나 夜半에 有力者負之而走하니 昧者不知也로다. 藏小大有宜나 猶有所遯이니라. 若夫藏天下於天下면 而不得所遯이니 是恒物之大情也로다. 特犯人之形으로 而猶喜之나 若人之形者는 萬化而未始有極也니 其爲樂可勝計邪인가? 故로 聖人은 將遊於物之所不得遯하여 而皆存이니라. 善夭善老요 善始善終이로다. 人猶效之인댄 又況萬物之所係하고 而一化之所待乎리오?

죽기 싫어하는 것은 인지상정(人之常情)이다. 그러나 과연 옳은 것인가? 죽기 싫어하는 것이 인간에게 도움이 되는가? 아니다. 도움이 되기는커녕 오히려 불행과 비참의 씨앗일 뿐이다. 죽기 싫어하는 마음, 그것 때문에 삶이 지저분해지고 마침내 고해(苦海)로 되는 것이다. 생명은 참으로 좋은 것이지만 생명에 대한 집착은 그 좋은 만큼보다 훨씬 더 고약하다.

사람은 자기 힘으로 할 수 있는 것도 있지만 자기 힘으로 좌우할 수 없는 것들에 포위되어 살고 있다. 우선 죽고 사는 일이 제 힘으로 되는 게 아니며 해가 뜨고 별이 지는 것도, 봄이 가고 여름이 오는 것도, 서풍이 불고 비가 내리는 것도 인력으로는 어쩔 수 없는 것이다. 사람의 힘으로 하늘을 아버지라 부르며 그 몸을 섬기는데 하늘보다 더 높은 게 있다면 어떻게 해야 하겠는가? 노자는 땅 위에 하늘, 하늘 위에 도(道), 도(道) 위에 자연(自然)이라고 했다. 자연이란 '스스로 그러함'이니 곧 호렙 산에서 모세가 만나뵌 하느님이다. 사람이 임금을 위에 모시고 그를 위해서 자기 목숨까지 바치는데 임금보다 더 높은 진재(眞宰)한테는 어찌해야 하겠는가? 장자의 손가락 끝이 시방 하늘 위의 하늘, 깊음 속의 깊음을 가리키고 있다. 바로 그 이름 지어 부를 수 없는 도에 하나 됨이 이러쿵저러쿵 인간의 온갖 선한 수단을 동원하는 것보다 낫다는 얘기다. 물이 말라 헐떡이는 고기들이 서로 물방울을 끼얹어주는 것은 보기에 아름다운 선행(善行)이나 사실은 그럴수록 더욱 안타깝고 비참할 뿐이다. 왜 강호(江湖)가 바로 여긴데 거기서 노닐 생각을 하지 않는가?

요(堯)는 성왕(聖王)이요 걸(桀)은 천하의 폭군이다. 하나를 받들고 하나를 헐뜯는 것이 보통 사람들 하는 짓인데 둘을 함께 잊고 도(道)와 하나 되는 것만 못하다. 선(善)과 악(惡)은 인간의 상대적인 판단에 따라 나오는 것이다. 거기에 사로잡혀 있는 한, 선과 악을 함께 초월해 있는 하늘 자리에 오를 수는 없는 일이다.

삶을 좋아하고 죽음을 싫어하는 것도 그 둘을 함께 볼 수 있는 자리에서 추락했기 때문이다. 천지는 나에게 사람의 모습을 주어 지니게 하고 삶을 주어 수고롭게 하고 늙음을 주어 편안하게 하고 죽음을 주어 쉬게 한다. 삶은 수고를 주고 죽음은 안식을 준다는 표현이 과연 장자(莊子)답다. 사실이 그러하다. 그런데 어째서 나는 수고롭게만 하는 삶을 좋아하고 안식을 주는 죽음을 싫어하는가? 그것은 내가 지금 살아 있고 바로 그 삶에 집착해 있기 때문이다. 집착은 맹목을 낳는다. 삶에 집착하면 삶의 참모습〔眞面目〕을 보지 못한다. 그것이 죽음의 다른 얼굴이라는 사실을 보지 못한다. 누가 삶을 좋아한다면 바로 그 때문에 그는 죽음을 좋아해야 한다. 삶과 죽음이 별개가 아니기 때문이다.

배를 골짜기에 감추고 그물을 연못에 감추는 게 보통 사람들 하는 짓이다. 여기 본문에는 산을 연못에 감춘다〔藏山於澤〕고 되어 있는데 '뫼 산'(山)을 '그물 산'(汕)으로 읽자는 게 많은 주석가들의 의견이다. 아무튼 그렇게 작은 것을 큰 것 속에 감추고는 잘 감추었다고 생각한다. 그러나 밤중에 어느 힘센 자가 와서 그 감춘 것을 메고 도망친다. 어리석은 자는 작은 것을 큰 것에 감추면 거기 큰 것 안에 빈 구석이 있어서 감추어놓은 것이 그리로 '옮겨질 수 있음'을 모르는 것이다. 만일 천하를 천하에 감추면 감춘 자리와 감추어진 것이 하나로 되어 그 감추어진 것을 어디 다른 데로 가져갈 데가 없으니 이것이야말로 항물(恒物)의 대정(大情)이다. 항물(恒物)은 만물이고 대정(大情)은 실정(實情), 곧 참모습이다.

    천하를 천하에 감춘다〔藏天下於天下〕는 말은 무엇을 뜻하는가? 감춘다는 말만 있고 감추어진 바가 따로 없다는 뜻이다. 감추어진 것과 그것을 감춘 곳이 동일하다는 뜻이다. 나와 너라는 '이름'은 있지만 나 곧 너인데 둘 사이에 무엇이 오고 갈 수 있겠느냐는 얘기다. 만물이 나와 더불어 한 몸〔萬物與我一體〕이라면 새삼 잃을 것이 무엇이며 따로 구할 것이 어디 있으랴? 새로 얻는 것도 없고 따로 잃는 것도 없다. 얻음은 잃음의 다른 얼굴이요 잃음은 얻음의 다른 얼굴일 따름. 모든 것이 여기서 저기로 움직이는 듯하나 사실은 제자리에 그렇게 있는 것이다. 우주가 하나인데 '바깥'이 따로 없거늘 무엇을 어디로 옮기다가 감추어둘 것인가? 그래서 깨달은 사람은 말한다. 천상천하에 오직 나 홀로 존귀하다고! 이때 그가 말하는 '나'는 너와 동떨어져 있는 별개로서의 '나'가 아니다. 우주와 합일되어 있는 나, 시간과 공간의 제약을 벗어난 나, 상대와 절대의 범주에서도 벗어난 나, 시작도 끝도 없이 존재하는 나, 태어남도 죽음도 모르는 나. 석가는 바로 그 '나'를 얻었던 것이다.

    흔히 사람의 모양을 하고 태어난 것을 기뻐하는데 사람의 모양이라는 것이 천변만화(千變萬化)라, 그 끝을 알 수 없거늘 일일이 즐거워할 만한 것을 계산한다면 과연 그것을 헤아려낼 수 있겠는가? 헤아릴 수조차 없는 작은 것들을 하나하나 즐기다 보면 일평생 바다 속에 들어가 모래알을 세는 것과 같은 헛수고의 연속일 따름이다. 즐거움(괴로움)이라는 감정에서 벗어나는 것, 그것은 곧 모든 다른 감정에서 벗어나는 것이요, 바로 거기서 해탈의 길은 비롯된다.

그러므로 성인(聖人)은 사물을 어디 다른 데로 가져다가 숨길 곳이 없는, 있는 그대로의 천지자연에서 노닐며 모든 것을 있는 대로 있게 한다. 어떤 인위 조작도 하지 않는다. 일찍 죽어도 좋고 나이 많도록 늙어도 좋다. 태어남도 좋고 죽는 것도 좋다. 사람들이 이런 성인의 모습을 본받으려 할진대 만물이 거기 속하고 모든 변화가 거기에서 나오는 바 대도(大道)에 대하여 무엇을 더 말할 것인가?

성인 바울로를 본받고자 할진대, 그를 성인으로 만든 예수에 대하여, 그 예수를 이 땅에 보내신 아버지 하느님께 대하여 사람이 마땅히 취할 바 태도가 어떠해야 하겠는가?

▲▲▲

무릇 도(道)란 실재하며 그것을 믿을 만한 증거도 있으나 함[爲]도 없고 꼴[形]도 없으며 전하기는 하되 받을 수는 없고 얻기는 하되 볼 수는 없다. 스스로 제 뿌리를 지니고 천지가 생겨나기 전부터 있어서 귀신과 상제(上帝)를 신령하게 하고 하늘을 낳고 땅을 낳고 태극(太極) 위에 있으면서 스스로 높이지 않고 육극(六極) 아래 있으면서 스스로 낮추지 않고 하늘땅이 생겨나기 전에 있었으면서 스스로 오래지 않고 까마득한 옛날보다 더 오래되었으면서 스스로 늙지 않는다. 시위씨(狶韋氏)는 이를 얻어 천지(天地)를 이끌었고 복희씨(伏戲氏)는 이를 얻어 원기(元氣)의 어미에게로 들어갔고 유두(維斗)는 이를 얻어 영원토록 어긋남이 없고 일월(日月)은 이를 얻어 영원히 꺼지지 않고 감배(堪坏)는 이를 얻어 곤륜(崑崙)에 들어갔고 빙이(馮夷)는 이를 얻어 황하(黃河)에 노닐고 견오(肩吾)는 이를 얻어 태산(泰山)에 살고 황제(黃帝)는 이를 얻어 구름 낀 하늘에 올랐으며 전욱(顓頊)은 이를 얻어 현궁(玄宮)에 살고 우강(禺强)은 이를 얻어 북극(北極)에 우뚝 섰고 서왕모(西王母)는 이를 얻어 소광(少廣)에 앉았는데 그 태어남도 죽음도 알 수 없다. 팽조(彭祖)는 이를 얻어 유우(有虞)의 때로부터 오패(五伯)의 때까지 살았고 부열(傅說)은 이를 얻어 무정(武丁)과 더불어 천하를 손에 넣은 뒤 동유(東維)를 타고 기(箕)와 미(尾)에 올라앉아 뭇 별과 나란히 빛나고 있다.

夫道는 有情有信이나 無爲無形이요 可傳而不可受요 可得而不可見이로다. 自本自根하고 未有天地에 自古以固存하여 神鬼神帝하고 生天生地하며 在太極之先이로되 而不爲高하고 在六極之下로되 而不爲深하고 先天地生이로되 而不爲久하고 長於上古로되 而不爲老니라. 狶韋氏는 得之하여 以挈天地하고 伏戲氏는 得之하여 以襲氣母하고 維斗는 得之하여 終古不忒하고 日月은 得之하여 終古不息하고 堪坏는 得之하여 以襲崑崙하고 馮夷는 得之하여 以遊大川하고 肩吾는 得之하여 以處大山하고 黃帝는 得之하여 以登雲天하고 顓頊은 得之하여 以處玄宮하고 禺强은 得之하여 立乎北極하고 西王母는 得之하여 坐乎少廣하여 莫知其始요 莫知其終이로다. 彭祖는 得之하여 上及有虞

로 下及五伯하고 傅說은 得之하여 以相武丁으로 奄有天下하고 乘東
維에 騎箕尾하여 而比於列星이니라.

참사람은 대도(大道)를 좇아 그대로 살아가는 사람이다. 다른 말로 하면, 하느님과 하나 되어 살아가는 사람이다.

도(道)는 있다. 그 있음을 분명히 알 수도 있다. 그러나 사람이 그 형상을 볼 수는 없다. 형상이 없기 때문이다. 그래서, 있기는 있는데 없다고 한다.

구약의 하느님이 당신의 형상 만들지 말 것을 계명의 첫머리에 엄숙히 못박은 것은 그런 행위가 비록 하느님을 위해서라는 명분을 지닌다 해도 결국은 당신을 부인하는 것이기 때문이다. 하느님은 결코 어떤 형(形)이나 상(相)에 갇힐 분이 아니시다. 그래서 노자는 아예 인간의 말로 표현된 바 도(道)는 이미 참된 도가 아니라는 말로 도 이야기를 시작하고 있는 것이다. 그러나 그렇다고 해서, 하느님이 어떤 형상으로 당신을 나타내실 수는 없다고 못박아도 안 된다. 하느님은 가시덤불의 불꽃 모양으로 당신을 나타내실 수도 있고 한 인간의 모습으로(예수) 나타나실 수도 있다. 상(相)으로써 부처를 보려고 해도 안 되지만 상을 떠난 어디에서 보려고 해도 안 된다. 그래서 "상도 아니요 상 아님도 아니라"〔非相非非相〕고 하는 것이다.

도(道)는 자존(自存)한다. 무엇에 근거해서 있는 게 아니라 스스로 있는 것이다. 그래서 자본자근(自本自根)이라 했다. 하늘과 땅이 있기 전에 이미 있어서 귀신과 상제를 신령케 했다. 여기 '귀'(鬼)는 사람 죽은 귀신이라기보다 뒤에 나오는 감배(堪坏)나 빙이(馮夷) 등을 가리키고 '상제'

(上帝)는 시위(狶韋) 복희(伏戱) 등을 말한다. 그들이 신령했던 것은 대도(大道) 때문이었다. 도(道), 그 하나를 얻어서 신령하게 됐던 것이다.

도(道)는 더없이 높은 곳에 있으며 더없이 낮은 곳에 있다. 가장 높은 곳의 위에 있고 가장 낮은 곳의 아래에 있다. 가장 먼저보다 앞에 있고 가장 나중보다 뒤에 있다. 시공간을 초월하여 있지 않은 곳이 없다는 말이다. 곽주(郭注)에 이렇게 말했다. "도가 없는 곳이 없으므로 높은 데 있어도 높다 하지 않고 깊은 데 있어도 깊다 하지 않으며 오래되었어도 오래다 하지 않고 늙었어도 늙었다 하지 않으며 있지 않은 곳이 없으면서 있는 곳이 없다."

이어서 이러한 도(道)를 얻은 이들의 이름이 열거된다. 『노자』 39장, "하늘은 하나를 얻어 맑으며〔天得一以淸〕······"를 본따서 이 글이 씌어졌을 것으로 본다.

시위씨(狶韋氏)는 고대의 전설적인 제왕(帝王)이다. 천지에 나아가 화육(化育)에 참여했고 세계를 정초했다고 한다. 복희씨(伏戱氏)는 역시 고대의 전설적 제왕으로 인류에게 처음 화식(火食)을 가르쳤다고 한다. '기모'(氣母)는 기의 근원이라는 뜻으로 읽는다. 유두(維斗)는 북두성(北斗星)이다. 유(維)는 굵은 줄을 뜻하는 말로 세계를 매달아 떨어지지 않게 하는 밧줄이다. 붙박이별인 북극성은 모든 방위의 중심이다. 유두(維斗)가 한자리를 지키되 영원토록 어긋남이 없는 것 역시 도(道)를 얻었기 때문이다. 감배(堪坏)는 북해 끝에 있다는 곤륜산의 산신(山神)이다. 빙이는 물의 선인(仙人)으로 『산해경』(山海經)에 "사람 얼굴을 하고 두 마리 용을 탄다"고 했다. 견오(肩吾)는 태산의 산신(山神)이고 황제(黃帝)는 본디 우주 최고 신(神)이었는데 뒤에 중국을 열고 여러 문화시설을 발명한 역대 왕의 시조로 추앙되었다. 전설에 따르면, 수산(首

山)의 구리〔銅〕를 얻어 솥을 만들었는데 용이 그 솥 있는 데로 내려왔으므로 용을 타고 하늘로 올라갔다고 한다. 전욱(顓頊)은 황제의 손자로 뒤에 북방을 다스리는 상제가 되었고 우강(禺强)은 북쪽 끝에 있는 신(神)으로 "사람 얼굴에 새의 몸을 하고 두 귀에 푸른 뱀을 달고 붉은 뱀을 밟고 있다"(『산해경』)고 한다. 북(北)은 음양오행설에 따라 물〔水〕이고 그래서 우강은 수신(水神)이다. 서왕모(西王母)는 서쪽 사막 끝에 있는 여신(女神). 역시 『산해경』에 "사람 모양을 하고 있으나 꼬리는 표범이요 이빨은 호랑이며 휘파람을 잘 불고 흐트러진 머리에 장식을 꽂고 있다"고 했다. 뒤에 도가(道家)에서 인간의 생명을 관장하는 신으로 숭상했는데, "용모가 소년처럼 단정하고 항상 서방에 있으며 생사를 초월했다"(성현영)고 한다. 팽조(彭祖)는 장수한 사람의 대표 격이다. 하(夏), 은(殷)을 거쳐 주대(周代)에까지 7백 년을 살았다고 한다. 유우(有虞)는 순(舜)임금의 다른 이름이고 오패(五伯)는 춘추 시대(B.C. 770~403)에 패자(覇者)가 되었던 다섯 인물〔제환공(齊桓公), 송양공(宋襄公), 진문공(晉文公), 주목공(秦穆公), 초장왕(楚莊王)〕, 부열(傅說)은 은나라 무정(武丁)의 재상으로 훌륭한 치적을 이루고 죽어서 별이 되었다는 전설의 주인공이다. 무정은 은나라 16대 천자로 명군(明君)이었다. 동유(東維)는 북두성 동쪽에 있는 별. 기(箕), 미(尾)는 각각 별자리 이름.

이들 모두 그렇게 된 것은 도(道), 그 '하나'〔一〕를 얻었기 때문이다.

2. 남백자규(南伯子葵)와 여우(女偶)의 문답

▲▲▲

남백자규(南伯子葵)가 여우(女偶)에게 묻기를, 그대는 나이 이미 많은데 오히려 얼굴이 어린애 같으니 어찌 된 까닭이오? 대답하되, 나는 도(道)를 들었소. 남백자규가 말하기를, 도란 배워서 알 수 있는 것이오? 대답하되, 어찌 배워서 알 수 있는 것이겠소? 그대는 그런 사람이 못 되오. 복량의(卜梁倚)는 성인(聖人) 될 바탕은 있으나 성인(聖人)의 도(道)를 지니지 못했고 나는 성인의 도를 지니고 있으나 성인 될 바탕은 없는 사람이었소. 내가 그를 가르치고자 하였으나 과연 그가 성인이 되는지 모르겠더니 비록 그렇게 되지 않을지언정 성인의 도로 성인 될 바탕을 지닌 자에게 일러주는 것 또한 쉬운 일이라, 내가 오히려 그것을 잘 지켜 말없이 말해주니 3일 뒤에 능히 천하를 벗어나더이다. 이미 천하를 벗어난지라 내가 다시 그것을 지키니 7일 뒤에 능히 사물을 떠났고 사물을 떠난지라 내가 다시 그것을 지키니 9일 뒤에 능히 삶을 놓았고 이미 삶을 놓아버린 뒤에 능히 모든 것을 밝게 꿰뚫어보았고 모든 것을 꿰뚫어보게 된 뒤에 능히 유일절대(唯一絶對)를 보게 되었고 유일절대를 본 뒤에 능히 시간의 굴레를 벗어나게 되었고 시간을 벗어난 뒤에 능히 죽지도 나지도 않는 경지에 들어갔소. 삶을 죽이는 자는 죽지 않고 삶을 살리는 자는 살지 못하오. 그 경지에 들어간 사람의 사람됨이 어떠한고 하면 보내지 않는 것이 없고 맞아들이지 않는 것이 없으며 무너뜨리지 않는 것이 없고 이루지 않는 것이 없소. 그것을 이름하여 영녕(攖寧)이라고 하거니와 영녕(攖寧)이란 모든 변화를 겪은 뒤에 이루어지는 것이오.

南伯子葵問乎女偊曰, 子之年長矣나 而色若孺子는 何也오? 曰, 吾聞道矣니라. 南伯子葵曰, 道可得學邪인가? 曰, 惡라, 惡可리오? 子非其人也로다. 夫卜梁倚는 有聖人之才나 而無聖人之道요 我는 有聖人之道나 而無聖人之才라. 吾欲以敎之로되 庶幾其果爲聖人乎더니 不然이언정 以聖人之道로 告聖人之才는 亦易矣라, 吾猶守而告之하니 參日而後에 能外天下하나니라. 已外天下矣에 吾又守之하니 七日而後에 能外物하고 已外物矣에 吾又守之하니 九日而後에 能外生하고 已外生矣而後에 能朝徹하고 朝徹而後에 能見獨하고 見獨而後에 能無古今하고 無古今而後에 能入於不死不生하나니라. 殺生者는 不死요 生生者는 不生이로다. 其爲物인즉 無不將也요 無不迎也요 無不毁也요 無不成也니 其名爲攖寧이려니와 攖寧也者는 攖而後에 成者也니라.

남백자규(南伯子葵)는 '인간세'(人間世)에 등장한 남백자기(南伯子綦)와 같은 인물일 가능성이 있다. 규(葵)가 기(綦)의 오식(誤植)이라고 주장하는 이도 있다. 그러나 이는 중요한 문제가 아니다. 동일인이면 어떻고 아니면 어떤가? 다만, 여기 나오는 남백자규는 아직 도(道)를 얻지 못한 상태에 있으므로 '인간세'에 등장한 남백자기와 처지가 다름을 유념할 필요가 있겠다.

그가 여우(女偊)에게 묻는다.

"당신은 늙은이인데 얼굴은 아이 같다. 도대체 어찌 된 일인가?"

여우는 가공인물이다. 그냥 '옛적의 도(道)를 체득한 사람'으로 읽는다.

도(道)는 시공을 벗어나 있으므로 도를 체득한 사람 역시 시간과 공간의 굴레를 벗어난다. 따라서 늙지만 늙지 않는다. 나이를 먹어도 그 얼굴이 어린아이 같다. 실제로 가능한 일이다. 욕심 없이 늙은 늙은이 얼굴에서 어린아이의 천진함을 읽기란 드문 일이긴 하지만 얼마든지 있을 수 있는 일이다.

여우가 대답한다.

"나는 도(道)를 들었다."〔吾聞道矣〕

여기 들었다〔聞〕는 말은 귀로 들었다는 뜻이 아니다. '들었다'는 말은 그것이 자기 속에 있어서 자기와 그것이 하나로 되었다는 말이다. 흰 천에 붉은 물감을 들이면 붉은 천이 되듯이. 그래서 바울로는 분명히 말할 수 있었다. 믿음은 '들음'에서 난다고. 들음(받아들임)에서 시작되어 들음(따름)으로 마치는 것, 그것이 믿음이다. 이미 도(道)와 하나로 되었거늘 어떻게 '나이'를 먹겠는가? '영원한 오늘'을 사는 자에게는 어제도 내일도 없는 것이다. 주름살과 백발은 저고리가 낡아서 해어짐과 같은 것. 옷이 낡는다고 사람까지 낡는 것은 아니다.

남백자규가 다시 묻는다.

"그 도(道)를 배워서 알 수 있는 것인가?"

"아아, 어찌 배워서 알 수 있는 것이겠는가?"

이어서 덧붙인다.

"자네는 그럴 만한 사람이 못 된다."

머리로 인식하는 것에서 도(道)를 알고자 하는 자는, 먼저 그 태도를 버리지 않는 한 결코 도를 깨달아 알 수 없다. 자네는 머리로 도를 알고자 하는 자라, 도를 깨칠 사람이 못 된다는 뜻이다. '하느님'에 대하여 누구보다도 해박한 지식을 자랑하는 신학박사들이 하느님의 길과 거리가 먼 들판에서 헤매다가 생애를 마감하는 모습을 우리는 본다. 문자옥(文字獄)을 끝내 깨치지 못한 채 바다 속 모래알만 헤아린다. 차라리 가갸거겨를 배우지 않았더라면 좋았을 것을!

> 온갖 법(法)이 모두 공(空)의 뒤란에 핀 꽃이니
> 어쩌자고 바다 속 모래알을 헤아리고 있느냐?
> 다만 철벽(鐵壁)과 은산(銀山)을 꿰뚫어 깨부술 일이요
> 이러쿵저러쿵 따지지 말아라.
> 〔萬法由來空裡花, 豈宜徒算海中沙. 但從鐵壁銀山透, 不問如何又若何: 사명(四溟)〕

이어서 장자는 여우의 입을 빌려 사람이 어떻게 도(道)를 들어서 도와 하나로 되는지, 그 길을 밝힌다.

'길'은 순서(order)다. 앞과 뒤가 있고 처음과 나중이 있다. 처음과 나중을 구별할 줄 알면 그는 도(道)에 가깝다.〔知所先後則近道矣:『대학』〕

구도(求道)에 순서가 있음을 모르고 함부로 설치는 자들이 있는데 참 스승을 모시지 못한 불행의 열매다. 처음과 나중을 모르니 중간 단계를 거칠 수가 없다. 중간 단계가 생략되니 엉터리가 되지 않을 수 없고 엉

제6장 대종사(大宗師) | 287

터리가 되니 저와 세상을 속이지 않을 수 없다.

"하느님 나라는 이렇게 비유할 수 있다. 어떤 사람이 땅에 씨앗을 뿌려놓았다.…… 처음에는 싹이 돋고 그 다음에는 이삭이 패고 마침내 이삭에 알찬 낟알이 맺힌다."(마르코복음 4:26, 28)

씨 뿌린 다음에 싹이 나고 싹 난 다음에 이삭 패고 이삭 팬 다음에 낟알이 맺힌다. 이 '다음에'가 중요하다. 성급한 마음이 앞서서 이를 무시하거나 생략하면 엉망이 된다.

"그대가 그대를 변화시키려 하지 말라. 다만 그대 속에서 일어나고 있는 변화를 보라."(앤소니 드 멜로)

나를 변화시키는 주인은 내가 아니라 하느님이신 까닭이다.

『대학』은 학문의 순서를 처음부터 명백히 설정한다. 수신(修身) 이후에 제가(齊家), 이후에 치국(治國), 이후에 평천하(平天下)다.

3년간 일주문 밖을 나서지 않고 결사(結社)를 마친 후 태안사에 주석하고 있는 청화(淸華) 스님은 수행에 4도(四道)가 있음을 말한다.

"맨 처음에는 '가행도(加行道)'라…… 평소에 하던 공부를, 다시 말하면 우리의 수행을 더욱 더 가속도로 증장시킨다는 뜻입니다…… 가행도를 하게 되면 '무간도(無間道)'가 옵니다…… 천지 우주가 청정미묘한 부처뿐이로구나!' 이 생각이 사이 없이 쭉 이어진다는 말입니다 …… 딴 생각은 전혀 안 나온다는 것입니다. 오직 부처님 생각으로, 천지우주가 하나로 딱 되어버린다는 말입니다…… 그와 같이 무간도를 거치면 그때는 필연적으로 우리 본자성(本自性)이 불성(佛性)이기 때문에, 그때는 '해탈도'(解脫道)라, 불성을 턱 증(證)하는 것입니다. 찬란한 내 본 생명의 고장, 내 마음의 고향, 내 생명의 본 주인공을 체험한다는 말입니다. 이것이 해탈도(解脫道)입니다. 이래서 우리는 벌써 업장을 다 벗어버리고 이제 좋다, 궂다, 사랑한다, 밉다, 하는 것을 다 벗어버립니다. 이렇게 해서 견성오도(見性悟道)합니다. 그러나 그것이 구경지(究竟地), 성불(成佛)은 또 못 됩니다. 비록 우리가 불성을 봤다 하더라도 아직 습관성이 남아 있습니다. 습관성-번뇌의 뿌리, 그것을 뽑으려면 '승진도'(勝進道)라, 더욱 더 해탈도에 입각해서 더욱 정진을 더 한다는 말입니다. 말하자면 보임수행(保任修行)을 한다는 말입니다."(『정통선의 향훈』, 127~129쪽)

본문으로 돌아간다.

복량의(卜梁倚)가 누군지를 알 수 없다. 그에게는 성인(聖人) 될 바탕〔才〕이 갖추어져 있다. 성인 될 바탕이 무엇을 말하는지는 설명하지 않는다. 사람이라면 누구나 그림을 그릴 수 있지만 모두 다 피카소일 수는 없다. 피카소가 지니고 태어난 그림 소질, 그런 것쯤으로 이해해두자. 그러나 아무리 소질이 있어도 닦지 않으면 없는 것과 마찬가지다. 글씨 잘 쓰는 재주가 있는 사람이 있고, 없는 사람이 있다. 그런데 만일 재주만 믿고 서예를 닦지 않으면 사람을 감동시킬 만한 글씨가 나오지 않는다. 차라리 둔재가 성심으로 갈고 닦아서 쓴 글씨가 사람을 감동시킨다.

복량의(卜梁倚)한테는 재(才)가 있지만 도(道)가 없고 나에게는 재(才)가 없지만 도(道)가 있다. 그러므로 나는 그의 스승이 될 수 있다. 그래서 도를 가르치는데 과연 그가 깨달음에 이를 수 있는지는 모르겠으되 그러나 도를 지닌 자가 재를 지닌 자에게 가르쳐주기가 어려운 일 또한 아닌지라, 시도해본즉 다음과 같은 순서로 마침내 도와 하나 되는 경지에 이르렀다.

그런데 잠깐, 여기서 입도(入道)의 과정을 살펴보기 전에 스승이 제자에게 도(道)를 어떻게 가르쳤는지, 그 방법에 대한 언급이 있다. "오유수이고지(吾猶守而告之)하니", 내가 오히려 그것을 잘 지켜 말없이 전해주었다는 얘기다. 도를 자기 몸에 지니고 잘 지키는 것! 세상에는 그보다 더한 가르침이 있을 수 없다. 그것을 말로 하면 이미 부족하다. 그래서 "성인은 행불언지교(行不言之敎)라", 말 없는 가르침을 베푼다고 했다.(『노자』)

예수는 인간들 사이의 시비 분쟁에 휘말려들지 않았다. 오직 도리를 실천에 옮겼을 뿐이다. 그것이 시끄러운 시비 분쟁을 잠재울 수 있는 비결이요 스승의 바른 가르침이었다.

"군중 가운데서 어떤 이가 예수께 '선생님, 제 동기더러 저와 함께 유산을 나누라고 일러주십시오' 하고 여쭈었다. 그러자 예수께서는 그에게 '이 사람아, 누가 나를 그대의 재판관이나 재산 분배자로 세웠단 말인가?' 하고 말씀하셨다. 그리고 사람들에게 말씀하셨다. '여러분은 온갖 탐욕을 주의하고 조심하시오. 사실 제아무리 부유하다 하더라도 사람이 자기 재산으로 자기 생명을 보장받지는 못합니다.'"(루가복음 12:13, 14, 15)

이렇게 저들의 시비 분쟁에서 발을 빼는 대신 예수는 재물이 생명을 보장하지 못한다는 지극히 보편적이면서도 많은 사람들한테서 무시당하고 있는 '진리'를 선포한다.

"나는 다만 도리를 몸에 지녀 잘 지키고 말 없는 말로 그에게 일렀다."〔吾猶守而告之〕이것이 모든 가르침 가운데 가장 높은 가르침이다.

그렇게 가르치자 벌써 사흘 만에 효과가 나타났다. '사흘 만에'를 반드시 문자적으로 읽을 이유는 없다. 사람에 따라 석 달일 수도 있고 3년일 수도 있다.

처음으로 나타난 효과는 '외천하'(外天下)다. 힘들이지 않고 천하를 벗어나더라는 얘기다. 천하를 벗어난다는 말은 우주 로켓을 타고 지구를 떠난다는 말이 아니라 세상 일에 집착하지 않는다는 뜻이다. 일을 하게 되면 하고 그치게 되면 그친다. 그뿐이다. 결과에 매달리지 않는다. 세상 일에 참여하되 초연히 참여한다. 전쟁이 터지매 백성을 구원코자 산에서 내려와 무기를 잡고 싸움 마당에 뛰어든다. 이윽고 전쟁이 그치니 무기를 놓고 산으로 돌아간다. 그것이 서산(西山)이었다.

제자가 문득 세상 일에 집착을 끊으니 스승은 그 곁에서 더욱 단단히 도리를 지키고 그로써 말 없는 가르침을 계속 베푼다. 7일이 지나자 두 번째 효과가 나타나는데 외물(外物)이라, 능히 사물을 떠날 수 있게 되었다. 사물은 세상 일보다 더 피부에 가까이 닿아 있다. 그래서 벗어나는 데 좀더 시간이 걸려야 하는 것일까? 여기 '물'(物)을, 내 몸을 포함해 내가 경험할 수 있는 모든 대상으로 읽는다.

제자가 물(物)을 떠나니 스승은 더욱 단단히 도리를 지켜 말 없는 가르침을 베풀고 드디어 세 번째 효과가 나타나는데 '능외생'(能外生)이라, 삶에서 벗어난다. 살고자 하는 욕(欲)에서 해방되는 것이다. 사람뿐 아니라 목숨 지닌 모든 것들이 마지막까지 붙잡혀 있는 이른바 생존 욕구에서 벗어난다. 살면 살고 죽으면 죽는다. 삶을 기뻐할 줄 모르고 죽음을 싫어할 줄도 모른다. 이미 이 단계에 이르면 스승은 곁에 없어도 좋다. 도(道)가 스스로 자기 길을 가는 것이다. 살고자 하는 마음을 놓아버리니 새벽 기운같이 해맑은 깨달음〔朝徹〕이 따라오고 모든 것을 꿰뚫어 알고 나니 과거·현재·미래가 없어지고 시간에서 해방되니 드디어 죽지도 태어나지도 않는 경지에 들어간다. 다시는 죽음을 모르는 영생이요 구경해탈(究竟解脫)이다.

'외천하'(外天下)에서 '입어불사불생'(入於不死不生)에 이르는 '화기도'(化其道)의 전 과정이 언급되어 있다. 이 순서를 바꾸거나 빠뜨려서는 안 된다. 장자는 이 과정을 다시 한마디로 요약하는 친절을 보여준다.

"삶을 죽이는 자는 죽지 않고[殺生者不死] 삶을 살리는 자는 살지 못한다."[生生者不生]

예수의 말씀과 한 자도 어긋남이 없다.

"제 목숨을 얻고자 하는 자는 잃을 것이요 나를 위하여 제 목숨을 잃는 자는 얻을 것이다."

'삶을 죽인다'[殺生]는 말은 자살한다는 말이 아니라 살고자 하는 욕심에 부림을 당하지 않는다는 말이다. 마찬가지로 '삶을 살린다'[生生]는 말은 어떻게 해서든지 살아남으려는 마음에 사로잡힘을 뜻한다.

삶과 죽음의 끈을 놓아버린 사람. 그의 '사람됨'[爲物]은 어떠한가?

모든 것을 보낸다. 흔연히 놓아준다. 붙잡지 않는다. 아무 것에도 집착하지 않는다. 아울러 모든 것을 받아들인다. 넉넉하게 모신다. 거부하지 않는다. 천무사복(天無私覆)이요 지무부재(地無不載)라, 하늘은 어떤 것을 가려서 덮어주지 않고 땅은 그 품에 실어주지 않는 게 없다. 아무 것도 배타하지 않는다. 모든 물을 사양하지 않고 받아들이는 바다처럼!

또한, 무너뜨리지 않는 것이 없다. 모양 있는 모든 것이 그를 만나면 허물어지고 만다. 황혼에 눈부신 예루살렘 성전도 그한테서는 돌 위에 돌 하나 남지 않고 무너진다. 아울러 이루지 않는 게 없다. "다 이루었다!", 이것이 예수의 마지막 말이었다.

이런 것을 이름하여 '영녕(攖寧)이라고 하거니와 영(攖)은 나아가 접촉한다는 뜻의 영(攖)으로 읽고 녕(寧)은 평안하다는 뜻으로 읽어서 온갖 외계의 사물과 만나되 스스로 평안하다는 말로 새긴다. 「소」(疏)에는 "영(攖)은 요동(攪動)이요 녕(寧)은 적정(寂靜)이라"고 했다. 그렇게 읽으면 어지럽게 움직이면서 고요하다는 뜻이 된다. 거울은 그 앞에 만상이 얼비쳐 끊임없이 움직이되 저 자신은 한없이 고요하다.

저 그윽한 고요의 세계! 그러나 거기로 들어가는 길은 온갖 시끄러움으로 소용돌이치는 이 세상 한복판에 있다. 하늘 가는 길은 땅에 있다. '구원'은 이 세상 바깥 어디 다른 공간에서 이루어지는 것이 아니다.

▲▲▲

남백자규(南伯子葵)가 이르기를, 그대는 도대체 어디서 그것을 들었소? 대답하되, 부묵(副墨)의 아들한테서 들었거니와 부묵의 아들은 낙송(洛誦)의 손자한테서 들었고 낙송의 손자는 첨명(瞻明)한테서 들었고 첨명은 섭허(聶許)한테서 들었고 섭허는 수역(需役)한테서 들었고 수역은 오구(於謳)한테서 들었고 오구는 현명(玄冥)한테서 들었고 현명은 삼료(參寥)한테서 들었고 삼료는 의시(疑始)한테서 들었소.

南伯子葵曰, 子獨惡乎聞之오? 曰, 聞諸副墨之子려니와 副墨之子는 聞諸洛誦之孫이요 洛誦之孫은 聞之瞻明이요 瞻明은 聞之聶許요 聶許는 聞之需役이요 需役은 聞之於謳요 於謳는 聞之玄冥이요 玄冥은 聞之參寥이요 參寥는 聞之疑始로다.

이어지는 두 사람의 문답을 통해 장자는 입도(入道)에서 체도(體道)까지 과정을 다시 한 번 정리한다. 여기 나오는 인명은 저마다 개념을 의인화한 것이다.

부묵(副墨)은 도(道)를 전하는 수단으로 쓰인 '글'(文)을 뜻한다. 부묵의 아들은 '글의 아들'이니 곧 문자가 된다. 도는 문자에 담을 수 없는 것이나 거기에 이르기 위해서는 문자, 곧 서적이나 글 따위에 의존해야 한다. 책을 읽지 않고서 책을 넘어서는 길은 없다.

책이 있어도 그것을 읽지 않으면 아무 소용이 없다. 없는 것이나 마찬가지다. 끊임없이 읽는 것이 낙송(洛誦)이다. 여기 낙(洛)은 '이을 락'(絡)으로 읽는다. 많이 읽으면 뜻이 통한다 했다. 문자를 읽어 마침내 그 문자에 담겨 있는 뜻에 통하는 일, 그것이 두 번째 단계다.

다음은 첨명(瞻明). 밝게 본다는 뜻이다. 드디어 눈이 열리는 것이다. 눈이 열린 다음에는 섭허(聶許), 작은 소리로 수군거리는 것을 알아듣는다는 말이다. 이제는 문자를 떠나도 문자 속에 담겨 있는 뜻을 알게 된다. 보이고 들리는 바 모든 것이 그에게 '문자'로 되어 있는 것이다.

섭허(聶許) 다음에는 수역(需役)이니, 수(需)를 수(須)로 역(役)을 행(行)으로 읽어 실천을 뜻하는 말로 새긴다. 보고 들었으면 그대로 살아가는 것이다. 실행이 없으면 아직 보고 들었다 할 수 없다.

이 단계에서 감탄이 나온다. 오구(於謳)! 말이 소용없다. 느낌이 있을 뿐이다. 노래가 절로 흘러나온다.

"예수 그리스도를 믿음으로써 올바른 일을 많이 하여 하느님께 영광과 찬양을 드릴 수 있게 되기를 바랍니다."(필립비서 1:11)

'하느님 영광의 찬미'로 되는 것, 이것이 삼위일체의 복녀 엘리사벳의 꿈이었고 그 꿈이 완성된 자리에서 복녀는 영생에 들어간다.

이 끝없는 노래는 어디서 나오는가? 검고 깊어서 그 끝을 알 수 없는 고요함, 우리가 도(道)라는 이름으로 부르는 바로 거기서 나온다. 이 고요함을 달리 부르면 삼료(參寥)다.「소」(疏)에는 삼(參)을 삼(三)으로 요(寥)를 절(絶)로 읽어서 '세 가지가 없어졌다'로 새긴다. 세 가지란 유(有), 무(無), 비유비무(非有非無)니, 있는 것도 아니요 없는 것도 아니며 있지 않은 것도 아니요 없지 않은 것도 아닌 그런 것이 삼료(參寥)라는 설명이다. 말로 표현되지 않는 경지를 말로 하자니 자꾸만 구차스러워진다. 삼료(參寥)를 다른 말로 하면 의시(疑始)가 된다. 처음이 있는 듯하면서도 처음이 없다는 뜻으로 새긴다. 처음이 없으니 나중 또한 있을 게 없다. 처음도 끝도 없음, 아무 차별도 구분도 없는 만물제동(萬物齊同)의 절대 경지, 거기에서 '가르침'이 비롯된다는 얘기다. 그리고 모든 가르침이 거기로 귀결한다.

이 영원한 길〔大道〕에 들어서서 길과 하나 되어 길과 함께 걷는 것, 그것이 바로 도인의 수행이다.

여기 눈앞에 초라한 문자 하나가 있다. 보는 자는 보리라. 저 '문자' 하나가 끝을 알 수 없는 고요함, 처음도 나중도 없는 어둠에 실낱같이 가마득하게 닿아 있음을!

여기 눈앞에 실개울이 흐른다. 보는 자는 보리라. 저 실개울의 한 끝이 가없는 바다, 끝 모를 깊이에 닿아 있음을!

3. 자사(子祀)와 그의 벗들

▲▲▲

자사(子祀), 자여(子輿), 자려(子犁), 자래(子來), 네 사람이 서로 이야기를 나누는데, 누가 없음[無]으로 머리를 삼고 삶[生]으로 척추를 삼으며 죽음[死]으로 엉덩이를 삼는가? 누가 죽고 나고 있고 없음이 한 몸인 줄 알까? 우리가 그를 벗으로 삼으리. 네 사람이 서로 쳐다보고 웃으며 마음에 거리낌이 없어 이윽고 서로 벗이 되었다.

子祀, 子輿, 子犁, 子來, 四人이 相與語曰, 孰能以無로 爲首하고 以生으로 爲脊하며 以死로 爲尻리요? 孰知死生存亡之一體者인가? 吾與之友矣로다. 四人이 相視而笑하고 莫逆於心하여 遂相與爲友더라.

사(祀)와 여(輿)의 음(音)을 간단히 줄이면 '조'(徂, 가다)가 되고 려(犁)와 래(來)는 '래'(來, 오다)가 된다. 네 사람의 이름 자체가 왔다 가는 인생의 모양을 암시한다.

머리와 척추와 엉덩이(꼬리)는 한 몸이다. 서로 다르긴 하지만 분리

되지는 않는다. 태어나기 전과 태어난 뒤 그리고 죽음 이후가 모두 '하나'다. 구분해서 말할 수는 있지만 서로 떨어뜨려놓을 수는 없다.

누가 이 사실을 알 것인가? 알되 머리만이 아니라 몸으로 알 것인가?

"신(神)이 하나라는 것이 신의 영원한 법이다. 그 법은 그 자체가 강제력을 갖고 있다. 어떠한 법정이나 재판관도 그 법을 인쇄해서 세간에 퍼뜨릴 필요가 없으며, 권위와 힘으로 그 법을 옹호할 필요도 없다. 들을 귀를 가진 사람에게, 우주(보이는 우주와 보이지 않는 우주)는 이 법을 선언할 하나의 입에 불과하다.

바다는 광대하고 깊지만 한 방울의 물이 아니던가?

지구는 광활한 공간을 돌고 있지만 하나의 별이 아니던가?

별들은 헤아릴 수 없이 많지만 하나의 우주가 아니던가?

이와 마찬가지로 인류 역시 하나의 인간이다. 모든 세계에 머무는 인간 역시 마찬가지로 완전히 하나이다.

나의 동행자들이여, 신이 하나라는 것이 존재의 유일한 법이다. 이 법의 다른 이름은 '사랑'. 이 법을 알고 이 법에 따라 살아가는 것은 '생명'에 머무는 것. 그러나 다른 법에 의해 살아가는 것은 비존재 혹은 '죽음'에 머무는 것이다."(미하일 나이미, 『미르다드의 書』 10장)

네 사람이 쳐다보고 싱긋 웃었다. 무슨 말이 더 필요하랴? 마음에 서로 걸리는 바가 없으니 이윽고 시공 안에서 시공을 벗어난 벗이 되었다.

▲▲▲

갑자기 자여(子輿)가 병이 들어 자사(子祀)가 문병을 하니 이르기를, 저 조물주야말로 참 대단하구나, 내 몸을 이토록 굽게 하다니!

등은 굽어져 불쑥 튀어나오고 내장은 위에 올라가 붙었으며 턱은 배꼽에 묻혀 있고 어깨는 정수리보다 높고 상투는 하늘을 가리키고 음과 양의 기운이 어지러운데 그 마음은 한가로워 아무 일도 없는 듯 비틀거리며 우물에 가서 제 몸을 비춰보더니 이르되, 저 조물주야말로 참 대단하구나! 내 몸을 이 지경으로 굽게 하다니! 자사가 말하기를, 자네는 그것을 싫어하는가? 이르되, 아닐세. 내가 어찌 싫어하겠나? 내 왼팔을 바꿔서 닭으로 만들면 나는 그것으로 새벽을 알릴 것이요 내 오른팔을 바꿔서 활로 만들면 나는 그것으로 올빼미를 잡아 구워 먹을 것이요 내 엉덩이를 바꿔서 수레바퀴로 만들고 내 넋으로 말(馬)을 삼으면 나는 그것을 타고 돌아다닐 것이니 어찌 다른 탈 것이 필요하겠는가? 생명을 얻음은 때를 만남이요 생명을 잃음은 도리에 따름이라네. 때를 잘 맞추어 있는 자리에서 평안하면 슬픔과 즐거움이 들어오지 못하니 이것이 옛말에 일러 현해(縣解)라고 한 것일세. 스스로 벗어나지 못하는 것은 물(物)에 얽매였기 때문이지. 또한 저 물(物)이 하늘을 이기지 못함은 이미 오래된 일이라. 내 어찌 새삼스레 그것을 싫어하겠는가?

俄而子輿有病에 子祀往問之하니 曰, 偉哉로다. 夫造物者여. 將以予로 爲此拘拘也로다. 曲僂發背하고 上有五管하고 頤隱於齊하고 肩高於頂하고 句贅指天하고 陰陽之氣有沴이나 其心은 閒而無事하여 跰𨇤而鑑於井하고 曰, 嗟乎로다. 夫造物者여. 又將以予로 爲此拘拘也로다. 子祀曰, 汝惡之乎아? 曰, 亡이라. 予何惡리오? 浸假而化予之左臂以爲雞면 予因以求時夜요 浸假而化予之右臂以爲彈이면 予因以求鴞

炙이요 浸假而化予之尻以爲輪하고 以神爲馬면 予因以乘之니 豈更駕
哉리오? 且夫得者는 時也요 失者는 順也로다. 安時而處順이면 哀樂
不能入也요 此古之所謂縣解也니라. 而不能自解者는 物有結之라. 且
夫物不勝天이 久矣니 吾又何惡焉이리오?

자여(子輿)가 갑자기 병들었다. 온 몸이 오그라붙는 구루병(佝僂病)이
다. 자사(子祀)가 문병하는데 병자가 스스로 말한다.

"조물주도 참 대단하네. 내 몸을 이 지경으로 우그러뜨리다니!"

하늘 향하여 원망하지 않고 남을 탓하지 않는다[不怨天不尤人: 『논
어』]더니 자기의 신세가 비참하게 되었다고 누구를 원망하거나 자기의
운명을 탄식하는 기색이 전혀 없다.

형편없이 일그러진 몸에 오한까지 나서 정신이 오락가락하건마는 비
틀거리며 우물로 가 제 모습을 비춰보고 다시 하는 말이 아까와 똑같다.

"조물주도 참 대단하구나. 내 몸을 이 지경으로 우그러뜨리다니!"

곁에 있던 자사가 묻는다.

"자네의 그 모습이 싫은가?"

자여의 대답.

"싫다니? 내 어찌 이를 싫어하겠는가?"

이미 도(道)와 하나 된 사람에게는 좋아함과 싫어함이 없다. 세상의
그 무엇도(그 누구도) 과연 좋아할 만한 대상이 아니요 싫어할 대상 또
한 아님을 그는 알고 있다. 사물의 실체를 꿰뚫어보기 때문이다.

그러기에 그는 자기에게 일어나는 일을 일절 거부하지 않고 받아들
인다.(우리가 거부한다 해서 일어나지 않는 일이 있던가?) 농부의 땀과 똥오

제6장 대종사(大宗師) | 299

줌을 가리지 않고 받아들이는 흙처럼! 그리고 그 모든 것이 합하여 마침내 선을 이룬다는 사실을 그는 안다. 받아들이고 보면 모두 저마다 뜻이 있고 좋은 것이다.

저 병이 내 팔을 뒤틀어 닭으로 만들면 그것으로 새벽을 알리마. 내 팔을 비틀어 활로 만들면 그것으로 올빼미를 잡아 구워 먹으마. 내 엉덩이를 수레바퀴로 만들면 그것을 타고 다니마!

고통 한복판에 있으면서 그 고통을 이미 뛰어넘은 자의 여유만만한 자세다. 이런 자세로 살아가는 자를 그 무엇이, 누가 괴롭힐 수 있으랴?

태어남은 때를 만난 것이요 죽음은 자연의 길[道理]을 따르는 것. 이를 싫어하고 저를 좋아할 까닭이 없다.

안시이처순(安時而處順)은 양생주(養生主) 편에 이미 나온 문자다. 삶에도 죽음에도 얽매이지 않는 모습을 그렇게 표현했다. 뜻은 안처시순(安處時順)으로 푼다. 그 있는 자리에 평안히 있고 때를 좇아서 흐른다. 빈틈없이 대도(大道)를 좇아서 살아간다. 살아도 좋고 죽어도 좋다. 이래도 좋고 저래도 좋다. 우기청호(雨奇晴好)! 비 오는 날이면 비 오는 대로 좋고 맑은 날이면 맑은 대로 좋다.

이렇게 살아가는 자의 삶을 슬픔과 즐거움이라는 감정이 들어와서 어지럽히는 일은 있을 수 없다. 슬퍼하지도 즐거워하지도 않는다는 말이 아니다. 슬픈 일에 슬퍼하고 즐거운 일에 즐거워하되 그 슬픔과 즐거움에 꺼들리지 않는다. 감정에 사로잡히지 않는다. 이를 일러 옛 사람은 현해(縣解)라 하였다. 현(縣)은 거꾸로 매달린다는 뜻이다. 두 발을 대지에 딛고 서게 돼 있는 사람이 거꾸로 매달리면 얼마나 힘들겠는가? 사람이 감정을 부려야지 거꾸로 감정이 사람을 부리면 도무지 되는 일이 없고 안 되는 일이 없다. 자식이 아비를 죽이는 일도 가능하다. 현해

(縣解)는 그렇게 거꾸로 된 상태를 다시 바로잡는다는 뜻이다.

사람은 누구나 스스로 자기를 해방할 수 있다. 그렇게 하지 못하는 것은 물(物)에 집착하기 때문이다. 물을 잡으면 물에 잡힌다. 돈을 잡으면 돈의 노예가 되고 권력을 잡으면 권력의 시녀가 되고 명예를 잡으면 명예의 포로가 된다.

그러나 사물이 하늘을 이길 수 없음은 만고의 이치라, 이미 자연을 좇아서 살고 있는 내가 어떻게 내 몸의 병을 싫어할 수 있겠는가? 무엇을 싫어한다는 것은 이미 그 무엇에 집착해 있음을 뜻한다. 건강할 때에도 몸에 집착한 바 없거늘 병든 몸에 어찌 새삼 집착할 것인가? 집착하지 않으니 싫어하는 바가 있을 리 없다. 내 어찌 이를 싫어하리오?

▲▲▲

갑자기 자래(子來)가 병이 들었는데 숨을 헐떡이는 모습이 곧 죽게 된지라 그 아내와 자식이 둘러앉아 울고 있는데 자려(子犁)가 문병 와서 이르기를, 쉬잇 물러나요. 죽어가는 사람을 놀라게 하지 말아요. 문에 기대어 서서 그에게 말하되, 참 대단하구나, 조화(造化)는 또 자네를 가지고 무엇을 하려는 것인가? 자네를 어디로 데려갈 참인가? 자네를 쥐의 간으로 만들려는 걸까? 벌레의 다리로 만들려는 걸까? 자래가 이르기를, 어버이는 자식에게 동서남북으로 오직 명령을 내려 따르게 하려니와 음양(陰陽)이 사람에게 하기는 어버이보다 더 하다네. 저가 나를 죽음으로 가까이 이끄는데 내가 듣지 않는다면 그것은 내가 고집을 부리는 것일 따름이요 저에게 무슨 허물이 있겠는가? 무릇 천지는 나에게 모양을 주어

지니게 하고 삶을 주어 고달프게 하고 늙음을 주어 평안하게 하고 죽음을 주어 쉬게 하니 그러므로 내가 삶을 좋아하는 것은 곧장 죽음을 좋아하는 까닭이기도 하다네. 이제 훌륭한 대장장이가 쇠를 녹여 무엇을 만들려고 하는데 쇠가 펄쩍 뛰며 이르기를 나는 반드시 막야(鏌鋣, 오나라의 명검)가 되어야 한다고 하면 대장장이는 그 쇠를 고약한 쇠붙이라고 할 것이며 이제 우연히 사람의 모습을 받으려는 마당에 나는 꼭 사람이어야 한다고 떠들어댄다면 저 조화자(造化者)는 그를 고약한 인간이라고 할 것일세. 이제 하늘과 땅을 큰 용광로로 삼고 조화를 대장장이로 삼으면 무엇이 된들 좋지 않겠는가? 조용히 잠자다가 퍼뜩 깨어나는 거지.

俄而子來有病하여 喘喘然將死라. 其妻子環而泣之에 子犁往問之하여 曰, 叱이라 避하라. 無怛化로다. 倚其戶하여 與之語曰, 偉哉로다, 造化又將奚以汝爲하고 將奚以汝適인가? 以汝爲鼠肝乎인가? 以汝爲蟲臂乎인가? 子來曰, 父母於子에 東西南北으로 唯命之從하거니와 陰陽於人은 不翅於父母니라. 彼近吾死에 而我不聽이면 我則悍矣라 彼何罪焉이리오? 夫大塊載我以形하고 勞我以生하고 佚我以老하고 息我以死하니 故로 善吾生者는 乃所以善吾死也니라. 今大冶鑄金에 金이 踊躍曰, 我且必爲鏌鋣라 하면 大冶必以爲不祥之金하고 今一犯人之形에 而曰, 人耳라 人耳라 하면 夫造化者必以爲不祥之人하니라. 今一以天地爲大鑪하고 以造化爲大冶면 惡乎往而不可哉리오? 成然寐요 蘧然覺로다.

이번에는 자래(子來)가 돌연 병을 얻었다. 숨을 몰아쉬는 모습이 곧 죽게 생겼다. 자려(子犁)가 문병을 와서, 울고 있는 처자식을 물리치며 죽어가는 사람을 평안히 두라고 한다. 그러고는 문에 기대어, 죽어가는 벗에게 조화자(造化者)의 솜씨를 찬탄한다.

"대단하구나, 조화(造化)는 또 자네를 가지고 무엇을 하려는 것인가? 자네를 어디로 데리고 가려는 것인가? 자네를 쥐의 간으로 만들려는 걸까? 벌레의 다리로 만들려는 걸까?"

우주는 늘 그대로 우주다. 바다는 늘 그대로 바다요 물은 늘 그대로 물이다. 한순간도 멈추지 않고 출렁이는 물결처럼 그 모양을 바꾸지만 '존재'였다가 '비존재'로 되는 것은 없다. 사람도 그러하다. 태어나서 죽기까지 한순간도 멈추는 바 없이 그 모양을 바꾸지만 이아무개는 갈 데 없이 이아무개다. 태어나기 전에도 죽은 뒤에도 그러하다. 예수가 아브라함 이전부터 있었듯이, 따라서 예수 이전부터 있었듯이, 이아무개도 이아무개 이전에 이미 있었다. 예수가 예수 이후에도 있듯이 이아무개 또한 이아무개 이후에도 있다. 다만 그 모양이 달라질 따름이다.

저 까마득한 시원(始原)에서 우리는 모두 하나였다. 저 까마득한 종말에서도 우리 모두 하나다. 하느님이 한 분이신 까닭이다. 도(道)가 하나인 까닭이다. 장자는 여기서 도를 의인화하여 조물자(造物者)라고 부르기도 하고 아예 조화(造化)라는 추상명사로 부르기도 한다. 그의 함 없는 함[爲無爲]이란 과연 얼마나 대단한가? 존재하는 모든 것을 끊임없이 바꿔놓는다.

여기 인간의 모양을 지녔던 한 물건[一物]이 이제 그 몸이 바뀌려 한다. 무엇으로 바뀔 것인가? 쥐의 간이 될 수도 있고 벌레의 다리가 될 수도 있다. 쥐의 간과 사람의 몸뚱이와 벌레의 다리가 별다른 것이 아니다. 만물제동(萬物齊同).

인간을 다른 모든 사물로부터 떨어뜨려놓고 보는 오늘의 '위대한 서양 문명' 한테는 장자의 이런 이야기가 꿈 꾸는 자의 잠꼬대에 지나지 않을 것이다. 그러나 어쩔 것인가? 인간을 사물에서 분리해서 보는 시각 자체가 이미 엄청난 착각인 것을! 뜰 아래 저 잣나무 한 그루 없이 그대가 존재할 수 있는가? 없다. 그러니 저 잣나무가 그대의 부처라는 얘기다. 앞 개울 흐르는 냇물 없이 그대가 살아갈 수 있는가? 없다. 그러니 저 개울이 그대의 생명이라는 얘기다. 그대의 팔이요 가슴이요 염통이요 거기 흐르는 피요 그대의 뼈다. 그대를 포함하여 우주는 하나다. 그 가장 작은 부분을 건드려도 그것은 우주를 건드린 것이며 우주인 그대를 건드린 것이다. 산나물을 씹을 때 그대는 그대의 살을 씹는 것이며 돼지를 잡을 때 그대는 그대의 피를 흘리는 것이다. 그러니 어찌 무슨 일인들 함부로 할 것인가? 삼가고 또 삼가면서 겨울 냇물 건너듯 머뭇거리며 마지못해서 할 따름이다.

죽어가는 자래가 말한다. 그 어조가 자못 초연하다. 지극한 자리에 이미 도달한 자[至人], 과연 우리가 큰 머리 스승[大宗師]이라고 부를 만한 사람의 말이다.

부모의 명령은 자식을 꼼짝없이 순종케 한다. 음양(陰陽)이 사람한테 내리는 명령은 부모가 자식한테 주는 명령보다 훨씬 크고 엄격하다. 누구도 그것을 어기지 못한다. 어기려 든다면 그것은 쓸데없는 고집을 부리는 것일 따름, 아무 소용이 없다. 음양의 명(命)은 머리털만큼도 어김이 없다. 천지간에 음양의 법도를 벗어나 존재하는 것은 없다. 그가 나를 죽음으로 이끄는데 내가 어찌 저를 거역코자 하겠는가?

"천지는 나에게 모양을 주어 지니게 하고"[夫大塊載我以形]에서 시작하여 "그러므로 내가 삶을 좋아하는 것은 곧장 죽음을 좋아하는 까닭이기도 하다"〔故善吾生者乃所以善吾死也〕로 끝나는 한 문장은 앞의 '진인론'(眞人論)에 이미 나온 문장이다.

대장장이가 쇠를 녹여 장차 무엇을 만들고자 한다면 그것은 이미 결정된 바의 것이다. 이 대목에서 쇠가 '자기'를 주장할 수는 없는 일이다. 대장장이는 쇠의 질(質)을 보고 거기에 맞는 물건을 생각한다. 대장장이의 '생각'을 쇠는 알 수 없다. 우리를 이런 모양으로 있게끔 한 '그'(이름을 운명이라고 부르든, 하느님이라고 부르든, 도(道)라고 부르든, 여기 장자처럼 조화라고 부르든)의 뜻 앞에서 우리가 할 수 있는 유일한 일은 철두철미 복종하는 것뿐이다. 여기에는 선택의 여지가 없다.

옹기장이 집으로 가서 내가 일러주는 말을 들으라는 하느님 명령에 예레미야는 옹기장이 집으로 간다. 가서 보니 옹기장이가 흙으로 그릇을 빚는데 제 모양이 나오지 않으니까 그 흙으로 다른 그릇을 빚는다. 그때 야훼의 음성이 들려온다.

"진흙이 옹기장이의 손에 달렸듯이 너희 이스라엘 가문이 내 손에 달린 줄 모르느냐? 이스라엘 가문아, 내가 이 옹기장이만큼 너희를 주무르지 못할 것 같으냐?"(예레미야 18:6)

이스라엘의 운명이 온전히 야훼의 손에 달려 있다는 선언이다. '이스라엘의 생각'을 그분은 묻지 않는다. 흙과 아무런 상의 없이 그릇을 빚는 옹기장이처럼.

자래가 말한다. 바퀴벌레의 다리가 되든 쥐의 간이 되든, 하늘과 땅이 용광로요 조화(造化)가 대장장이인데 내 몸이 장차 무엇으로 화(化)한들 거리낄 바가 있으랴? 성연매(成然寐)요 거연교(蘧然覺)렷다!

「석문」(釋文)에서 이이(李頤)는 '성연'(成然)을 '현해(縣解)의 모양

제6장 대종사(大宗師) | 305

으로 읽는다. 거꾸로 매달려 있는 것을 바로잡으니 순조롭고 조용하다. 「소」(疏)에는 '한산한 모양'이라고 했다. 태연하게 잠자다가 문득 놀라서 깨어나는 것이 한 번 몸을 바꾸는 것이라면, 우리가 지금 삶이라고 부르는 것이 성연매(成然寐)요 우리가 지금 죽음이라고 부르는 것이 퍼뜩 놀라서 깨어나는 거연교(蘧然覺)인지 아닌지 과연 누가 어떻게 알 것인가?

4. 틀 밖에서 노니는 사람들

▲▲▲

자상호(子桑戶), 맹자반(孟子反), 자금장(子琴張) 세 사람이 더불어 말하기를, 누가 능히 서로 사귐 없이 사귀며 서로 도움 없이 도울 수 있을까? 누가 능히 하늘에 올라 구름을 타고 노닐며 끝없는 곳을 돌아다니고 서로 삶을 잊어 마침내 영원히 살 것인가? 세 사람이 서로 보며 웃고 마음에 거리낌이 없어 이윽고 벗이 되었다.

子桑戶, 孟子反, 子琴張, 三人이 相與友曰, 孰能相與於無相與요 相爲於無相爲리오? 孰能登天遊雲하고 撓挑無極하고 相忘以生하여 無所終窮이리오? 三人이 相視而笑하고 莫逆於心하여 遂相與友더라.

세 사람은 물론 가상 인물이다. 그러나 그 이름에는 암시하는 바가 있다. 이 문답 설화에 공자가 등장하는 것을 염두에 둔다면 자상호(子桑戶)는 『논어』에 나오는 자상백(子桑伯)을 연상케 하고 맹자반(孟子反) 역시 같은 책에 나오는 맹지반(孟之反)을, 그리고 자금장(子琴張)은 『맹자』(孟子)에 나오는 금장(琴張)을 연상케 한다. 공자는 자상백을 두고

"대범하여 예(禮)에 얽매이지 않는 인물"이라고 했고, 맹지반이 공(功)을 드러내지 않은 것을 크게 칭찬한 바 있다.(『논어』, '옹야편') 또 금장을 두고 공자는 괴짜[狂者]라고 했다. 공자 문하에서도 기인(奇人)으로 알려진 세 인물의 이름을 연상케 하는 주인공 세 사람이, 세속 안에서 세속을 초월해 있는 자의 모습을 보여주고 있다.

'상여어무상여'(相與於無相與)는 서로 사귐이 없으면서 사귄다는 말이다. 사귐이 없으면서 사귄다는 말은 인위(人爲)로써 사귀지 않는다는 뜻이다. 노장(老莊)이 가장 꺼리는 말이 있다면 그것은 인위(人爲) 또는 작위(作爲)다. 무엇을 일삼아 하는 것이다. 거기에는 선하든 악하든 상관없이 인간의 의욕이 깃들어 있고 따라서 그만큼 자연에서 거리가 생기게 마련이다. 자연에서 멀어지면 멀어지는 만큼 도(道)와 버성기게 된다. 그래서 노장(老莊)은 이를 용납 못하는 것이다. 친구를 위한답시고 무엇을 돕는 것은 진짜 도움이 못 된다. 『금강경』에 이런 말이 있다.

"보살은 중생을 저 건너 언덕으로 건네주지만 사실 피안으로 가는 길에 도움을 받은 중생은 아무도 없다."

보살에게는 그가 위해 줄 어떤 상대가 따로 없기 때문이다.

계곡 물이 흐르는 것은 무슨 '뜻'이 있어서가 아니다. 햇빛이 저렇게 쏟아지는 것은 무슨 '의도'가 있어서가 아니다. 그러나, 바로 그래서, 물과 햇빛은 온갖 나무와 짐승을 먹여살리는 것이다. 이를 두고, 하지 않고서 한다고 말한다. 벗 사이의 사귐도 그런 것이어야 한다. 인간의 사랑도 그런 것이어야 한다. 그 사이에 아무리 하찮은 정도라도 '계산'이 오고 간다면 그것은 우정도 사랑도 아니다. 관상수련(觀想修鍊)에서 강조하는 '침묵'에는 말[言語]의 침묵도 있고 의지(意志)의 침묵도 있다. 자기 뜻을 스스로 비우는 것이다. 묵언(默言) 정진(精進)도 쉬운 일은 아니지만 의지(뜻, 생각, 계획, 판단 따위)를 침묵시키고 정진하기는 훨씬 더 어려운 일이다.

 이렇게 땅에서 자신의 모든 뜻을 비우고 자연의 명령을 좇아서 살아가면 드디어 하늘에 오른다. 하늘에 오른다는 말은 시공의 굴레를 벗어난다는 말이다. 그것을 다른 말로 표현하면 "구름(구름은 정처가 없다)을 타고 끝이 없는 곳을 돌아다니며 삶을 잊어버리고 영원히 산다"로 된다. 삶을 잊는다는 말은 삶에 스스로 얽매이지 않는다, 곧 집착하지 않는다는 뜻이다. '살고자' 하지 않는다는 말이다. 삶을 잊었으니 죽음이 따로 있을 게 없다. 나고 죽는 바 없는 경지, 거기를 장자는 '무소종궁'(無所終窮)이라고 했다. 시간으로나 공간으로나 막히는 데가 없는 경지다.

 누가 과연 이런 경지에 이를 수 있을까? 셋이서 마주보고 말을 나누다가 싱긋 웃는 순간 마음과 마음이 통하니 이윽고 벗이 되었다.

▲▲▲

 아무 일 없이 한동안 지내다가 자상호(子桑戶)가 죽었다. 아직 장례를 치르기 전에 공자가 소식을 듣고 자공(子貢)을 보내어 장례 일을 거들게 하였는데 한쪽에서는 가락을 고르고 한쪽에서는 거문고를 뜯으며 음을 맞추어 노래하기를, 아아 상호(桑戶)야, 상호야, 자네는 이미 근원으로 돌아갔는데 우리는 아직 사람으로 남아 있구나.

 자공이 종종걸음으로 나아가 말하되, 삼가 묻습니다. 시신 곁에서 노래를 부름이 예(禮)인지요? 두 사람이 마주보고 웃으며 이르기를, 이 사람이 예의 뜻을 어찌 알겠는가?

莫然有間이다가 而子桑戶死한대 未葬에 孔子聞之하고 使子貢으로
往侍事焉이니라. 或編曲하고 或鼓琴하되 相和而歌曰, 嗟來로다 桑戶
乎여, 嗟來로다 桑戶乎여, 而已反其眞이로되 而我猶爲人猗로다.
　子貢이 趨而進曰, 敢問컨대 臨尸而歌가 禮乎니까? 二人이 相視而笑
曰, 是惡知禮意리오?

　예(禮)의 참뜻은 반본(返本)에 있다. 근원인 도(道)로 돌아감이 곧 모든 예의 참뜻이라는 얘기다. 지금 자상호(子桑戶)의 죽음을 두고 자공(子貢)은 슬퍼하여 곡하는 것이 예라고 생각한다. 그러나 이는 '죽음'이라는 현상을 '삶'에 집착해 있는 경계에서 본 결과다. 삶과 죽음을 벗어난 도의 경지에서 보면 죽음은 결코 슬퍼하거나 거부할 무엇이 아니다. 물론 일부러 환영할 것도 아니다. 다만, 시공의 굴레를 벗어날 수 없는 육체를 떠났다는 뜻에서 두 친구는 벗의 죽음을 노래로 축하해주고 있는 것이다. '반기진'(反其眞)은 본디의 자리로 돌아갔다는 뜻이다. 도와 명실상부로 일체를 이룬 것이다.
　부활 이전의 예수도 도(道)와 분리된 존재는 물론 아니었다. 그러나 육신의 굴레를 스스로 썼기에 시공의 울타리 속에서 존재하지 않을 수 없었다. 이를 틀 안[方之內]의 존재라고 한다면 부활 뒤의 예수는 시공을 벗어난다. 이윽고 틀 밖[方之外]으로 나간 것이다.
　자상호의 시신을 놓고 노래하는 두 친구는 틀 안에 있었고, 틀 밖으로 나간 친구를 축하하며 때가 되어 자기들도 그리 되기를 염원하고 있거니와, 몸은 틀 안에 있으나 뜻은 틀 밖에 있었기에 그럴 수가 있었다. 그러나 몸도 뜻도 여전히 세속을 벗어나지 못한 자공으로서는 그들의 행

동이 납득될 리가 없다.

아직 깨달음에 이르지 못한 사람을 두고 무엇을 탓하거나 변명할 것인가? 빙긋이 웃으면서 자기네끼리 말을 주고받는다. 이 사람이 예를 말하나 과연 예의 참뜻을 알겠는가?

「소」(疏)에 이르기를, "무릇 대례(大禮)는 천지와 절도(節度)를 같이하고 형명(形名)에 구애되지 않으며 그대로 진(眞)에 몸을 맡겨 정(情)을 따라가는 것이다. 하물며 생사에 명합(冥合)되었는데 어찌 애락(哀樂)이 가슴속에 있으랴? 그런데 자공은 방내(方內)의 유생(儒生)으로서 성격은 좁고 완고하여 다만 거칠고 어지러운 자국만 귀히 여겨 아직 오묘한 근본에 합치되지 못했거늘 이러한 사람이 어찌 예(禮)의 깊이를 알겠는가? 방외(方外)의 사람이 비웃음은 당연한 일이다."

▲▲▲

자공(子貢)이 돌아와서 공자께 묻기를 저들은 어떤 사람입니까? 예절이라곤 찾아볼 수도 없고 겉모습 따위는 아랑곳없이 주검을 곁에 두고 노래를 하는데 얼굴색 하나 변하지 않으니 뭐라고 말할 수가 없더군요. 도대체 그들은 어떤 사람입니까? 공자 이르되, 저들은 틀 밖에서 노니는 이들이요 나는 틀 안에서 노니는 사람일세. 안과 밖이 서로 미치지 못하거늘 자네를 보내어 조문케 했으니 내가 생각이 모자랐구먼. 저들은 바야흐로 조물자(造物者)와 더불어 벗이 되어 천지의 한 기운을 타고 노닌다네. 삶을 군살이나 늘어진 혹으로 여기고 죽음을 곪은 종기 터지는 것으로 여기니 그런 자들이 어찌 삶과 죽음의 우열선후(優劣先後)를 따지겠는가? 서로 다른 것들을 잠시 빌어다가 한 몸을 이루었으니 간과 쓸 개를 잊어버리고 눈과 귀를 버려 나고 죽기를 되풀이하되 처음과 나중을 헤아리지 않고 아무 생각 없이 티끌 세상 밖을 돌아다니며 무위자연(無爲自然)의 경지에서 노닐거니와 저들이 무엇 때문에 성가신 세속의 예(禮)를 지켜 사람들의 이목(耳目)에 보이려 하겠는가?

子貢이 反以告孔子曰, 彼何人者邪니까? 修行無有요 而外其形骸하여 臨尸而歌하고 顔色不變이니 無以命之니다. 彼何人者邪니까? 孔子曰, 彼는 遊方之外者也요 而丘는 遊方之內者也니라. 外內不相及이언마는 而丘使女往弔之하니 丘則陋矣로다. 彼方且與造物者로 爲人하여 而遊乎天地之一氣니라. 彼以生으로 爲附贅縣疣하고 以死로 爲決疣潰癰하니 夫若然者, 又惡知死生先後之所在리오? 假於異物하여 託於同體하니 忘其肝膽하고 遺其耳目하여 反覆終始로되 不知端倪하고 芒然彷徨乎塵垢之外하며 逍遙乎無爲之業이거니와 彼又惡能憒憒然爲世俗之禮로 以觀衆人之耳目哉리오?

의(義)와 예(禮)를 무겁게 여기도록 훈육된 자공(子貢)으로서는 주검 곁에서 거문고를 뜯으며 노래하는 자들을 이해할 수가 없다. 그것이 그럴 수밖에 없는 게, 그들은 자공의 인식 능력이 가서 닿을 수 없는 경지를 노닐고 있는 것이다.

자공이 돌아와서 스승한테 묻는다.

"도대체 그들은 어떤 사람입니까?"

공자가 대답한다.

"그들은 틀 밖[方之外]에서 노니는 자들이요 나는 틀 안[方之內]에서 노니는 사람이다. 안과 밖은 서로 닿을 수 없는 세계인데, 틀 안에 있으면서 틀 밖에 있는 그들에게 자네를 보냈으니 내가 생각이 모자랐다."

감히 공자의 입을 빌어 유가를 비판한다! 역시 장자답다. 공자의 말이 계속되면서 이른바 도가의 주장이 피력되는데, 첫째, 저들은 조물자(造物者)와 한 몸을 이루어 천지의 한 기운[一氣]을 타고 노닌다. 바야흐로 주(主)와 객(客)의 분별이 사라진 것이다. 둘째, 삶과 죽음을 따로 보지 않는다. 태어나면서부터 이미 죽음이 시작되었음을, 그러니까 태어남이 곧 죽음의 다른 얼굴임을 그들은 알고 있다. 태어남은 죽음으로 들어가는 문이요 죽음은 생명으로 들어가는 문이다.

"당신의 생명이 시작되는 그 순간에 집중하십시오. 그것은 또한 당신의 죽음이 시작되는 순간이기도 하다는 사실을 아십시오. 당신의 삶과 죽음은 동시에 생기는 것임을 깨닫습니다. 이것이 있기 때문에 저것이 있으며, 저것이 없었다면 이것도 있지 않았을 것입니다. 당신의 삶과 죽음은 서로 의지하여 존재한다는 것을 이해하십시오. 하나가 있기 때문에 다른 하나가 존재합니다. 당신이 삶과 죽음을 동시에 경험하고 있다는 것을 아십시오. 이 둘은 적이 아니라 한 가지 실체의 두 양상일 뿐임을 이해하십시오."(틱 낫한,『삶에서 깨어나기』)

모든 것을 꿰뚫어 알기에 어느 것에도 집착하지 않는다. 삶을 좋아하지도 않고 죽음을 싫어하지도 않는다. 그러니 어찌 삶과 죽음을 따로 놓고 볼 것이며 나아가 어느 것을 낫게 여기고 어느 것을 못하게 여기랴?

"가어이물(假於異物)하여 탁어동체(託於同體)라", 서로 다른 것들을 임시로 빌어다가 한 물건을 이룬다는 말이다. '나'는 나 아닌 것들로 이루어져 있다. 내 머리는 내가 아니다. 내 손도 내가 아니다. 내 이름도 내가 아니다. 내 의식도 내가 아니다. 내 마음도 내가 아니다. 나 아닌 것들의 집합이 지금 '나' 라는 이름으로 불리고 있는 이 한 물건을 이루고 있다.

간과 쓸개를 잊는다는 말은 거기에 사로잡히지 않는다는 뜻이다. 눈과 귀를 버린다는 말은 보고 듣는 대상(法)에 집착하지 않는다는 뜻이다. 보되 그 보이는 바에 얽매이지 않고 들되 그 들리는 바에 붙잡히지 않는다. 나고 죽기를 끝없이 되풀이하되 어디가 처음이요 어디가 끝인지를 헤아리려고 하지를 않고 망연히 티끌 세상 밖을 돌아다니며 무위자연의 경지를 노닌다. 시공간을 떠나 어디 다른 세상으로 거처를 옮긴다는 말이 아니다. 이 세상에 살면서 하늘나라 시민으로 살아간다는 성인 바울로의 말이 저들의 경지를 비슷하게 설명한다고 하겠다. 세속을 관통하여 세속을 벗어나되 세속을 떠난 바 없다.

공자가 방내(方內), 방외(方外)라는 말을 사용하고 있긴 하나 사실은 방(方) 자체가 없는 것이다. 시간과 동떨어진 어떤 곳에 공간이 따로 있지 아니하듯 시간과 영원이 각각 다른 어디에 있는 게 아니다. 이 땅과 저 하늘이 서로 동떨어진 자리에 있는 게 아니다.

그렇다면 공자가 말하는 '틀 안'은 어디고 '틀 밖'은 어딘가? 그것은 공간을 일컫는 말이 아니다. 안이 없으면 밖이 있을 수 없고 그 반대도 마찬가지다. 안과 밖은, 공자의 말처럼, 가서 닿을 수 없는 어떤 것이 아니라 처음부터 나뉠 수 없는 '하나'의 다른 이름(얼굴)이다. 다만, 사람들이 살아가는 모양이 '땅'에 속한 것과 '하늘'에 속한 것으로 나뉘어 묘사될 수 있을 따름이다. 땅은 만져지고 무게를 달 수 있고 금을 그어 나눌 수도 있다. 그러나 하늘은 모든 경계와 장벽을 무효로 만든다.

어떤 사람이 너와 나를 분별하고 사물과 사람을 나누며 성(性)을 차별하고 태어남과 죽음을 따로 여기는 따위, 스스로 만든 경계와 장벽에 갇혀서 산다면 '틀 안'에서 살아가는 사람이요 위의 모든 경계와 장벽이 없는 경지에 산다면 '틀 밖'에서 노니는 사람이라 하겠다. 그 사람이야말로 참된 자유인이다. 이미 자유를 누리고 있는 사람이 무엇 때문에 다시 예(禮)라는 인위의 성가신 굴레를 쓰겠는가?

▲▲▲

자공(子貢)이 묻되, 그렇다면 선생님은 어떤 세계에 기대어계십니까? 공자 이르시되, 나는 하늘의 벌을 받은 백성이다. 그러나 자네와 더불어 그를 따르고자 한다. 자공이 묻기를, 삼가 그 방법을 묻습니다. 공자 대답하되, 물고기는 물에 살고 사람은 도(道)에 산다. 물에 사는 자는 못을 파서 물을 대주면 되고 도에 사는 자는 일이 따로 없어 삶이 평안하다. 그래서 이르기를, 물고기는 강과 호수에서 서로를 잊고 사람은 도에서 서로를 잊는다고 했다. 자공이 묻되, 삼가 기인(畸人)이란 어떤 사람입니까? 대답하기를, 기인이란 보통 사람하고는 다르면서 하늘에 일치한 사람이다. 그래서, 하늘의 소인(小人)은 사람 세상의 군자(君子)요 사람 세상의 군자는 하늘의 소인이라고 한 것이다.

子貢曰, 然則夫子는 何方之依니까? 孔子曰, 丘는 天之戮民也로다. 雖然이나 吾與汝로 共之니라. 子貢曰, 敢問其方이옵니다. 孔子曰, 魚相造乎水요 人相造乎道니 相造乎水者는 穿池而養給이요 相造乎道者는

無事而生定이니라. 故曰, 魚相忘乎江湖요 人相忘乎道術이라 하니라.
子貢曰, 敢問畸人이옵니다. 曰, 畸人者는 畸於人이로되 而侔於天이
라, 故로, 天之小人은 人之君子요 人之君子는 天之小人也니라.

·

물고기가 물을 있게 하는 것이 아니라 물이 물고기를 있게 한다. 사람이 도(道)를 이루는 게 아니라 도가 사람을 이룬다. 물과 도가 본(本)이요 고기와 사람이 말(末)이다. 이 순서를 바로 세우면 '따로 하는 일 없이 평안한 삶'〔無事而生定〕에 이른다.

일이 없다 함은 따로 어떤 일을 만들지 않는다는 말이다. 아무 일도 하지 않는다는 말이 아니라(그것은 불가능하다!) 모든 일을 자연의 도리에 좇아서 한다는 말이다. 일을 일삼아 꾀하지 않으니 이루어지지 않는 일이 없다. 기대가 없으면 낙심도 없는 법, 그 살아가는 모습이 언제 어디서나 정(定)하여 평안하고 고요하다. 맹렬하게 돌아가는 바퀴도 중심축에 이르면 움직임이 없어 고요하다. 도(道)에 살아가는 사람은 언제나 그 중심을 놓치지 않기에 끊임없이 움직이면서 스스로 정(靜)하고 적(寂)하다. 조금도 흔들림이 없다.

넓은 호수에 헤엄치는 물고기들이 서로를 의식하지 않듯이 도(道)의 바다에서 살아가는 사람은 이웃을 의식하지 않는다. 예(禮)란 인간과 인간 사이에 지켜야 할 무엇으로 설정된 것이다. 그것을 지키면 서로 편하고 지키지 않으면 불편해진다. 이미 무엇인가가 모자란 상태에서 출발했음을 암시하고 있다.

노자는 이르기를, "큰 도(道)가 무너지매 인의(仁義)가 나타나고 육친(六親)이 불화(不和)하매 효자(孝慈)가 있게 된다"(18장)고 했다. 넓은

호수를 헤엄치는 물고기처럼, 도와 하나 된 사람은 일삼아 누구를 가까이하고 멀리하고 그럴 까닭이 없다.

자공(子貢)이 묻는다. "그들 모두 제가 보기에는 기인(畸人)이던데요, 기인이란 어떤 자입니까?"

공자의 대답. "사람들하고는 다르면서 하늘에 일치한 사람이다."

성인은 사람들이 하찮게 여기는 것을 소중히 여기며 사람들이 귀하게 여기는 것을 하찮게 여긴다. 바울로는 깨닫기 전에 보물로 여기던 것을 깨달은 뒤에 오물처럼 여겼다. 성인은 사람들이 버린 것을 줍고 사람들이 줍는 것을 버린다. 세속 사람들과 정반대의 길을 걷는다. 사람들에게는 부(富)가 복(福)이었지만 예수에게는 가난이 복이요 부는 오히려 화(禍)였다.

그래서, 하늘의 소인(小人)을 인간 세상에서는 군자(君子)라 하고 세상의 군자를 하늘에서는 소인으로 여긴다는 말이 생겨난 것이다.

"어느 누구도 자기 기만에 빠져서는 안 됩니다. 여러분 중에 혹시 자기가 세속적인 면에서 지혜로운 자라고 생각하는 사람이 있을지도 모릅니다. 그러나 정말 지혜로운 사람이 되려면 바보가 되어야 합니다. 이 세상의 지혜는 하느님이 보시기에는 어리석은 것입니다. 성서에는 '하느님께서는 지혜롭다는 자들을 제 꾀에 빠지게 하신다'고 기록되어 있고 또 '주님께서는 지혜롭다는 자들의 생각이 헛되다는 것을 아신다'고 기록되어 있습니다." (I 고린토 3:18, 19)

"사실 여자의 몸에서 태어난 사람 중에 세례자 요한보다 더 큰 인물은 없다. 그러나 하느님 나라에서는 가장 작은 이라도 그 사람보다 크다." (루가복음 7:28)

5. 맹손재(孟孫才)가 초상을 치름

▲▲▲

안회(顔回)가 중니(仲尼)에게 묻기를, 맹손재(孟孫才)는 어머니가 죽었을 때에 곡(哭)을 하되 눈물을 흘리지 않았고 속마음으로 걱정하지도 않았으며 상중(喪中)에 슬퍼하지도 않았으니 이 세 가지를 하지 않았는데도 장례를 잘 치렀다는 소문이 노(魯)나라를 덮고 있습니다. 이렇게 아무 한 일이 없으면서도 명예를 얻을 수 있는 것입니까? 저로서는 괴이한 일이 아닐 수 없습니다. 중니가 말하되, 저 맹손씨(孟孫氏)는 할 바를 다했거니와 예(禮)를 잘 안다는 자들보다 앞섰네. 사람들은 상례(喪禮)를 간소하게 하고자 하나 그렇게 못 하는데 그분은 간소하게 했구먼. 맹손씨는 태어나는 까닭을 모르고 죽는 까닭을 모르며 삶으로 나아갈 줄도 모르고 죽음으로 나아갈 줄도 모르며 오직 변화를 좇아 무엇이든 되는데 뒤에 다가오는 알 수 없는 변화를 기다릴 따름일세. 바야흐로 바뀌었을진대 바뀌기 전을 어찌 알며 아직 바뀌지 않았을진대 이미 바뀐 뒤를 어찌 알겠는가? 나야말로 자네와 함께 아직 꿈에서 깨어나지 못한 자 아닐는지? 겉모습의 변화에 놀라기는 했지만 마음이 상하지 않았으니, 있는 자리를 옮기는 것일 뿐 진짜 죽음이란 없음을 맹손씨가 홀로 알았던 것일세. 사람들이 울 때 같이 우는 것은 또한 마땅히 그렇게 할 일이지. 사람들이 서로 '나'라고 말하는데 그들이 말하는 '나'가 진짜 '나'인지 어찌 알겠는가? 자네는 꿈에 새가 되어 하늘에 오르기도 하고 꿈에 물고기가 되어 연못에 가라앉기도 하거니와 이렇게 시방 말하는 사람이 꿈에서 깨어난 자인지 꿈을 꾸고 있는 자인지 어찌 알겠나? 남의 결점을 꼬집음은 웃어넘김만 못하고 웃어넘김은 사물의 흐름을 좇느니만 못하네. 사물의 흐름에 몸을 맡겨 변화를 좇으면 고요한 하늘과 하나 되는 경지에 들어갈 것일세.

顔回問仲尼曰, 孟孫才는 其母死에 哭泣無涕하고 中心不戚하고 居喪不哀하니 無是三者로되 以善喪蓋魯國이니다. 固有無其實한대 而得其名者乎니까? 回一怪之니다. 仲尼曰, 夫孟孫氏盡之矣니 進於知矣로다. 唯簡之而不得이나 夫已有所簡矣니라. 孟孫氏는 不知所以生하고 不知所以死하며 不知就先하고 不知就後하여 若化爲物이로되 以待其所不知之化已乎니라. 且方將化인댄 惡知不化哉요 方將不化인댄 惡知已化哉리오? 吾特與汝로 其夢未始覺者邪인가? 且彼有駭形而無損心하니 有旦宅而無情死를 孟孫氏特覺이니라. 人哭亦哭은 是自其所以乃로다. 且也相與吾之耳矣나 庸詎知吾所謂吾之乎리오? 且汝夢爲鳥而厲乎天하고 夢爲魚而沒於淵이어니와 不識이로다 今之言者, 其覺者乎인가? 其夢者乎인가? 造適不及笑요 獻笑不及排로다. 安排而去化면 乃入於寥天一이니라.

중심(中心)으로 중심을 보는 사람에게는 체면(體面)이 문제 되지 않는다. 남의 체면도 본인의 체면도 걸림이 될 게 없다. 따라서 사람들 눈에 무례한 사람으로 보일 수도 있다.

어린아이일수록 중심에 가깝다. 아마도 중심에서 나온 지 얼마 되지 않은 까닭이리라. 그러나 어린아이라고 해서 모두 같은 어린아이는 아니다. 예수가 말한 어린아이는 중심으로 중심을 보는 아이요 바울로가 말한 어린아이는 중심을 보지 못하는 아이다. 그래서 예수는 어린아이를 어른이 바라보고 나아갈 모델로 얘기했고 바울로는 어른이 모름지기 버리고 떠나야 할 미숙한 존재로 얘기했다.

성인(聖人)은 마침내 중심으로 중심을 보기에 이른 사람이다. 그에게는 인의(仁義)라든가 예절 따위가 거추장스런 넝마에 지나지 않는다. 맹손재(孟孫才)는 삶과 죽음을 보되 그 하나인 중심을 보았다. 어머니가 죽었지만 그것은 있는 자리를 옮긴 것일 뿐, 있던 어머니가 없어진 것이 아님을 알기에 슬퍼할 까닭이 없다. 더구나 어머니의 죽음을 보고 있는 자기 자신 또한 끊임없이 몸을 바꾸는 가운데 있지 않은가? 변화에 좇아 흐르는 자가 변화에 좇아 흐르는 것을 보는데 새삼 무엇을 아쉬워하고 두려워할 것인가?

슬픔이든 기쁨이든 인간의 감정에 지나지 않고, 감정은 대상 없이 나오지 않는다. 대상이 감정을 유발한다. 대상이 사라지면 감정도 사라진다. 대상도 감정도 인생을 맡겨 좋을 만큼 미쁜 것이 아니다. 이를 꿰뚫어 아는지라 그 마음이 어디에도 얽매이지 않고 그 마음이 어디에도 얽매이지 않으니 좋고 나쁨이 따로 없으며 기쁨과 슬픔이 그를 사로잡지 못한다.

그러면 맹손재가 곡을 하고 거상(居喪)을 했다 함은 무엇을 말하는가? 그것은 "사람들이 곡을 할 때 역시 곡을 한 것"〔人哭亦哭〕이다. 이는 사람 세상에 살고 있는 사람으로서 마땅히 할 일이다. 성인(聖人)은 세속을 이미 초월했지만 세속을 떠나지 않는다. 화광동진(和光同塵)이라, 빛을 짐짓 감추고 티끌과 하나로 된다. 왜? 중생을 제도(濟度)키로 서원한 보살이기 때문이다. 사람들에게 슬픔 없이 어머니의 죽음을 맞고 보낼 수 있는 '길'을 일러주고 가르쳐주는 것으로 인생 목표를 삼았기 때문이다. 맹손씨는 예(禮)를 잘 아는 자들보다 한 걸음 앞서 있는 것이다.

예(禮)의 궁극 목표는 예를 넘어서는 데 있다. 종교의 목표는 종교를 타고 저 자유의 언덕으로 건너가는 데 있다. 인간에 의해 마침내 부정되기를, 버림받기를 모든 종교는 바라고 있다.

아무개는 이러하다, 아무개는 저러하다, 하고 판단·분석·인식을 열심히 하는 게 인간의 버릇이지만 그보다는 한 번 빙그레 웃어주는 게 낫다. 동심에 가깝다. 그러나 웃어주는 것도 이쪽에 웃어주는 자가 따로 있어서 가능한 일! 아직 너와 나의 분별이 사라진 '열반'의 자리에까지 가려면 멀었다. 그래서 웃어주는 일이 사물의 흐름에 따라 변화에 몸을 맡기느니만 못하다는 얘기다.

'나'를 놓아버리면 사방 천지에 존재하는 모든 것이 '나'다. 중심에 들어가서 보면 보이는 모든 것이 중심 아닌 게 없다. 온전한 동심은 중심에서 중심으로 중심을 보는 마음이다. 거기가 이미 하느님 나라인데 무슨 예절이니 충의니 하면서 거추장스런 인위의 넝마를 새삼스레 걸칠 것인가?

6. 의이자(意而子)와 허유(許由)의 문답

▲▲▲

의이자(意而子)가 허유(許由)를 만났는데 허유가 이르기를, 요(堯)가 자네에게 무엇을 주었는가? 의이자 대답하되, 요임금이 저에게 이르기를 너는 반드시 인의(仁義)를 몸소 행하고 시비(是非)를 밝게 하라고 했습니다. 허유가 이르기를, 자네는 무엇 하러 왔는가? 요가 이미 자네에게 인의로써 묵형(墨刑)을 내리고 시비로써 의형(劓刑)을 내렸다. 자네가 어떻게 저 거리낌없이 드넓고 변화무쌍한 경지를 노닐겠는가? 의이자 이르되, 그렇긴 하오나 저는 그 언저리에서라도 노닐고자 합니다. 허유 대답하기를, 그럴 수 없네. 맹인은 얼굴색의 아름다움을 볼 수 없고 장님은 알록달록한 무늬를 볼 수 없거든. 의이자가 이르되, 무장(無莊)이 그 미모를 잊고 거량(據梁)이 그 힘을 잊으며 황제(黃帝)가 그 지혜를 버림은 모두 큰 도가니에서 단련되었기 때문입니다. 조물자(造物者)가 제 이마에 새겨진 묵자(墨字)를 지워주고 베어진 코를 붙여주어 다시 온전한 몸을 가지고 선생을 따르게 해주실는지 어찌 알겠습니까? 허유 이르기를, 오, 그럴는지도 모르겠군. 내가 자네를 위해 대략을 일러주겠네. 우리 선생님이라, 우리 선생님이라, 만물을 이루면서 의(義)를 행하지 않고 은혜를 만세에 끼치면서 사랑을 베풀지 않고 아득한 옛날보다 오래 살면서 늙지 않고 하늘을 덮고 땅을 실어 온갖 모양을 빚어 만들면서 솜씨를 부리지 않으니 이것이 우리 선생님의 노니시는 바일세.

意而子見許由한대 許由曰, 堯何以資汝인가? 意而子曰, 堯謂我, 汝必躬服仁義하고 而明言是非니다. 許由曰, 而奚來爲軹인가? 夫堯旣已黥汝以仁義요 而劓汝以是非矣로다. 汝將何以遊夫遙蕩恣睢轉徙之塗乎리오? 意而子曰, 雖然이나 吾願遊於其藩이로소이다. 許由曰, 不然이니 夫盲者無以與乎眉目顔色之好요 瞽者無以與乎靑黃黼黻之觀이니라. 意而子曰, 夫無莊之失其美와 據梁之失其力과 黃帝之亡其知는 皆在鑪捶之間耳니다. 庸詎知夫造物者之不息我黥하고 而補我劓하여 使我乘成以隨先生邪니까? 許由曰, 噫라 未可知也로다. 我爲汝言其大略하노라. 吾師乎, 吾師乎, 䪥萬物而不爲義하고 澤及萬世而不爲仁하고 長於上古而不爲老하고 覆載天地刻彫衆形而不爲巧하니 此所遊已니라.

의이자(意而子)는 가상 인물이다. 이름이 상징하는 바는 '뜻으로 살아가는 사람'이다. 서양 속담에 뜻이 있으면 길이 있다는 말이 있다. 대단히 인간 중심적이다. 사람을 중심에 두고 살다 보면 이런 속담이 나올 수도 있고 또 그 위력을 크게 떨칠 수도 있겠다. 그런데 동양의 한 성인(聖人)은 이르기를, 길 아니거든 가지 말라고 한다. 이제 인류는 서양 속담에서 동방 성인의 가르침으로 머리를 돌릴 때가 되었다. 지난 수세기 동안 인류는 뜻 있는 데 길 있다는 신념의 덕을 톡톡히 보았다. 그 결과가 전대미문의 찬란한 기술 문명이요 거기서 생산된 각종 기계는 지구를 콩알만큼 작게 만들어 뉴욕과 서울을 동시간대의 공간으로 통일시켰다. 그러나 그것은 엄청난 대가를 요구하고 있다. 바야흐로 지구의 생명권이 위협을 받게 된 것이다. '사람'이 바뀌지 않고서는 이 절박한 위기를 타넘을 대안이 없다. 사람이 바뀌려면 먼저 그 생각이 바뀌어야 한다.

물론, 뜻으로 살아가는 사람은 동양에도 있었고 옛날에도 있었다. 의이자가 그들을 대변하고 있다. 반면에 '뜻'을 비우고 '의지의 침묵'을 지키며 자연의 도리를 좇아서 살아가는 사람은 서양에도 있고 지금도 있다. 허유(許由)가 그들을 대변한다.

자기한테서 무엇인가 배우려는 '뜻'을 품고 찾아온 의이자에게 허유가 묻는다.

"요(堯)한테서 무엇을 배웠는가?"
"인의(仁義)를 실천할 것과 시비(是非)를 분명히 할 것을 배웠다."
"그렇다면 그대는 아무 것도 배울 수 없다."
"어째서인가?"
"소경은 색깔을 볼 수 없기 때문이다."
"내가 소경이란 말인가?"
"그렇다."
"어떻게 내가 소경인가?"
"요가 그대에게 인의와 시비를 가르쳤기 때문이다."
"인의와 시비를 아는 것이 어째서 소경인가?"
"그것을 보느라고 그대는 그것 너머에 있는 것을 보지 못한다. 그대가 보지 못한다고 했더라면 좋았을 것을, 본다고 하니 그대의 보는 바가 눈을 가려 보지 못하게 된 것이다."

의이자가, 저 시로페니키아 여자처럼, 상에서 떨어지는 부스러기라도 먹겠다는 심정으로 매달린다.

"미희(美姬)로 소문난 무장(無莊)도 도(道)를 깨우쳐 자기의 아름다움을 잊을 수 있었고 장사(壯士)였던 거량(據梁)도 도를 깨우쳐 자기의 힘을 의지하지 않게 되었으며 황제(黃帝)가 인간의 슬기로써 천하를 다스리려 하지 않은 것도 도를 깨달았기 때문인 줄 안다. 나 또한 도를 깨우쳐 요의 겉옷을 벗고 눈에서 비늘 같은 것을 벗겨내어, 선생의 뒤를 따를 수 있을는지 모를 일 아닌가?"

"아, 그건 그럴는지 모르겠군."

이윽고 허유가 입을 열어 대략을 일러준다. 마지못한 가르침이니 그 말이 자세할 이유도 여유도 없다.

"우리 선생님은 자네의 인의(仁義)와 시비(是非)를 넘어선 곳에서 그것들을 있게 하는 분인데, 만물을 부수어 만물로 존재토록 하면서 아무 하는 바가 없고 은혜를 만세에 끼치면서 누구도 사랑하는 바가 없으며 하늘과 땅의 온갖 것들을 빚어 만들면서 솜씨를 부리는 바가 없고 까마득한 태곳적부터 존재하면서 세월을 보낸 바 없는 분이다. 이 모든 것이 우리 선생님의 노니시는 모습이요 만상(萬象)은 그 결과다."

요컨대, 모든 것을 하면서 아무 것도 하지 않는 분, 아무 것도 하지 않으면서 하지 않는 일이 없는 분, 그분을 자기의 스승으로 모시고 있다는 얘기다.

열 다섯 나이에 뜻을 세운 공자는 배움에 정진, 일흔 살이 되어 마침내 자기 마음대로 하되 하늘 법도를 어기지 않게 되었다고 한다. 이는 55년 세월이 흐르는 동안 자신의 '뜻'을 완전히 비워내고 그 빈 곳을

제6장 대종사(大宗師) | 325

'하늘의 법'으로 채워넣었다는 얘기 아닐까?

"의로운 사람은 하느님을 사랑하되 이런저런 이유 때문이 아니라 아무런 이유 없이 사랑한다. 그리고 만일 하느님께서 지혜나 당신 자신을 제외한 그 밖에 당신이 주셔야 할 그 어떤 것을 사람에게 주신다 하더라도 의로운 사람은 그것을 쳐다보지도 않을 뿐만 아니라 자기의 즐거움으로 삼지도 않을 것이다. 그는 아무 것도 원하지 않고 아무 것도 추구하지 않으며 무엇인가를 행함에 있어 그 어떤 이유도 갖고 있지 않기에 동인(動因)을 갖지 않으시는 하느님께서 아무런 동인 없이 행동하시듯 의로운 사람도 아무런 동인 없이 행동하는 것이다. 삶은 그 어떤 존재 이유도 필요로 하지 않고 삶 그 자체를 위해 사는 것이듯 의로운 사람은 자신이 행하는 행위에 대한 그 어떤 이유도 갖지 않는다." (에크하르트)

"하느님은 어느 인간 손아귀에도 잡히지 않는 '늘 없음'이요 동시에 역사와 운명과 물질 우주의 운행에 동기적 원리로서 '미묘한' 실체인 것이다. 시체인 양 몸도 마음도 미동하지 않고 쥐죽은듯이 고요한 중에 이 '늘 없는 미묘한 것', '태곳적 비움'의 강림을 뜨겁게 기다리고 버티어 있노라면 드디어 독수리가 내려오듯 인기척을 내주신다는 것은 인류 선조들의 경험 법칙이요 또한 하느님 자신의 약속이라고 전설처럼 내려오는 이야기이다. 인간이면 죽기 전에 모두들 한번 해볼 만한 실험이 아니겠는가? 한 번 살고 한 번 죽는 이 여정에 올라 우주의 출렁임과 더불어 춤추며 나아가는 자유는 그 뒤에 절로 일어나는 것이리라." (곽노순, 『바늘 구멍으로 들어가는 낙타』)

"성인(聖人)은 언제나 무심하여 백성의 마음으로 자기 마음을 삼으매 착한 사람을 착하게 대하고 착하지 못한 사람을 또한 착하게 대하니 이는 덕(德)이 착한 때문이요 진실한 사람을 진실하게 대하고 진실하지 못한 사람을 또한 진실하게 대하니 이는 덕이 진실한 때문이다."(『노자』 49장)

"아버지께서는 악한 사람에게나 선한 사람에게나 똑같이 햇빛을 주시고 옳은 사람에게나 옳지 못한 사람에게나 똑같이 비를 내려주신다 …… 하늘에 계신 아버지께서 완전하신 것같이 너희도 완전한 사람이 되어라."(마태오복음 5:45, 48)

하늘에 계신 아버지께서 악인과 선인을 가리지 않고 햇빛을 내려주심은 당신에게 햇빛을 내려주겠다는 '뜻'이 따로 있어서가 아니라 오히려 없기 때문이다. 당신의 존재 자체가 햇빛을 내려줌, 곧 사랑이신 까닭이다.

7. 좌망(坐忘)에 들다

▲▲▲

안회(顔回)가 말하기를, 제 공부에 얻은 바가 있습니다. 중니(仲尼) 이르되, 무슨 말인고? 대답하기를, 제가 인의(仁義)를 잊었습니다. 말하되, 됐네만 아직 아닐세. 다른 날에 다시 뵙고 이르기를, 제 공부에 얻은 바가 있습니다. 말하되, 무슨 말인고? 대답하기를, 제가 예악(禮樂)을 잊었습니다. 이르되, 됐네만 아직 아닐세. 다른 날에 다시 뵙고 말하기를, 제 공부에 얻은 바가 있습니다. 이르되, 무슨 말인고? 대답하기를, 제가 좌망(坐忘)에 들었습니다. 중니가 깜짝 놀라 이르되, 좌망이라니, 무슨 말인고? 안회 대답하기를, 손발과 몸을 끊어버리고 총명(聰明)을 지워버리고 형체를 떠나고 지혜를 등져 대도(大道)와 하나로 되면 이를 일러 좌망이라고 합니다. 중니 이르기를, 하나로 되면 좋고 싫은 게 없고 도(道)와 더불어 변화하면 어디에도 붙잡히지 않는다네. 자네가 참으로 훌륭하이. 바라건대 나로 자네 뒤를 따르게 해주시게.

顔回曰, 回益矣니다. 仲尼曰, 何謂也인고? 曰, 回忘仁義니다. 曰, 可矣나 猶未也니라. 它日에 復見曰, 回益矣니다. 曰, 何謂也인고? 曰,

回忘禮樂矣니다. 曰, 可矣나 猶未也니라. 它日에 復見曰, 回益矣니다. 曰, 何謂也인고? 曰, 回坐忘矣니다. 仲尼蹴然曰, 何謂坐忘인고? 顔回 曰, 墮肢體하고 黜聰明하고 離形去知하여 同於大通이면 此謂 坐忘이니다. 仲尼曰, 同則無好也요 化則無常也니 而果其賢乎로다. 丘也請從而後也니라.

'좌망'(坐忘)은 장자의 대표적 개념들 가운데 하나다. 말 그대로 읽으면 앉아서 모든 것을 잊는다는 뜻이 되겠지만, 반드시 앉는 자세를 조건부로 연상할 것은 없다. 오히려 가고 머물고 앉고 눕고[行住坐臥] 말하고 입 다물고 움직이고 가만히 있는[語默動靜] 모든 때에 '망'(忘)을 한다는 말로 읽어야 할 것이다. 낮에도 망(忘)하고 밤에도 망(忘)한다. '망'(忘)은 잊는다는 말인데 어디에도 사로잡혀 푹 빠져 있지 않는다는 뜻이니 그 깊은 뜻은 오히려 '깨어 있음'이다. 제 몸을 잊고 총명을 잊고 형체를 잊고 '앎'까지 잊는다는 말은 자기 몸에 집착하지 않고 총명에 의지하지 않고 형체에 포로되지 않고 자기가 아는 바에 매달리지 않는다는 말이다. 이것이 이른바 깨어 있음[覺醒]이다.

화를 내되 자기가 지금 화를 내고 있으며 그 까닭이 어디에 있는지를 밝히 보고 있으면 분노의 포로가 되지는 않을 것이다. 길을 가되 자기가 지금 길을 가고 있으며 어디로 가는 길에 어디쯤 와 있는지를 밝히 보고 있으면 그 길에 묻혀서 길을 잃는 일은 없을 것이다. 사업을 하되 자기가 지금 사업을 하고 있으며 그 사업의 성격과 목적이 무엇인지를 밝히 보고 있으면 사업의 노예로 전락하는 일은 없을 것이다. 심지어 욕심을 부리더라도 자기가 지금 욕심을 부리고 있으며 그 욕심이 얼마나 덧없는 것인지를 밝히 보고 있으면 욕심에 사로잡혀 마침내 패가망신하는 일은 없을 것이다.

손발과 몸을 끊는다[墮肢體]는 말은 육(肉)에 의존하지 않는다는 뜻이다. 총(聰)은 잘 듣는 것이요 명(明)은 잘 보는 것이다. 총명을 지운다[黜聰明]는 말은 감각에 휘둘리지 않는다는 말이다. 잘 본다는 게 오히려 눈을 가리고 잘 듣는다는 게 오히려 귀를 막기 때문이다. 형체를 떠나고 지혜를 등지는 것[離形去知]도 역시 우리가 지니고 있다고 착각하는 바의 것을 믿어 거기에 의존하지 않는다는 말이다. 우리 눈에 나타나 보이는 모든 형체가 사실은 '없음'에서 나와 다시 '없음'으로 돌아가는 마술사의 비둘기 같은 것이기 때문이다.

이런저런 말이 많았지만, 한마디로 줄이면 나의 '나'를 비우는 자기 부정이 장자의 '좌망'이다. 그런데 부정은 긍정의 다른 얼굴이다. 버림 곧 얻음이요 비움 곧 채움이기 때문이다.

자기 비움은 하느님과 하나로 됨을 위한 필요충분조건이면서 그 결과이기도 하다. 어느 것에도 집착하지 않음이 모든 것에 대한 깊은 관심을 가능케 한다. 머리 둘 곳이 따로 없었기에 예수에게는 모든 곳이 당신의 안방이었다.

좌망(坐忘)은 멍청하니 넋을 잃고 앉아 있는 게 아니다. 언제 어디서나 깨어 있어 자기를 바로 보는 것이다. 예수는 제자들에게, 시험에 들지 않도록 늘 깨어 있으라고 했다.

> 오, 신실한 숙녀 천신(天神)들이여
> 진리를 바르게 수행하려면
> 마음을 안으로 모아 명상하라.

세상사 포기함을 장식품으로 삼아라.

세속 잡사 버리고 평정(平靜)과 자각(自覺)으로
고요 속에 편안히 머물지라.
영광 있도다, 마음과 말의 침착함이여!
영광 있도다, 번잡한 세속사를 떠남이여!

마음에 맞지 않는 환경이
그대 마음 어지럽히면
자신을 지켜보며 깨어 있을지니
분노의 위험이 길 가운데 있도다.

재물이 그대를 유혹하면
자신을 지켜보며 깨어 있을지니
탐욕의 위험이 길 가운데 있도다.

비방과 모욕이 들리면
자신을 지켜보며 깨어 있을지니
거슬리는 소리는 다만 귀 속임에 지나지 않도다.

친구들을 사귀어 어울릴 때면
자신을 지켜보며 깨어 있을지니
그대 마음속에 질투가 솟아나지 않도록 하라.

봉사하며 예물을 드릴 때는
자신을 지켜보며 깨어 있을지니
자만심이 일어나지 않도록 조심할지라.

언제든 어디서든 그대 자신을 지켜보라.
언제나 그대 안의 악한 생각 극복토록 애쓰고
가고 머물고 앉고 눕는 어느 때라도
그 행위 자체가 공(空)하며 허망한 것임을 관찰하라.

성자들과 학자들 백여 명이 모였어도
이 이상은 말할 것 없으리.(『미라래빠의 십만송〔十萬頌〕』 I, 8)

 인의(仁義)를 잊는다는 말은 인의에 구애받지 않는다는 뜻이다. 인(仁)과 의(義)를 행하지 않는다는 뜻이 아니라 따로 행하는 일 없이 존재 그 자체가 이미 인이요 의라는 말이다. 예악(禮樂)을 잊었다는 말도 그 존재가 하나의 예(禮)요 악(樂)이기에 예악을 따로 행함이 없다는 뜻이다. 그러나 그것만 가지고는 아직 아니다. 어째서 그러한가?
 인(仁)과 의(義)를 따로 의식하지 않으면서 이미 인의(仁義)를 실천하고 있지만 그렇게 하는 '나'가 아직 남아 있기 때문이다. 철두철미 무아(無我)의 지경에 들기까지는, 아직 아니다〔猶未也〕. 몸을 비우고 마음을 비워 마침내 대도(大道)와 하나 됨에 이르러서야 비로소 더 이상 좋은 것이 없으며〔無好也〕, 좋은 게 없다는 말은 싫은 게 없다는 말이다, 어디에도 무엇에도 붙잡힌 바가 되지 않으니〔無常也〕 어찌 그런 사람을 훌륭하다 하지 않겠는가?

공자가 말한다. 회(回)여, 드디어 자네가 좌망(坐忘)에 이르렀으니 이제는 내가 자네를 스승으로 모셔야겠다. 실존 인물 공자는 그런 상황에서 능히 그런 말을 할 수 있는 인물이었으리라.

나이가 무슨 상관이랴? 도(道)에 더 가까운 이가 마땅히 스승이어야 하거늘. 나로 하여금 바라건대 자네 뒤를 따르게 하라!

8. 자상(子桑)의 명(命)

▲▲▲

자여(子輿)는 자상(子桑)의 벗이었는데 장마가 열흘이나 계속되는지라 자여가 말하기를, 자상이 굶어 병들었겠다, 하고는 밥을 싸가지고 가서 먹이려 했다. 자상의 문에 이르렀는데 노래하는 듯 곡을 하는 듯 거문고를 뜯으면서 이르되, 아버지인가? 어머니인가? 하늘인가? 사람인가? 소리 내기도 힘에 겨워 가까스로 노랫말을 서둘러 웅얼거린다. 자여가 들어가며 이르되, 자네의 노래가 어째서 그러한가? 대답하기를, 나를 이 지경까지 이르게 한 자가 누군지 생각해봤으나 알 수가 없었네. 부모님이 내가 가난하기를 바라셨겠나? 하늘은 사사로이 덮지 않고 땅은 사사로이 싣지 않는다 했거늘 하늘과 땅이 어찌 사사로이 나를 가난하게 하였겠나? 누가 이렇게 했는지 알고자 했으나 끝내 알 수 없었네. 그래도 이 지경에 이르렀으니 명(命)이라고 해야겠지.

子輿與子桑友러니 而霖雨十日이라. 子輿曰, 子桑殆病矣라 하고 裹飯而往食之더라. 至子桑之門하니 則若歌若哭에 鼓琴曰, 父邪母邪, 天乎人乎인가? 有不任其聲而趣擧其詩焉이더라. 子輿入曰, 子之歌

詩何故若是인가? 曰, 吾思夫使我至此極者나 而弗得也라. 父母豈欲 吾貧哉리오? 天無私覆이요 地無私載어늘 天地豈私貧我哉랴? 求其 爲之者로되 而不得也로다. 然而나 至此極者는 命也夫니라.

세상은 영문을 알 수 없는 일의 연속이다. 나는 왜 이(李)씨 집안에 태어났는가? 나는 왜 남자인가? 저 실존주의 철학자들의 영원한 질문, "나는 왜 없지 않고 있는가? 세계는 왜 없지 않고 있는가?" 이 질문 속에 세상의 영문을 알 수 없는 것들에 대한 온갖 질문이 다 들어 있다.

이 사람이 태어나면서부터 소경인 것은 어떤 까닭에선가? 본인이 죄를 지었기 때문인가? 그 부모가 죄를 지었기 때문인가? 사람들은 그 까닭을 궁금하게 생각했고 사변과 논리로써 알고자 했으나 끝내 알 수 없었다. 대종사(大宗師)이신 예수께 이 질문을 던졌을 때 그분의 대답은 "까닭을 알고자 하지 말라"는 것이었다.

영문을 알 수 없는 일이 우리 주변에서 끊임없이 발생하고 있는 것은 과연 아무 '까닭'이 없어서일까?

인과율에 비추어보면 그렇다고 할 수 없다. 내가 이씨 집안에 태어난 것도, 남자로 태어난 것도, 나아가서 내가 지금 여기에 없지 않고 있는 것도, 그 모두가 한 치 어긋남 없는 어떤 원인의 결과다. 세상에 우연이란 없다. 모든 것이 그럴 수밖에 없는 필연이다. 모두가 업(業)에 따른 보(報)인 것이다.

"우레는 끌어당기지 않는 한 결코 어떤 집에 떨어지지 않는다. 집이 부서진 데는 우레만큼이나 그 집에도 책임이 있다. 황소는 찌르라고 불러들이지 않으면 결코 사람을 찌르지 않는다. 진정 황소 이상으로 그 사람 자신이 자기 피에 대해 책임이 있다. 살인당한 자는 살인자의 단도를 갈고 있다. 그리고 둘 다 치명적인 싸움을 불러들인다. 강탈당한 자는 강탈한 자의 활동을 지도하고 있다. 그리고 둘 다 강탈을 범한다.

그렇다. 인간은 자신이 재난을 불러들였으면서도, 자기가 언제 어디서 어떻게 초대장을 써보냈는지 완전히 잊어버리고서 손님에게만 강렬히 항의한다. 그러나 시간은 잊어버리지 않는다. 시간은 적당한 때, 적당한 장소에 초대장을 배달한다. 그리고 시간은 초대한 사람이 사는 곳에 손님을 보낸다."(미하일 나이미, 『미르다드의 書』 21장)

까닭을 알 수 없다고 해서 까닭 자체를 부정할 수는 없는 일이다. 까닭은 있다. 다만 그것이 우리의 인식 능력으로 붙잡을 수 없는 영역에 있을 뿐이다. 그러니 그것을 붙잡아 캐어보려는 헛된 노력에 아까운 시간과 노력을 낭비하지 말고, 그런 것이 있음을 받아들여라. 그것을 이름하여 명(命)이라 하자. 사람의 명은 하늘에 있는 것! 사람이 할 수 있는 일이란 그것을 받아들이는 것뿐이다. 순명(順命)이야말로 우리에게 허락된 유일한 대안이다.

아마도 이것이 장자의 주장인 듯하다. 여기에 장자 철학의 위대한 특색이 있음을 부인하기 어렵지만, 동시에 우리는 여기에서 그의 한계를 보게 된다.

자상(子桑)은 자기에게 일어나는 일의 알 수 없는 영문을 더 이상 캐묻지 않고 그것을 명(命)으로 감수한다. 감히 그 명을 바꿀 수 있다고는 생각하지 않는다. 영문을 묻지 않는 데 장자 철학의 힘이 있다면 명을 받아들이고 마는 데 그 한계가 있다.

이 사람이 나면서부터 소경인 것은 그 부모의 탓도 본인의 탓도 아니요 다만 그에게서 하느님의 놀라운 일이 드러나기 위해서라고 선언하며 나아가 그의 눈을 번쩍 뜨게 한 예수에게서 '장자의 한계'를 뛰어넘는 한 줄기 섬광을 본다.

제7장
응제왕(應帝王)

1. 설결(齧缺)과 포의자(蒲衣子)의 문답 외(外)

▲▲▲

설결(齧缺)이 왕예(王倪)에게 묻는데 네 번 물었으나 네 번 다 모른다는 대답이었다. 설결이 이를 말미암아 크게 기뻐하면서 포의자(蒲衣子)에게 가서 이르니 포의자 말하기를, 자네는 이제 그것을 아는가? 유우씨(有虞氏)가 태씨(泰氏)한테는 미치지를 못하네. 유우씨는 오히려 속에 인(仁)을 품고서 사람을 대하여 또한 사람들을 얻긴 했으나 남을 아니라고 하는 경계에서는 벗어나지를 못했지. 태씨는 잠잘 때에는 평온하고 깨어 있을 때에는 덤덤해서 스스로 말[馬]이 되기고 하고 스스로 소가 되기도 하는데 그 앎[知]이 과연 믿을 만하고 그 덕(德)은 매우 참되다네. 남을 아니라고 하는 경계에는 아예 들어가지를 않았지.

齧缺問於王倪하되 四問而四不知니라. 齧缺이 因躍而大喜하여 行以告蒲衣子하니 蒲衣子曰, 而乃今知之乎인가? 有虞氏不及泰氏로다. 有虞氏는 其猶藏仁以要人하여 亦得人矣나 而未始出於非人이니라. 泰氏는 其臥徐徐하고 其覺于于하여 一以己爲馬하고 一以己爲牛로되 其知情信이요 其德甚眞이로다. 而未始入於非人이니라.

설결(齧缺)과 왕예(王倪)는 이미 '제물론'(齊物論)에 등장했던 인물이다. 장자 '천지편'(天地篇)에는 "요(堯)의 스승은 허유(許由), 허유의 스승은 설결, 설결의 스승은 왕예, 왕예의 스승은 피의(被衣)"라고 되어 있다. 여기 등장하는 포의자(蒲衣子)를 피의와 동일 인물로 본다면 설결이 왕예의 가르침에 깨우친 바가 있어 기뻐 뛰며 스승의 스승을 찾아가 자기의 깨달은 바를 검증받는다는 이야기가 된다.

설결은 왕예한테서 무엇을 배웠던가? 스승의 한결같은 '모른다'가 제자에게 가르친 바는 무엇이었던가?

"이것은 이것이다" 하고 말하면 그 말로 말미암아 '이것'은 '이것 아닌 것'과 구분된다. 그러나 천지만물 가운데 다른 무엇과 분리되어 존재하는 것은 하나도 없다. 이름을 짓는 것은 처음부터 대상을 구분하는 것이요 따라서 제한하는 것이다. 그러므로 진리는 "……이 아니다"라는 부정(否定)의 언어로만 드러날 수 있는 것이다.

말로 표현할 수 없는 어떤 '깨달음'을 얻은 설결이 기뻐 뛰며 스승의 스승인 포의자(蒲衣子)에게 달려가서 깨우친 바를 말하니 포의자의 대답인즉,

"자네는 이제 그것을 아는가?"

대견스런 말과 함께 참된 앎[知]이 어떤 것인지를 설명한다. 유가의 사람들이 성천자(聖天子)로 부르는 순(舜)임금[有虞氏]이 인(仁)을 속에 품고 사람을 대하여 많은 사람을 얻은 것은 사실이다. 그러나 그는 처음부터 비인(非人)의 경계를 벗어나지 못했다. 비인(非人)은 남을 아니라고 한다는 뜻으로 읽는다. 자기는 옳고 남은 그르다는 견해를 떠나지 못했으니 시(是)와 비(非)를 사람과 더불어 가리지 않을 수 없다. 누가 옳고 그르든 상관없이 남과 더불어 시비를 따진다는 사실 자체가 순(舜)

의 한계다. 그는 아직 모든 것을 하나(一)로 만드는 '사물의 중심'에 이르지 못한 것이다.

중심에서 중심을 보면 모두가 하나다. 천지여기(天地如己)어늘 하사구의(何事求矣)리오? 온 세상이 이미 나와 한 몸인데 따로 무엇을 새삼 얻고자 하겠는가?

순(舜)이 세상 사람들한테서 성천자(聖天子) 소리를 듣지만 태씨(泰氏)에 견주면 아직 멀었다. 태씨를 두고 「소」(疏)는 복희(伏羲)라 했고, 왕예(王倪)의 씨호(氏號)라고 하는 이도 있다. 태(泰)가 태(太)로 통용되니까 최고(最高·古)의 제왕이라는 뜻을 암시한다고 볼 수도 있다. 아무튼 태씨는 어떤 존재냐 하면 잠잘 때는 서서(徐徐)하고 깨어 있을 때는 우우(于于)하다. 서(徐)는 '조용할 서'(舒)로 읽어서 꿈도 꾸지 않고 죽은 듯이 잠들어 있는 모습을 말하고 우(于)는 크다는 뜻으로 읽어 이것저것 따지고 분별하는 견해를 초월한 경지에서 만사에 덤덤한 모습으로 읽는다. 그러니까 누가 자기를 말(馬)로 대하면 스스로 말이 되고 소(牛)로 대하면 스스로 소가 된다. 모든 것을 대하여 모든 것이 될 수 있다.

이런 경지에 들었으므로 그의 앎(知)은 과연 믿을 만하고 끼치는 덕(德)은 매우 참되다. 상대에 따라서 이랬다저랬다 하는 것 같지만 실은 이랬다저랬다 하는 '나'가 따로 없으므로 처음부터 누구를 향하여 "너는 아니다" 하고 말할래야 할 수가 없는 것이다. 문자 그대로 완벽한 화이불창(和而不唱)의 경지 곧 남에게 어울려주되 자기를 내세우지 않는 경지에 들어간 것이다.

견오(肩吾)가 광인(狂人) 접여(接輿)를 만났을 때 접여가 묻기를 전날에 중시(中始)가 자네에게 무슨 말을 했던가? 견오가 대답하되, 백성의 임금 된 자로서 자기 뜻대로 법과 제도를 만들어 시행하면 누가 감히 듣고 따르지 않겠느냐고 했습니다. 접여 이르기를, 그것은 거짓 덕(德)이다. 그렇게 세상을 다스리는 것은 바다 위를 걷고 손으로 파서 강을 내며 모기 등에 산을 짊어지우는 것과 같다. 무릇 성인(聖人)의 다스림이 어찌 바깥을 다스리는 것이랴? 자기를 바로 세우고 나서 세상에 나아가되 자기 일을 든든히 할 따름이다. 새는 높이 날아서 주살의 위험을 피하고 생쥐는 사단(社壇) 아래에 굴을 파서 연기에 그을리거나 파헤쳐지는 위험을 피한다. 자네는 저 두 짐승이 아무 것도 모른다고 하겠는가?

肩吾見狂接輿하니 狂接輿曰, 日에 中始何以語汝인가? 肩吾曰, 告我하되 君人者로 以己出經式義度人이면 孰敢不聽而化諸리오? 接輿曰, 是는 欺德也로다. 其於治天下也는 猶涉海鑿河而使蚊負山也니라. 夫聖人之治也, 治外乎리오? 正而後에 行하되 確乎能其事者而已矣로다. 且鳥高飛하여 以避矰弋之害하고 鼷鼠는 深穴乎神丘之下하여 以避熏鑿之患이니 而曾二蟲之無知인가?

견오(肩吾)와 접여(接輿)는 앞에서 등장했던 인물이다. 여기서 견오는 접여의 제자 격으로 나온다. 일(日)은 지난날[往者]로 읽는다. 중시(中始)는 중니를 연상케 하는 이름으로 요(堯)를 그렇게 부른 게 아닐까

추측해본다. 견오가 일찍이 중시한테서 배운 바 있는지라, 접여가 그에게 무엇을 배웠느냐고 묻자 임금 된 자로서 스스로 뜻을 세워 법과 제도를 만들고 실천케 하면 백성이 말을 듣고 따르리라는 것을 배웠다고 대답한다. 법식과 제도를 마련하여 그것으로 나라 다스리는 통치술을 배웠다는 얘기다.

견오의 대답을 듣고 접여는, 그렇게 천하를 다스림은 거짓으로 덕(德)을 베푸는 것이라고 말한다. 왜냐하면 그것은 도무지 있을 수 없는 일을 있게 하려는 것이기 때문이다. 바다 위를 걷고 손으로 강을 파고 모기 등에 산을 짊어지우려 한다는 얘기는 처음부터 불가능한 일을 시도한다는 뜻이다. 다스림이란 안에서 밖으로 나아가는 빛과 같은 것. 자기를 먼저 세우지 아니하고서 남을 세워준다는 것은 있을 수 없는 일이다. 자연은 질서요 질서는 순서다. 순서를 어김은 자연을 등짐이요 그 결과는 자멸과 타멸일 뿐이다.

"이 위선자야! '먼저' 네 눈에서 들보를 빼내어라. 그래야 눈이 잘 보여 형제의 눈에서 티를 빼낼 수 있지 않겠느냐?"

"너희는 '먼저' 하느님의 나라와 하느님께서 의롭게 여기시는 것을 구하여라."

이 두 문장에서는 '먼저'가 열쇠말이다. 중시의 잘못은 '먼저'를 무시한 데 있고 성인(聖人)의 성인 됨은 '먼저'를 지킴에 있다. '먼저'가 무시되면 모든 것이 뒤죽박죽, 아무리 동기가 좋았어도 결과는 사악하게 마무리되고 만다.

중시의 가르침이 거짓 덕(欺德)인 까닭은 그가 법식과 제도를 만들었기 때문이다. 법식과 제도를 만들었다는 사실 자체가 밖으로 백성을 다스리고자 하는 의욕이 있었음을 보여준다. 자기 의욕을 앞세움은 성인의 길이 아니다. 성인의 다스림이 어찌 바깥을 다스리는 것이랴? 다만 자기 일을 확실하게 할 따름이다.

"하늘나라는 겨자씨에 비길 수 있다. 어떤 사람이 밭에 겨자씨를 뿌렸다. 겨자씨는 모든 씨앗 중에서 가장 작은 것이지만 싹이 트고 자라나면 어느 푸성귀보다도 커져서 공중의 새들이 날아와 그 가지에 깃들일 만큼 큰 나무가 된다."(마태오복음 13:31, 32)

겨자씨는 겨자씨니까 커서 나무가 된다. 그뿐이다. 겨자씨는 새들이 날아와 깃들게 하려고 큰 나무로 자라는가? 아니다. 새들이 있든 없든 겨자씨니까 겨자나무로 자라는 것이요 새들이 그 가지에 깃듦은 '나중'에 이루어진 결과일 따름이다. 이 순서를 뒤집으면 겨자나무가 거짓 덕(德)을 베푸는 것이 된다.

"옛날 한 쌍의 곡예사가 있었습니다. 스승은 가난한 홀아비였고 제자는 메다라는 이름의 어린 소녀였습니다. 이 둘은 생계를 위해 거리에서 공연을 했습니다. 그들은 기다란 대나무 장대를 이용해 공연을 했는데 어린 소녀가 천천히 꼭대기로 올라가는 동안 스승은 그 장대를 머리 위에 이고 있었습니다. 스승은 대나무 꼭대기에 소녀를 올린 채 계속 움직였습니다.

그들 둘은 완벽한 균형을 유지하여 사고가 일어나지 않도록 온 마음을 다 쏟았습니다. 어느 날 스승이 제자에게 말했습니다. '메다야, 앞으로 나는 너를 지켜보고 너는 나를 지켜보도록 하자. 그렇게 서로를 도와 집중력을 유지하여 균형을 이루고 사고를 방지하도록 하자. 그러면 우리는 충분한 돈을 벌 수 있을 것이다.' 그러나 현명한 어린 소녀는 이렇게 대답했습니다. '스승님, 제 생각에는 우리가 각자 자신을 돌보는 것이 더 낫지 않을까 싶습니다. 자신을 돌보는 것이 곧 우리 둘 모두를 돌

보는 것입니다. 그렇게 하면 아무런 사고도 일어나지 않을 것이며 충분한 돈을 벌 수 있을 것이라고 확신합니다.' 부처님께서는 '그 아이의 말이 옳다'고 말씀하셨습니다."(틱 낫한, 『삶에서 깨어나기』)

새가 높이 날고 생쥐가 사단(社壇) 아래에 굴을 파는 것은 주살(오늬에 실을 매어 새를 쏘아 잡는 도구)을 피하고 연기에 그을리거나 굴이 파헤쳐지는 화를 면하기 위해서인가? 아니다. 새는 새니까 날고 쥐는 쥐니까 굴을 팔 뿐이다. 그래서 결국 주살과 연기를 피하게 되었을 따름이다. 누가 이 두 짐승을 가리켜 아무 것도 모른다고 말할 수 있겠는가? 말(末)로 본(本)을 틀어막는 유능한 인간들의 뒤집어진 세상에서.

▲▲▲

천근(天根)이 은양(殷陽)에서 노닐다가 요수(蓼水)에 이르러 문득 무명인(無名人)을 만나매 그에게 묻기를, 천하 다스리는 법을 묻습니다. 무명인이 이르되, 가거라! 그대는 비루한 사람이다. 하필 그것을 묻는가? 불쾌하구나. 나는 바야흐로 조물자(造物者)와 더불어 벗이 되어 싫증이 나면 저 아득하게 높이 날아가는 새를 타고 세상 밖으로 나아가 아무 지닐 것 없는 곳에서 노닐며 끝없이 넓은 들판에 살고자 한다. 그대는 어찌하여 세상 다스리는 일 따위로 내 마음을 흔들려고 하느냐? 그래도 묻자, 무명인 이르기를, 그대가 마음을 담담하게 지니고 기(氣)를 텅 빈 고요에 맞추어 사물의 자연을 좇아서 사사로움을 용납하지 않으면 천하는 잘 다스려지리라.

天根遊於殷陽이다가 至蓼水之上하여 適遭無名人而問焉曰, 請問爲天下니다. 無名人曰, 去하라 汝鄙人이로다. 何問之인가? 不豫也로다. 予方將與造物者로 爲人하여 厭則又乘夫莽眇之鳥하여 以出六極之外하고 而遊無何有之鄕하며 以處壙埌之野니라. 汝又何帠以治天下로 感予之心爲인가? 又復問하니 無名人曰, 汝遊心於淡하고 合氣於漠하여 順物自然而無容私焉이면 而天下治矣로다.

인명과 지명이 상징하는 바가 있을 성싶다. 천근(天根)을 형상 있는 모든 것의 근원으로 새기면 은양(殷陽)은 왕성한 양기(陽氣)요 요수(蓼水)는 정적(靜寂)한 음기(陰氣)가 된다. 하늘 뿌리가 왕성한 양(陽)에서 노닐다가 고요한 음(陰)에 이른다. 뭔가 태어날 낌새다. 바야흐로 거기서 이름 없는 사람〔無名人〕을 만난다. 이름이 없다 함은 만유(萬有)와 분리되지 아니함을 뜻한다. 노자가 말하는 성인(聖人)이라 해도 좋고 장자가 다른 데서 자주 말하는 지인(至人)이라 해도 좋다.

천근(天根)이 무명인(無名人)을 만나, 천하 다스리는 법을 묻는다. 무명인이 대답한다. "고작 묻는 게 통치술이냐? 비루한 인간이구나. 나는 장차 조물자와 벗이 되어 노닐다가 심심하면 붕(鵬)을 타고 세상 경계 바깥으로 나가 아무 지닐 것이 없는 데서 살 참인데, 세상 다스리는 일 따위로 나를 성가시게 할 참인가?"

비루하다는 책망을 들었지만 천근(天根)은 기회를 놓칠 수 없다. 비루한 것은 비루한 것이요 세상 또한 누군가가 다스려야 하지 않는가?

무명인(無名人)의 비난조 책망에 물러서지 않고 다시 묻는다. "천하를 다스리는 법을 일러주십시오."

여기서 또 거절하면 그는 이제 '무명인'이 아니다. 티끌을 만나면 티끌로 더불어 하나 되는 사람, 그가 바로 '이름 없는 사람'이다. 그에게는 끝내 지켜 고집할 '나'가 없다. 장차 조물자와 더불어 무하유지향(無何有之鄕)을 노니는 건 노니는 것이요 지금은 천근(天根)의 요구에 대답을 해야 한다.

"천하를 다스리고자 하는가? 먼저 너 자신을 다스려라. 마음은 티 없는 물처럼 담담하게 지니고 기(氣)는 고요한 허(虛)에 일치시켜 몸과 마음을 아울러 비워라. 그런 다음 사물의 자연스런 흐름을 좇아 흐르되 터럭 끝만큼이라도 '사'(私)를 용납하지 않으면 천하가 절로 다스려지리라."

노자는 말한다.

"지상용(知常容)이요 용내공(容乃公)이요 공내왕(公乃王)이라." 한결같은 도(道)를 알면(일체로 되면) 받아들이지 못할 것이 없고 모든 것을 받아들임이 곧 사(私) 없음이고〔公〕 사(私) 없음이 곧 왕이다. 하늘이 사사로움을 지니는가? 아니다. 그래서 만물을 다스린다. 바다가 사사로움을 내세우는가? 아니다. 그래서 모든 강과 계곡의 왕으로 존재한다.

그렇다면? 그렇다면 지금 무명인은 천근에게 자기처럼 되라는 얘기 아닌가? 옳다. 자기처럼 이름이 따로 없는 존재가 되라는 것이다.

수신(修身) 곧 천하평(天下平)이요 천하를 평정하는 것이 곧 제 몸 닦는 것이다! 문제는 질서다. 사람은 이 질서를 지켜야 한다. 평천하(平天下)로 곧장 덤벼들지 말고 수신(修身)으로 시작하여 제가치국평천하(齊家治國平天下)를 거쳐 다시 수신으로 돌아가야 한다. 모든 출발점이 곧 종착점인 까닭이다. 이 순서를 어기면 그것은 도(道)를 거스름이요 결국 자타(自他)의 파멸로 이어지고 만다.

양자거(陽子居)가 노담(老聃)을 만나 이르기를, 여기 한 사람이 있는데 움직임이 빠르고 굳세며 사물을 꿰뚫어보는 눈이 밝고 도(道)를 배우는 일에 게으르지 않습니다. 이런 사람을 밝은 임금에 견줄 수 있겠는지요? 노담이 대답하되, 그런 자를 성인(聖人)에 견주면 꾀를 앞세우고 기술에 얽매여 몸만 고단하게 하고 마음만 불안하게 하는 자다. 뿐만 아니라 호랑이와 표범의 무늬는 사냥질을 부르고 원숭이의 민첩함과 너구리 잡는 개는 노끈을 부르니 이런 자를 밝은 임금에 견줄 수 있겠느냐? 양자거가 얼굴색을 바꾸어 묻기를, 밝은 임금의 다스림이란 어떤 것인지요? 노담 대답하되, 밝은 임금의 다스림은 그 공(功)이 천하를 덮으면서도 자기한테서 나오지 않은 것처럼 하고 만물을 교화(敎化)하되 백성이 그를 의지하지 않으니 있기는 있는데 뭐라고 말로 나타낼 수 없고 사물로 하여금 스스로 즐기게 한다. 밝은 임금은 헤아릴 수 없는 곳에 서서 아무 것도 없는 경지를 노닌다.

陽子居見老聃曰, 有人於此에 嚮疾彊梁하고 物徹疏明하고 學道不勸이라. 如是者를 可比明王乎니까? 老聃曰, 是於聖人也면 胥易技係하여 勞形怵心者也로다. 且也로 虎豹之文은 來田하고 猿狙之便과 執斄之狗는 來藉니 如是者를 可比明王乎인고? 陽子居蹴然曰, 敢問明王之治니다. 老聃曰, 明王之治는 功蓋天下로되 而似不自己하고 化貸萬物이로되 而民弗恃하니 有莫擧名이요 使物自喜니라. 立乎不測하여 而遊於無有者也로다.

양자거(陽子居)를 철저한 개인주의 주창자 양주(楊朱, B.C. 4세기)로 보는 견해가 있거니와(성현영[成玄英]), 아래 문답 자체를 사실(史實)로 볼 수 없으니 반드시 그 사람이라고 할 이유는 없다. 그가 노자를 만나서 묻는다.

"행동이 민첩하고 굳세며 사물을 밝히 꿰뚫어보고 거기다가 도(道)를 배우는 일에도 게으르지 않는 사람이 있는데 그런 사람을 과연 밝은 임금[明王]에 견줄 수 있겠는가?"

말하자면 그런 인품쯤이면 밝은 임금이 될 수 있지 않겠느냐는 질문이다. 노자의 대답은 역시 엉뚱하다. 그런 자를 성인에 견주어볼 것 같으면 자신의 꾀를 앞세우고 기술에 얽매여 괜히 몸이나 고단하게 하고 마음만 불안하게 하는 자다. 여기 본문의 서(胥)를 '지혜 서'(諝)로, 이(易)를 '달릴 치'(馳)로 읽는다.

인위(人爲)는 아무리 훌륭해보여도 결국 자신과 남을 구속하는 멍에요 사슬일 따름이라는 노자의 견해가 그대로 드러나는 말이다. 도(道)에서 벗어난 행동은 비록 인의(仁義)라는 명분으로 불린다 해도 군더더기 살이요 물 마른 웅덩이에서 고기들이 서로 거품을 뿜어주는 일에 지나지 않는다.

행동이 빠르고 굳세고 사물의 이치에 통달함은 보통 사람에 견줄 때 탁월할지 모르나 성인에 견주면 공연히 제 몸이나 고단하게 하고 마음만 불안하게 만드는 자에 지나지 않는다. 표범과 호랑이가 아름다운 털가죽 때문에 사냥꾼한테 쫓기고 원숭이는 재빠른 몸 동작 때문에 사람한테 붙잡혀 재주나 부리게 되고 너구리 잡는 개 또한 그 재주 때문에 목에 줄이 묶여서 사냥꾼한테 끌려다니거니와, 사람이 남보다 조금 뛰어난 재주 때문에 얻을 수 있는 것이라면 고달픈 신세와 불안한 마음밖에 더 있겠는가? 이것은 그냥 가벼운 비아냥이 아니다.

양자거가 놀라서 얼굴색을 고치고 묻는다. 그렇다면 무엇이 밝은 임금의 다스림인가? 노자의 대답은 결국, 장자가 '소요유' 편에서 말한 "지인무기(至人無己), 신인무공(神人無功), 성인무명(聖人無名)"의 반복이다.

하되 하지 아니함, 또는 하지 않으면서 함[爲無爲]이 밝은 임금의 다스림이다. 구차스런 인간의 언어로 되풀이한다면, 행동은 있으나 행동의 주체는 없다고 할까? 다스림은 있는데 다스리는 자가 따로 없다. 아니, 따로 없다기보다 겉으로 드러나보이지 않는다고 해야겠다. 순수한 행위는 행동하는 자의 무아(無我)에서 나온다. 내가 지금 설교를 하고 있다는 자의식이 바탕에 깔려 있는 한, 그 설교는 순수할 수 없다. 내가 지금 피리를 불고 있다는 생각에 갇혀 있을 때 피리는 제 소리를 내지 못하는 법이다.

성인(聖人)이 무위(無爲)로써 다스리매 백성은 그것을 의지하지 않는다. "말씀이 세상에 계셨고 세상이 이 말씀을 통하여 생겨났는데도 세상은 그분을 알아보지 못하였다."(요한복음 1:10)

2. 열자(列子)와 호자(壺子)의 문답

▲▲▲

정(鄭)나라에 계함(季咸)이라고 하는 신들린 무당이 있는데 사람들의 생사화복(生死禍福)과 수명의 길고 짧음을 알되 연월일(年月日)까지 알아맞혔다. 정나라 사람들은 모두 그를 피하여 도망을 쳤지만 열자(列子)는 그를 보고 심취하여 돌아와서 호자(壺子)에게 이르기를, 제가 이제껏 선생님의 도(道)를 가장 높은 것으로 알았더니 선생님보다 더 높은 이가 있더군요. 호자가 말하되, 나는 자네에게 도(道)의 겉모습만 보여주었지 아직 그 알속은 가르쳐 주지 못했네. 그런데도 굳이 도(道)를 얻었다고 말할 참인가? 암컷이 아무리 많은들 수컷이 없는데 알을 까겠나? 자네는 도(道)로써 세상을 맞서 어떻게 해서든지 인정을 받으려 하는군. 그런 까닭에 남으로 하여금 상(相)을 볼 수 있게 하는 것이다. 시험 삼아 그를 데려다가 내 상(相)을 한번 보게 하여라.

鄭에 有神巫曰 季咸하니 知人之死生存亡禍福壽夭를 期以歲月旬日若神이더라. 鄭人이 見之코 皆棄而走나 列子, 見之而心醉하여 歸以告壺子하되 曰, 始吾以夫子之道로 爲至矣더니 則又有至焉者

矣니다. 壺子曰, 吾與汝旣其文이나 未旣其實이어늘 而固得道與인가? 衆雌而無雄이면 而又奚卵焉인가? 而以道로 與世亢하여 必信夫하니, 故로 使人得而相이니라. 汝嘗試與來하여 以予示之하라.

도(道)는 모양 없는 모양[無狀之狀]이다. 누가 그 얼굴[狀]을 볼 수 있으랴?

신통력이 뛰어난 무당이 있다. 사람이 죽는 날짜까지 알아맞힌다. 자기 죽을 날이 언제인지 미리 알고 싶은 사람이 어디 있겠는가? 그래서 모두들 그를 보면 오히려 피해서 도망을 간다.
그런데 열자(列子)는 달랐다. 그를 만나보고 심취하여 스승인 호자(壺子)에게, 스승보다 더 높은 경지에 오른 도인(道人)을 보았다고 말한다.
스승이 대답한다. 자네가 도(道)를 보았다고? 내가 자네에게 보여준 것은 도의 겉모습에 지나지 않는다. 도의 알속까지 보여주지는 못했어. 그런데 자네는 굳이 도를 나한테서 얻었다고 말하는가? 자네가 얻었다고 말하는 도란 알맹이 없는 껍질과 같은 것, 비유컨대 수컷 없는 암컷이 낳은 알과 같아 거기서 생명이 태어나기를 기대할 수는 없다. 자네가 그런 빈 껍질 도를 가지고 세상에 맞서 어떻게 해서든지 인정을 받으려고 하는데, 그렇게 처신을 하니까 관상쟁이가 자네 얼굴을 읽어버리지 않는가? 도는 현지우현(玄之又玄)이라, 깊고 또 깊어서 그 속을 들여다볼 수 없거늘 어찌 신통한 무당 따위가 도인(道人)의 참모습을 살필 수 있겠는가? 어디, 그가 그렇게 대단하다면 시험 삼아 한번 데려와 보게나. 와서 내 관상을 보라고 하지.

▲▲▲

이튿날 열자(列子)가 그를 데리고 와서 호자(壺子)를 만나니 저가 밖으로 나와서 열자에게 이르기를, 어허 참, 그대의 선생은 죽었소, 살지 못하오, 열흘을 넘기지 못할 것이오. 내가 괴이한 것을 보았소. 축축하게 젖은 재를 보았단 말이오. 열자가 들어가서 눈물로 옷깃을 적시며 호자에게 고하니 호자가 말하되, 고대 나는 그에게 땅의 모습을 보여주었거니와 아직 싹트지 않은 채 움직이지도 않는 모습이지. 그 사람 아마도 나의 생기(生氣)가 막힌 모습을 보았을 걸세. 시험 삼아 한 번 더 데리고 와보게.

明日에 列子與之로 見壺子한대 出而謂列子하되 曰, 嘻라, 子之先生은 死矣요 弗活矣니 不以旬數矣로다. 吾見怪焉이요 見濕灰焉이니라. 列子入하여 泣涕沾襟하고 以告壺子하되 壺子曰, 鄕吾示之以地文이라 萌乎不震不止로다. 是殆見吾杜德機也니 嘗又與來하라.

도(道)가 모습을 나타내 보여준다. 각양각색, 자유자재다. 계함(季咸)이 그토록 관상에 용하다더냐? 그렇다면 어디 땅 거죽[地文]부터 시작하자.

계함이 굳어져 있는 땅 거죽에서 생기가 모두 막힌 것을 본다. 이 사람은 틀림없이 죽었구나. 열흘을 넘기지 못하겠다.

그러나 그것은 호자의 진면목(眞面目)이 아니다. 더 깊이 들어가야 보이는, 참모습이 아니다.

▲▲▲

이튿날 다시 그를 데리고 와서 호자(壺子)를 보이니 밖으로 나와 열자(列子)에게 이르기를, 다행이오. 그대 선생은 나를 만나서 병이 나았소. 완전히 살았어요. 그 막혔던 기(氣)가 뚫린 것을 보았소. 열자가 들어와 호자에게 고하니 호자가 말하되, 고대 나는 그에게 하늘땅을 보여주었네. 이는 이름을 지을 수도 없고 알맹이를 꺼낼 수도 없거니와 발꿈치에서 기(氣)의 움직임이 비롯되지. 그 사람 아마도 나의 생기가 움직이는 모습을 보았을 걸세. 시험 삼아 한 번 더 데리고 오게.

明日에 又與之見壺子하니 出而謂列子曰, 幸矣로다. 子之先生이 遇我也하여 有瘳矣니라. 全然有生矣니 吾見其杜權矣로다. 列子入以告壺子한대 壺子曰, 鄕吾示之以天壤이니라. 名實이 不入이어니와 而機發於踵이라, 是殆見吾善者幾也니 嘗又與來하라.

하늘[天]은 양(陽)이요 땅[壤]은 음(陰)이다. 양과 음이 만나면 기(氣)가 동하기 시작한다.
　계함(季咸)이 호자(壺子)가 보여주는 천양(天壤)을 보고는, 이 사람이 이제 살아났다고 한다. 그리고 그것이 저를 만났기 때문이란다. 재미있는 친구다. 대컨, 세상에서 용하다고 소문난 친구들이 이 정도를 크게 벗어나지 못한다.

▲▲▲

이튿날 다시 그를 데리고 와서 호자(壺子)를 보이니 밖으로 나와 열자(列子)에게 이르기를, 그대 선생은 한결같지를 않아서 내가 상(相)을 볼 수가 없소. 한결같아지면 다시 와서 보겠소. 열자가 들어가 호자에게 고하니 호자 말하되, 나는 고대 그에게 아무 조짐도 보이지 않는 텅 빈 모습을 보여주었거니와 그 사람 아마도 나의 기(氣)가 고르게 평형을 이룬 모습을 보았을 걸세. 소용돌이치는 물도 연못이요 그쳐 있는 물도 연못이요 흐르는 물도 연못이니 연못에 아홉 가지가 있는데 그 가운데 세 가지만 지금 말했네. 시험 삼아 한 번 더 데리고 와 보게.

明日에 又與之見壺子하니 出而謂列子曰, 子之先生은 不齊라, 吾無得而相焉이로다. 試齊어든 且復相之하리라. 列子入以告壺子한대 壺子曰, 吾鄕示之以太沖莫勝이어니와 是殆見吾衡氣機也라. 鯢桓之審爲淵이요 止水之審爲淵이요 流水之審爲淵이니 淵有九名에 此處三焉이니라. 嘗又與來하라.

'태충막승'(太沖莫勝)의 '승'(勝)을 '짐'(朕)으로 읽어서 '아무 조짐도 보이지 않는 텅 빔'으로 새긴다. '충'(沖)은 허(虛)인데 문자 그대로 아무 것도 없는 비어 있음이 아니라 가득 차 있는, 그래서 만물의 근원이 되는 비어 있음이다. 아무리 써도 바닥나지 않고 아무리 채워도 넘치지 않는다. 그것이 계함(季咸)의 눈에는 '형기기'(衡氣機)로 보였으리라는 얘기다. '형'(衡)은 평(平)이다. 높고 낮음이 따로 있지 않고 깊고 얕음이 따로 있지 않다. 기(氣)가 움직이되 고요하여 움직임을 볼 수가 없다. 이것을 보려고 하면 저것이 보이고 저것을 보려고 하면 이것이 보인다. 결국, 한결같이 않아서〔不齊〕상(相)을 볼 수 없다고 물러서고 만다.

연못을 보고자 하느냐? 소용돌이치는 물도 연못이요 흐르는 물도 연못이요 괴어 있는 물도 연못이요 그것 말고도 여섯 가지 모양을 더 말할 수 있다. 여기 언급된 세 가지 연못은 지금까지 호자가 계함에게 보여준 모습을 상징한다고 본다. 소용돌이치는 물〔鯢桓〕은 움직임도 멈춤도 아니므로 '아무 조짐도 보이지 않는 텅 빈 모습'〔衡氣機〕을, 괴어 있는 물〔止水〕은 고요함이므로 '생기가 막힌 모습'〔杜德機〕을, 흐르는 물〔流水〕은 움직임이므로 '생기가 움직이는 모습'〔善者幾〕을 각각 비유한 것이다.

여기 '아홉 가지'라는 말에서 '9'라는 숫자에 갇힐 필요는 없다. 수없이 많은 종류의 연못이 있다는 뜻으로 읽는다. 그렇게 여러 모양으로 드러나 보이지만, 각양각색 현상들의 중심을 보면 모두가 한결같은 연못일 따름이다. 현상(겉모습)과 중심 또한 둘이 아니다. 어느 하나만 보면 그것은 실상을 보는 게 아니다. 둘을 함께 보아야 한다. 눈에 보이는 것과 보이지 않는 것을 함께 보는 눈! 계함은 그 눈을 얻지 못해, 이것을 보는데 저것이 보이는 경험을 스스로 수용하지 못한다. 그러나 아직, 하나 더 보여줄 것이 있다.

▲▲▲

이튿날 다시 그를 데리고 와서 호자(壺子)를 보이니 미처 자리를 잡기도 전에 넋을 잃고 도망가버렸다. 호자가 이르기를, 쫓아가거

라. 열자(列子)가 쫓아갔으나 잡지 못하고 돌아와 호자에게 고하되, 사라졌습니다. 간 곳을 모르겠습니다. 그를 쫓아갈 수가 없었습니다. 호자 이르기를, 고대 나는 그에게 아직 드러나지 않은 도(道)의 실상을 보여주었네. 내가 자신을 텅 비워 사물의 변화에 순응했으므로 그게 무엇인지 알 수 없었을 걸세. 풀이 바람에 눕듯 물결이 출렁이며 흐르듯 그러했으니 도망을 칠 수밖에.

明日에 又與之見壺子하니 立未定에 自失而走더라. 壺子曰, 追之하라. 列子追之나 不及하여 反以報壺子曰, 已滅矣요 已失矣라. 吾弗及已니다. 壺子曰, 鄕吾示之以未始出吾宗이니라. 吾與之虛而委蛇하니 不知其誰何로다. 因以爲弟靡하고 因以爲波流하여 故로 逃也니라.

모세가 호렙 산에서 본 것은 불 붙은 가시나무였다. 아니, 가시나무에서 타오르는 불이었다. 그런데 불이 나무에 붙어서 타고 있는데 나무는 타서 없어지지 않는다. 나무에서 나무 없이 타는 불!

그것이 야훼의 영광인 줄 알게 된 모세는 수건으로 얼굴을 가린다. 두려움을 느꼈기 때문이라고 성경은 설명한다. 성스러움은 인간에게 두려움을 준다.

세상에 드러나지 않은[未始出] 도(道)의 제 모습을 보았을 때 계함은 겁이 나서 도망치고 만다.

호자(壺子)가 그에게 보여준 것은 '허이위이'(虛耳爲蛇)였다. 자기를 텅 비워 사물에 좇아서 순응한다는 말이다. '위이'(爲蛇)는 뱀처럼 자기를 굽힌다는 뜻으로 읽어 '수순'(隨順)으로 새긴다.(감산) 닭한테는 닭으로, 뱀한테는 뱀으로, 천사에게는 천사로…… 고정된 상(相)이 따로 없으니 문자 그대로 자유자재다. 서울 구경 간 촌사람이 거울을 사왔는데 아내가 거울에 비친 제 모습을 보고 어디서 젊은 여자를 데려왔다고 강짜를 부리니 시어머니가 보고는 늙은 할망구를 데려왔구먼, 하더라는 옛날이야기의 거울과 같다. 계함은 그나마 신통력이 제법 있었던지라, 거울에 비친 제 모습 대신 거울 자체를 보았던 것이다.

허이위이(虛而爲蛇)한다고 해서 도(道)의 실상을 조금이라도 허물거나 닳아 없애는 것은 아니다. 거울이 만상(萬象)을 비추되 언제나 거울 자체로 존재하듯, 고정된 자기의 상〔我相〕을 지니지 않는다는 말이 곧 자아(自我)가 없어진다는 말은 아니다.

호자가 이렇게 계함(季咸)을 데리고 여러 번 우롱함은 다만 제자인 열자(列子)에게 깨우침을 주려는 데 목적이 있었다. 자기를 깊이 들여다보는 공부에 몰두함 없이, 남의 얼굴이나 연구하여 과거사와 미래사를 미리 알아맞히는 재주 정도 부리는 것으로 뭇 사람을 놀라게 하는 자는 이렇게 놀림을 당해도 좋다는 얘길까? 아무튼 장자의 관심은 계함이 아니라 열자에 쏠려 있다. 도망친 계함이 그 뒤에 어찌 됐다는 얘긴 없고, 이어지는 것은 열자가 드디어 깨달음을 얻는다는 후일담이다.

▲▲▲

그런 일이 있은 뒤에 열자(列子)는 스스로 공부한 바 없음을 알고 돌아가서 3년간 문밖을 나가지 않고 아내를 위하여 밥을 짓고 돼지를 사람 기르듯 기르며 어떤 일을 특별히 좋아하지 않았고 겉꾸

밈을 깎아버리고 바탕으로 돌아가 홀로 그 모양만 무심코 서 있어서 온갖 일이 일어나도 거기에 휘말리지 않았다. 그 하나로써 생애를 마쳤다.

然後에 列子自以爲未始學하고 而歸하여 三年不出하며 爲其妻爨하고 食豕如食人하여 於事無與親하고 雕琢復朴하여 塊然獨以其形立하니 紛而封哉라. 一以是終하더라.

지금까지 배운 것이 아무 것도 아님을 깨달아 아는 데서 새로운 공부가 시작된다. 열자(列子)는 이제 스승을 떠나 자기 집으로 돌아가 3년 동안 외출하지 않고 지식이 아닌 '사람됨의 길'을 스스로 배운다.

아내를 위하여 밥을 짓는 것이야말로 굳어진 가부장제(家父長制)에서는 철저한 자기 부정의 실천이었다. 체면도 없고 학식도 없고 전통 관습 따위도 없다. 체면을 지킬 주인공이 없거늘 지킬 체면이 어디 있겠는가? 돼지를 기르되 사람 기르듯이 한다. 돼지와 사람이 더 이상 분별되지 않는다. 만물이 나와 한 몸일진대 어디에 돼지가 따로 있고 인간이 따로 있으랴?

어떤 일을 특별히 좋아하지 않는다는 말에는 어떤 일을 특별히 싫어하지 않는다는 뜻이 들어 있다. 이것은 좋고 저것은 싫고, 그래서 취사선택이 있게 되고, 애착과 혐오가 있게 되며 마침내 인간이 맛보는 온갖 괴로움[苦]이 있게 되는 것이다. 좋아하는 것은 놓쳐서 괴롭고 싫어하는 것은 만나서 괴롭다. 다가오는 모든 것을 취사선택 없이 받아들이고 떠나는 모든 것을 역시 취사선택 없이 떠나보내는 사람에게는 고(苦)가

기생할 구석이 없다.

도인(道人)은 겉을 꾸미지 않는다. 꾸며놓을 '겉'이 따로 없으니 당연하다. 그에게는 전신(全身)이 근본이요 바탕이요 중심이다. 바탕으로 돌아감[復朴]. 이것이 인간을 포함한 만물에게 주어진 명(命)이요 길[道]이다. 하늘이 준 본디 성품으로 돌아가는 일, 이것이 거듭남이요 영생이다. 젖먹이의 순결한 눈으로 사물을 보기, 아무 때가 묻지 않은 중심으로 사물의 중심을 보기.

태풍이 몰아쳐 사나운 물결이 출렁거리는 바다도 지구의 중심에 가까이 갈수록 태고의 정적에 묻혀 고요하다. 바람이 불어도 흔들리지 않고 화산이 터져도 끓어오르지 않는다.

이렇게 모든 존재의 바탕인 성(性)을 회복한 사람은 홀로 그 모양만 무심코 서 있어서 온갖 일이 일어날 때 그 일을 떠나지 않으면서 거기에 휘말려들지도 않는다. 누가 칭찬을 해도 우쭐거리지 않고 터무니없는 욕설로 비난해도 얼굴색 하나 붉히지 않는다.

참된 깨달음은 인식이 아니다. 거듭나 새로워지는 '삶'이다. 그것 하나[一]로 종신(終身)함에 아쉬울 것 없는 삶이다.

3. 마음 쓰기를 거울같이

▲▲▲

　명예의 주인공이 되지 말고 모략(謀略)의 곳간이 되지 말고 일의 책임자가 되지 말고 지식의 주인이 되지 말아라. 다함 없는 도(道)와 몸으로 하나 되어 자취 없는 데서 노닐고 하늘로서 받은 바를 다하되 무엇을 얻었노라고 하지 말아라. 다만 텅 비어 있을 따름이어야 한다. 지인(至人)은 마음 쓰기를 거울같이 하니, 배웅도 안 하고 마중도 안 하고 응(應)하되 속에 담아두지 않는다. 그런 까닭에 넉넉히 모든 사물을 견디어내면서 몸을 다치지 않을 수 있는 것이다.

　無爲名尸하고 無爲謀府하고 無爲事任하고 無爲知主하라. 體盡無窮하여 而遊無朕하고 盡其所受乎天하되 而無見得하라. 亦虛而已니라. 至人之用心이 若鏡이니 不將不迎이요 應而不藏이라. 故로 能勝物而不傷이니라.

　명예의 주인공이 되지 말라[無爲名尸]는 말은 명예를 좇아서 사는 인생이 되지 말라는 뜻으로 새긴다. 이름이란 남이 불러주는 것이다. 남이 나를 어떻게 불러주는가에 마음을 쓰는 동안에는 하늘이 내린 명(命)을 좇아서 살아갈 수가 없다. '소'(疏)에 이르기를 "시(尸)는 주(主)다. 몸을 이미 잃었거늘 이름이 어디 있으랴? 그러기에 다시 명예의 주인공이 되지 말라고 한 것이다"라고 했다.

모략의 곳간이 되지 말라[無爲謀府]는 말은 음모를 꾀하는 자가 되지 말라는 뜻으로 새긴다. 자연은 음모를 모른다. 모든 것이 명명백백 떳떳하여 숨기는 바가 없다. 모략을 꾀한다는 말은 어둠의 자식으로 산다는 말이다. 성인(聖人)은 안가(安家)를 두지 않는다. 제자들과 밀실에서 중생제도(衆生濟度)의 길을 의논하는 석가를 상상할 수 있는가? 체포되어 대사제 안나스 앞에 끌려온 예수, 네가 한 일이 무엇이냐는 질문에 이렇게 대답한다. "나는 세상 사람들에게 버젓이 말해왔다. 나는 언제나 모든 유다인들이 모이는 회당과 성전에서 가르쳤다. 내가 숨어서 말한 것이라고는 하나도 없다. 그런데 왜 나에게 묻느냐? 내가 무슨 말을 했는지 들은 사람들에게 물어보아라. 내가 한 말은 그들이 잘 알고 있다." 빛의 아들은 음모를 꾸미지 않는다.

일의 책임자가 되지 말라[無爲事任]는 말은 일을 일삼아 만들어서 억지로 하지 말라는 뜻이다.[不可强行任事 : 감산] 일은 일에 맡겨두어라. 이 말을 문자 그대로 읽어서 어떤 일에도 책임자로 참여하지 말라는 뜻으로 새기면 역시 잘못이다. 이 말은 스스로 책임자 위치에 서지 말라는 말이다. 부득이할 경우 책임자의 자리에 앉을 수 있다. 다만, 문자 그대로 '부득이한 경우'에 한해서다.

지식의 주인이 되지 말라[無爲知主]는 말은 인간의 유한한 지식을 좇아서 살지 말라는 뜻으로 새긴다. "지주(知主)란 지교(知巧)로써 주(主)

를 삼는다 함이니 순물망회(順物忘懷)하여 지교(知巧)로 일을 처리하지 말라는 말이다."(감산) 일을 하되 어디까지나 순리(順理)로써 할 것이요 얄팍한 꾀나 재주 가지고는 하지 말 것이다.

체진무궁(體盡無窮)은 몸으로 참된 근원을 깨우치고 다함이 없는 것에 하나로 됨[體悟眞源, 冥會無窮]을 뜻한다. '무궁'(無窮)은 끝없는 도(道)를 가리킨다. 수운(水雲)의 '한울님 모심'[侍天]은 해월(海月)의 '한울님 기름'[養天]으로, 의암(義菴)의 '한울님 몸 받음'[體天]으로 이어졌다. 무궁한 도(道)를 내 몸에 모셔 기르고 마침내 하나로 되는 것이다. 그러면 자취 없는 곳을 노닐게 된다. 무짐(無朕)은 '흔적이 없음'으로 읽는다. 물 위를 걸을 때는 물이 되어 걷고 사막을 걸을 때는 모래가 되어 걷고 풀밭을 걸을 때는 풀이 되어 걷는다. 완벽한 화이불창(和而不唱)의 경지에서 노니는 사람에게 따로 발자취가 남을 수 없다.

하늘로서 받은 바를 다한다[盡其所受乎天]는 말은 하늘이 내린 명(命)을 온전히 좇아서 살아간다는 뜻으로 새긴다. 수운(水雲) 이르기를, 하늘이 주신 마음을 지키고 하늘이 내린 기(氣)를 바르게 하라[守其天然之心, 正其天稟之氣]고 했다.

참으로 깨달은 자는 자기가 무엇을 깨달았다고 말하지 않는다. 겸손해서가 아니라 자기에게 '얻은 바 깨달음'이 없음을 알고 있기 때문이다. 맹인이 눈을 뜸으로써 밝은 세상을 얻는 것은 아니다. 밝은 세상은 거기 그렇게 처음부터 있었다. 새삼스레 얻어낼 수 있는 무엇이 아니다. '깨달음'도 그러하다. 얻은 바 없이 얻는 것이 깨달음이다. 수행(修行)을 하다 보면 전에 못 느끼던 어떤 감정을 느끼거나 전에 보지 못하던 환상 따위를 보는 수가 있다. 그러나 거기에 붙잡히면 안 된다. 조금 향상이 있다 해서 내가 무엇을 얻었노라 또는 내가 무엇을 깨달았노라 자랑하는 마음을 품게 되면 시작하기 전보다 더 고약해지는 수가 있다.

"실제로 위파싸나 수행을 하다 보면 늘 그런 것은 아니지만 어떤 특이한 경계가 나타나기도 하는데 이러한 경계를 무사히 잘 넘기는 것이 중요하다. 이런 경계들은 우리의 최종 목표가 아니고 단지 어떤 준비 단계가 마무리되었음을 나타낼 뿐이다. 그런 경계에 들면 커다란 환희심이라든가 큰 신심, 빛의 환영 등등이 나타나기도 한다. 몸뚱이가 없는 것처럼 혹은 머리가 없는 것처럼 느껴질 수도 있다. 이럴 때 우리는 개의치 말고 그대로 밀고 나아가야 하며, 일어나는 일들을 분명하게 알되〔正知〕 가능한 한 마음이 휘둘리지 않도록 해야 한다. 선사(禪師)들이 자기 제자들을 아주 엄격하게 다루는 것도 주로 이런 단계가 있기 때문일 텐데, 얼마나 고마운 경책인지 모른다. 중요한 일은 그러한 경계에 머무르지 않는 것이며 그리고 무엇보다도 그것을 향상으로 알고 우쭐거리지 않는 것이다. 요컨대 바로 이 고비를 무사히 넘겨야만 비로소 우리는 진정한 향상의 길로 들어설 수 있는 것이다."(월쉬〔M. Walshe〕, 『이 시대의 중도〔中道〕』)

십자가의 성 요한은 "초자연의 길로 스쳐간 현상들이 영혼 안에 남긴 형상(形象)과 지각(知覺)을 붙들고 거듭거듭 생각하면" 그런 일로 말미암아 다섯 가지 손해를 볼 수 있다고 한다. 그 다섯 가지 손해란 다음과 같다.

첫째, 이것저것을 혼동해서 속는 수가 많다.

둘째, 자만과 허영심에 빠지기 쉽고 자칫하면 빠진다.

셋째, 위의 자각을 통해 악마가 속이려고 손을 많이 쓴다.

넷째, 망덕(亡德)으로 하느님과 합일되는 것을 막는다.

다섯째, 대개 하느님을 얕보게 된다.(『가르멜의 산길』 III, 8)

길을 가는 동안에는 언제나 길을 떠나야 한다. 길에 묶여 있는 자는 나아가지 못한다. 이미 얻었다고 생각하는 자는 아무 것도 얻지 못한다.

다만 텅 비어 있을 따름이어야 한다.〔亦虛而已〕역(亦)은 유(唯)로 읽는다. '없는 나'로 존재함! 그 품에 들지 못할 것이 없으며 그 품에서 나오지 못할 것 또한 없다.

참사람은 마음을 거울같이 쓴다.〔至人之用心若鏡〕이 말은 장자의 여러 문장 가운데서 많이 알려진 문장이다. 거울은 언제나 '비어 있음'으로서 존재한다. 거울은 저 자신을 비추지 않는다. 고정된 자기의 상〔我相〕을 지니지 않는다. 사물이 오면 오는 대로 맞고 가면 가는 대로 보낸다. 어서 오라고 환영하는 법이 없고 더 있다 가라고 붙잡는 법 또한 없다. 보기 흉한 사물이라 해서 오지 말라고 막는 법도 없고 마음에 드는 사물이라 해서 가지 말라고 잡는 법도 없다. 도무지 취사선택이 없다. 언제 어디서나 사물이 오면 오는 대로 가면 가는 대로 응하되 그것을 속에 간직해두지 않는다.

> 바람이 성긴 대밭에 불어온다
> 바람 지난 뒤 대밭에는 바람 소리 남아 있지 않고
> 기러기 떼 추운 연못을 건너간다
> 기러기 떼 지나간 뒤 연못에는 기러기 그림자 남아 있지 않고
> 그러기에 배운 사람은
> 일이 닥치면 비로소 마음을 내고
> 일이 사라지면 따라서 마음을 텅 비운다
> 〔風來疏竹風過而竹不留聲, 雁度寒潭雁過而潭不留影, 故君子事來

而心始現事去而心隨空.]

　이런 태도를 한결같이 유지하기에 어떤 일이든지 넉넉히 겪어내면서 그 일로 말미암아 상처를 입지도 입히지도 않는다.

4. 혼돈의 죽음

▲▲▲

남해의 임금을 숙(儵)이라 하고 북해의 임금을 홀(忽)이라 하고 중앙의 임금을 혼돈(渾沌)이라 하였는데 한번은 숙과 홀이 혼돈의 땅에서 만났거늘 혼돈이 저들을 잘 대접하였다. 숙과 홀이 혼돈의 덕(德)에 보답할 것을 의논하여 이르기를, 사람이 저마다 구멍이 일곱 개 있어서 그것으로 보고 듣고 먹고 숨쉬는데 혼돈만은 구멍이 없다. 시험 삼아 뚫어주자 하고 하루에 구멍 하나씩 뚫어 주더니 이레 만에 혼돈이 죽었다.

南海之帝爲儵이요 北海之帝爲忽이요 中央之帝爲渾沌이더니 儵與忽時相與遇於渾沌之地에 渾沌待之甚善이니라. 儵與忽謀報渾沌之德하여 曰, 人皆有七竅로 以視聽食息이언마는 此獨無有라, 嘗試鑿之하자 하고 日鑿一竅더니 七日而後에 渾沌死하니라.

남(南)은 양(陽)이요 밝음[明]이며 북(北)은 음(陰)이요 어둠[暗]이다. 숙(儵)은 빠르게 나타나는 모양이요 홀(忽)은 빠르게 사라지는 모양이다. 혼돈(渾沌)은 카오스, 천지만물이 제 모양을 하고 나타나기 전의 상태를 가리킨다. 어둡지도 않고 밝지도 않다. 뜨겁지도 않고 차지도 않다. 깊지도 않고 얕지도 않다. 높지도 않고 낮지도 않다. 길지도 않고 짧지도 않다.…… '않다' 는 말로밖에는 묘사할 수 없는 무엇이다.

아직 사람의 손길이 닿기 전의 자연, 시비 분별을 초월한 절대 경지 또는 거기에서 노니는 사람을 가리킨다. 그는 ○○도 아니고 ××도 아니다. 그런 까닭에 그가 할 수 있는 일이란 사방 천지에 덕(德)을 베푸는 것뿐이다. 그런데 누가 그에게 보은(報恩)을 꾀했더란 말인가?

자연은 보은을 모른다. 나무가 물에 은혜 갚음을 따로 하는 일 없고 가문 날의 들판이 단비에 은혜 갚음을 꾀하지 않는다. 고마워할 줄 모르면 사람이 아니지만 성인(聖人)은 은혜를 따로 갚지 않는다. 모두가 제 몸 안에서 일어나는 일이거늘 누가 누구에게 감사한단 말인가?

보은을 꾀한다는 게 그만 상대를 죽이고 마는구나! 인위(人爲)의 귀결이요 조작의 비극이다.

사람한테는 살리는 구멍이 자연한테는 죽이는 구멍으로 되었다. 과연 장자다운 우화다. 사람아, 네 손을 함부로 대지 말아라! 사람의 뜻으로 하늘 길(道)을 막지 말아라. 땅에서 하늘이 먼 것같이 '아버지' 의 뜻은 '아들' 의 뜻보다 높고 깊다.

사람의 마음으로 도(道)를 죽이지 않고 사람의 손으로 하늘을 돕지 않는 것[不以心捐道 不以人助天] 이 참사람[眞人]의 길이다.(「대종사」 [大宗師], 『장자』)

한산(寒山)의 시에 이 우화를 주제로 한 것이 있다.

상쾌하여라, 혼돈의 몸이여.

밥 먹을 일도 오줌 눌 일도 없더니
어쩌다가 뉘게 구멍이 뚫려
일곱 구멍 가진 몸이 되었는가.
날마다 입고 먹는 일로 바쁘고
해마다 세금 바칠 일로 근심이 되어
천 사람이 한 푼 돈에 다투고
머리 맞대어 목숨 걸고 아우성치네.
〔快哉混沌身, 不飯復不尿, 遭得誰鑽鑿, 因玆立九竅. 朝朝爲衣食, 歲歲愁租調, 千箇爭一錢, 聚頭亡命叫.〕

　북해(北海)의 곤(鯤)이 큰 새로 되어 남해(南海)를 바라고 날아가는 이야기로 시작된 『장자』 내편(內篇)이 혼돈의 죽음으로 마감된다. 사람 손이 닿을 수 없는, 닿아서는 안 되는, 금단(禁斷)의 경지가 있다. 그곳은 성스러운 땅, 사람은 발에서 신을 벗어야 한다. 신발은 인위(人爲)의 산물이다. 구둣발로 밟으면 거룩한 땅은 곧 죽는다. 구멍 뚫린 혼돈처럼.
　땅이 죽으면 인간도 죽는다. 인간과 함께 만물이 죽는다.
　창문 밖으로, 굉음을 내지르며 질주하는 자동차들을 바라보면서 펜을 놓는다.
　아아, '사람'이 스스로 죽지 않고서는 '사람'으로 살아남을 길이 없거늘!